# Ann Faraday:
# Die positive Kraft der Träume

ISBN 3-426-04119-7   880

# Inhalt

Dritter Teil · Die drei Gesichter des Träumens

*Zu Beginn unseres Lebens zeigt sich uns die Welt, wie sie ist – bis uns irgendwelche Autoritäten – Eltern, Lehrer, Analytiker – dazu bringen, sie »richtig« zu sehen. Sie prägen uns für alles die gängigen Bezeichnungen ein, geben allem, was da lebt und wirkt, Namen und Stimme, bis wir gar nichts auf der Welt mehr anderes zu lesen oder zu hören vermögen, als von uns erwartet wird.*

*Diesen hypnotischen Bann gilt es zu brechen, so daß wir wieder hören, sehen und in vielen Zungen sprechen lernen. Dann wird die Welt mit neuen Stimmen zu uns reden und alle ihre vielfältigen Bedeutungen in unser Lebensbuch schreiben.*

*Seid vorsichtig bei der Wahl eurer Hypnotiseure!*

*Sidney Jourard*

*Achte deines Bruders Träume.*

*Indianisches Sprichwort*

Als kleines Kind hatte ich öfter einen Wiederholungstraum, in dem mich »Sahner« – Männer in langen weißen Mänteln mit hohen weißen Hüten – verfolgten. Ihr Anführer hieß Beasley. Ich weiß noch, wie ich meine Mutter fragte, was Sahner seien, und sie mir antwortete: »Ich glaube, es sind Bonbons, Schätzchen.« Aber ich wußte, daß das nicht stimmte: es waren weißgekleidete Männer, die nachts hinter mir herjagten. Beasley war zwar der kleine Platzwärter vom Tennisklub uns gegenüber, aber seine offensichtliche Bedeutungs- und Harmlosigkeit stand in krassem Widerspruch zum Sahner-Anführer. Etwa um dieselbe Zeit träumte ich manchmal auch vom »Kandiskerl«. Er trug ein Clownskostüm und hatte auf einer Seite seines Gesichts einen Ausschlag. Er lauerte mir in Ladeneingängen und hinter Hecken auf, um mich zu küssen, wenn ich vorbeikam. Weder meine Eltern noch die Lehrer vermochten mir über Sahner, Beasley oder den Kandiskerl Aufklärung zu geben. Sie taten sie als »schlechte Träume« ab und rieten mir, nicht mehr dran zu denken.

Nach ein bis zwei Jahren hörten diese Träume auf, aber dafür kamen andere, die nicht weniger unbegreiflich und beunruhigend waren, und auch sie konnte mir niemand erklären. Viele Jahre später studierte ich Psychologie in der Hoffnung, die unbewußten Seiten menschlicher Erfahrung, einschließlich der Träume, kennenzulernen, und wieder wurde ich enttäuscht. Ich erfuhr zwar allerhand über Ratten, Reaktionsgeschwindigkeiten und Statistiken, aber nichts über mich selbst. Nach dem Abschlußexamen wandte ich mich der Forschung zu, um leider bald festzustellen, daß für ein in den Augen des akademischen Establishments so unwissenschaftliches Gebiet wie die Traum»deutung« keine Geldmittel vorhanden waren. Also stürzte ich mich in die experimentelle Erforschung des Traumvorganges selber und promovierte mit einer Arbeit über *Einflußfaktoren auf die experimentelle Traumerinnerung.* Ich hoffte, daß als Nebenprodukt dieser Forschung vielleicht etwas von allgemeinmenschlichem Interesse herauskommen könnte. Und das war in der Tat der Fall – auch wenn die interessantesten Aspekte sich nicht in meinen Referaten niederschlugen.

Meine Experimente erforderten die freiwillige Mitarbeit von Versuchspersonen, die entweder in meine Wohnung oder in die Klinik kamen, wo sie an Aufzeichnungsgeräte angeschlossen und zwecks Traumberichterstattung mehrere Male in der Nacht geweckt wurden. Allen wurde von Anfang an ausdrücklich gesagt, daß sie keine Deutung ihrer Träume oder Hilfe bei ihren seelischen Problemen zu erwarten hätten; es ginge lediglich darum, ihr Traumerinnerungsvermögen zu messen. Alle akzeptierten dies anstandslos und versicherten, sie würden ihre nächtlichen Abenteuer nur allzugern der Wissenschaft zur Verfügung stellen. Ihre Träume allerdings verrieten mir etwas anderes. In ihnen fungierte ich nämlich immer wieder als Psychotherapeutin, Ärztin, Mutter oder Lehrerin, der man seine Träume erzählte, weil man sich irgendwelchen Beistand erhoffte. Es war klar, daß praktisch jede Versuchsperson im tiefsten Innern das Offenbaren von Träumen doch in Beziehung zu Rat und Hilfe brachte.

Allzusehr überraschte mich das nicht, da die Menschheit den Träumen seit jeher einen tieferen Sinn beigemessen hat. In früheren Zeiten konsultierte man zur Traumdeutung Schamanen, Priester oder andere weise Männer. Heutzutage ist ihre Rolle von Psychotherapeuten übernommen worden, wobei jede Schule ihre eigene Theorie über die Bedeutungen von Träumen entwickelt hat. Aber meine Versuchspersonen, die mir ihre Träume anvertrauten, waren ebensowenig »krank«, wie ich es war, als ich meine Kinderträume träumte. Sie waren nur neugierig und ein bißchen beunruhigt über ihre Träume, sahen aber keine Veranlassung, deswegen einen Psychotherapeuten aufzusuchen. Inzwischen hatte ich selber angefangen, mich einer Freudschen Lehranalyse zu unterziehen, fand diese aber so dogmatisch, daß sie mir zum Verständnis meiner eigenen Träume auch nicht sehr viel weiterhalf als meine Forschungsarbeit. So kam ich ziemlich bald zu dem Ergebnis, daß ich meine Träume selbst besser analysieren konnte als mein Psychoanalytiker. Das brachte mich zu der Frage, ob es nicht sogar möglich sei, eine für jedermann praktikable Methode zur eigenen Traumerinnerung, -deutung und -nutzung zu entwickeln, also einen Schritt weiter zu gehen in der modernen Traumforschung, die bereits bewiesen hatte, daß wir alle regelmäßig träumen. In diesem Sinne begann ich meine Untersuchungen, deren Ergebnis das vorliegende Buch ist.

Das Buch gliedert sich in vier Teile. Der erste Teil, *Der Stoff, aus dem die Träume sind*, gibt einen allgemeinen Überblick über die wichtigsten Aspekte moderner experimenteller Schlaf- und Traumforschung, die zum besseren Verständnis einer umfassenden Trauminterpretation erforderlich sind. Obwohl darüber in den letzten Jahren eine ganze Menge geschrieben worden ist und viele Leser vielleicht bereits damit vertraut sind, habe ich selbst doch immer wieder festgestellt, daß manche alten Märchen über Träume sich dennoch behauptet haben, ja, daß sogar einige neue dazugekommen sind. Die Leute neigen dazu, sich aus den Ergebnissen moderner Forschung nur das herauszupicken, was ihnen in ihr höchsteigenes Traumkonzept paßt, und alles zu übergehen, was ihm widerspricht. So wurden viele der besonders aufregenden Spekulationen aus den Anfängen der Traumexperimente in den fünfziger Jahren als Fakten akzeptiert, obwohl spätere Forschungen sie nicht bestätigt haben.

Die Traum-Literatur ist inzwischen so umfangreich, daß es mir nicht möglich war, sämtliche Aspekte zu berücksichtigen, doch finden sich Hinweise für weitere Lektüre am Schluß dieses Buches. Das erste Kapitel, das als allgemeine Einführung in die Schlaf- und Traumforschung dient, kann von den bereits Eingeweihten überschlagen werden. Die folgenden vier Kapitel enthalten zum Teil bisher noch nicht veröffentlichtes Material zusammen mit Ergebnissen aus meinen eigenen Arbeiten. Letztere beruhen auf fünfjähriger experimenteller Traumforschung an der London University mit annähernd hundert »Opferlämmern«. Das dritte Kapitel über das Vergessen von Träumen befaßt sich vor allem mit dem praktischen Nutzen der Träume für die Selbsterkenntnis; das fünfte Kapitel legt meine Schlußfolgerungen über die Natur des Traumprozesses dar. Diese Schlußfolgerungen sowie alle in diesem ersten Buchteil aufgeführten Fakten entsprechen dem heutigen Stand des Wissens und werden möglicherweise später im Lichte neuerer Erkenntnisse revidiert werden müssen.

Der zweite Teil gibt einen Überblick aus heutiger Sicht über die Traumdeutungstheorien und -methoden vier bedeutender *Traumforscher*. Dieser Überblick ist nicht nur theoretisch. Er stützt sich auf meine persönlichen Erfahrungen mit ihnen. Ich beschreibe z. B. einige Episoden aus meiner Freudschen Lehranalyse, die aus individueller und Gruppenarbeit bestand, und ich begründe, warum der Dogmatismus Freudscher Prägung mich schließlich veranlaßte, diesen Kursus nach drei Jahren abzubrechen. Ferner beziehe ich mich auf eine etwas kürzere Periode Jungscher Analyse und meine anschließende Schulung und Praxis in der Gestalt-Therapie Frederick Perls', die ich inzwischen selbst sowohl mit Einzelpersonen als auch

11

mit Gruppen anwende. Außerdem habe ich in den letzten 15 Jahren meine eigenen Träume zu Hause gesammelt und nach den Richtlinien interpretiert, die der amerikanische Traumforscher Calvin Hall 1953 in seinem Pionierwerk *The Meaning of Dreams* (Die Bedeutung der Träume) aufgestellt hat.

Im dritten Teil gehe ich dann ausführlich auf meine eigene umfassende, aber einfachere Methode der Traum-Nutzung zu Hause ein, wie ich sie – entsprechend dem heutigen Stand des Wissens – aus allen vier zuvor beschriebenen Methoden entwickelt habe. Der Titel *Die drei Gesichter des Träumens* besagt, daß Träume m. E. immer aus dreierlei Sicht betrachtet werden sollten. Einmal können sie uns auf Dinge aufmerksam machen, die wir im Wachzustand übersehen haben: die Sicht nach außen. Zum zweiten dienen sie uns als Spiegel, die unser Verhalten und unsere Vorurteile reflektieren; und schließlich können wir durch den Einblick in unser Inneres oft auf die verborgene Quelle unserer Probleme stoßen und lang verschüttete Seiten unserer Persönlichkeit wiederfinden. Haben wir solche Erkenntnisse erst einmal mit Hilfe unserer Träume gewonnen, dann ist es an uns, irrationale und destruktive Verhaltensmuster abzulegen, die uns bisher gehindert haben mögen, glücklich zu sein und ein erfülltes Leben zu führen. Im dritten Teil gebe ich auch entsprechende Ratschläge.

Der vierte Teil nennt sich *Blick in die Zukunft*. Ich gehe darin auf einige meiner Hoffnungen und Vorstellungen ein, wie die positiven Kräfte des Träumens sich in Zukunft auswirken könnten. Das 11. Kapitel erwägt, auf welche Weise Träume als Mittel zur Selbsterkenntnis eine immer bedeutsamere Rolle in unserer Gesellschaft, in Familie, Kirche, Erziehung, ja sogar in Wirtschaft und Regierung spielen und auch viele neue Arten professioneller Psychotherapie beeinflussen könnten. Es ist ein Gemeinplatz, daß die Menschheit auf eine Katastrophe zusteuert, wenn der technologische Fortschritt nicht bald von einem entsprechenden psychologischen oder geistigen Wachstum eingeholt wird, und ich bin überzeugt, daß die in den Träumen enthaltene Kraft ein königlicher Wegbereiter für solch ein Wachstum sein könnte. Vielleicht erscheine ich manchem als etwas zu »visionär«, aber ich glaube, daß ohne Enthusiasmus und Phantasie kein neues Projekt jemals in Schwung kommen kann. In meinem Schlußkapitel gehe ich dann noch auf solche Träume ein, die etwas von jenen geheimnisvollen neuen geistigen Kräften verraten, über die wir verfügen, wenn wir einige der emotionalen Behinderungen zu überwinden lernen, die heutzutage unser Leben beeinträchtigen.

Meiner Ansicht nach haben die Psychoanalytiker uns keinen guten Dienst erwiesen, indem sie Traumdeutung mit psychischen Erkrankungen assoziierten und so den Eindruck aufkommen ließen, daß jede Art Selbsttherapie, die mit einem Ausloten seelischer Tiefen verbunden ist, eine gefährliche Sache sei. Es gibt natürlich Menschen mit psychischen Störungen, die ohne kompetente therapeutische Hilfe nicht mit dem Leben zurechtkommen können, aber es gibt auch Millionen anderer intelligenter und völlig »normaler« Menschen, die durchaus imstande sind, ihre eigenen Träume zwecks besserer Selbsterkenntnis zu erforschen. Diejenigen, die mit dem Traumfaktor experimentieren und ihn unverhältnismäßig verwirrend finden, sollten selbstverständlich professionelle Hilfe in Anspruch nehmen, aber nach meiner Erfahrung trifft das nur auf sehr wenige zu. Und selbst ihnen kann die Erkenntnis, daß sie Hilfe brauchen, nur nützen. Jeder, der tatsächlich durch das in diesem Buch vorgeschlagene Experiment beunruhigt werden sollte, rührt in Wirklichkeit nicht etwa »Ungeheuer der Tiefe« auf, sondern Konflikte, die bereits dicht unter der Oberfläche des Bewußtseins geschlummert haben und ohnehin jeden Moment hätten ausbrechen und Störungen verursachen können. Wenn solche Konflikte im Verlauf der Do-it-yourself-Trauminterpretation zum Vorschein kommen, wird jedenfalls ihrem eventuellen Ausbruch unter gefährlicheren Umständen vorgebeugt.

Ich glaube, daß wir in ein neues Zeitalter größeren Selbstvertrauens und vermehrter persönlicher Verantwortlichkeit eingetreten sind und daß die frühere Zurückhaltung gegenüber allem, was das Innenleben betrifft, aufgegeben und der Zwang zu äußerer Anpassung gelockert wird. In dieser neuen Zeit bedarf es einer bewußteren Erforschung der verborgenen Kräfte der Persönlichkeit, die unser Verhalten im Wachzustand bestimmen, und auch der Preisgabe unserer Erkenntnisse zum allgemeinen Nutzen. Ein großer Teil des Unglücklichseins des heutigen Menschen liegt erstens an der Unkenntnis seiner selbst und zweitens an seiner Selbsttäuschung. Darum habe ich durch die Beschreibung meiner persönlichen Traumerlebnisse und -experimente viel von meinem eigenen Innern bloßgelegt, denn ich glaube, damit neues Terrain zu erschließen. Es gibt viele Bücher, in denen Psychoanalytiker Träume und Fallgeschichten ihrer Patienten beschrieben haben, aber die meisten

Autoren waren recht zugeknöpft in bezug auf ihre eigene Person oder gaben ihre Erlebnisse höchstens unter Verwendung von Pseudonymen preis. Diese Zurückhaltung wurzelt vermutlich in der Furcht, daß Offenheit über sich selbst ihrer Autorität als Therapeuten Abbruch tun könnte. Aber ich bin überzeugt, daß in der modernen Welt der Verlaß auf diese Art Autorität völlig verfehlt ist. Die Zeit des Guru ist vorbei. Ich hoffe, daß meine Versuche der Selbstenthüllung andere ermutigen werden, ihre eigenen Traumerfahrungen in einem ähnlichen Geist der Offenheit mitzuteilen.

Es ist heute wahrscheinlich zu spät, das Geheimnis der Sahner, Beasleys und des Kandiskerls noch entschleiern zu wollen. Meine psychotherapeutischen Freunde, denen ich von diesen Traumgestalten erzählt habe, hatten zwar eine Menge von Deutungsvorschlägen, aber keiner davon zündete bei mir. Der einzig sichere Weg, die Bedeutung eines Traums herauszufinden, ist, daß man ihn erforscht, sobald man ihn geträumt hat. Wenn Eltern und Lehrer erst einmal mit dem Traumfaktor vertraut sind, werden sie auch in der Lage sein, ihren Kindern die Mysterien der Nacht begreiflich zu machen. Vor allem hoffe ich, daß dieses Buch vielleicht der nächsten Generation hilft, in einer Welt aufzuwachsen, in der diese Extradimension menschlicher Erfahrung als das angestammte Recht jedes einzelnen akzeptiert ist.

## 1 Träumen – der dritte Seinszustand

Das Jahr 1953 besiegelte das Schicksal einer ganzen Reihe lang gehegter und gepflegter Mythen über das Träumen. Bis dahin hatte man allgemein geglaubt, daß ein Traum eine flüchtige, wahrscheinlich nur augenblickslange, rein zufällige Erfahrung sei, die sich auf Ursachen wie schlechte Verdauung, eine volle Blase, Sorgen oder knarrende Türen zurückführen lasse. Eine Nacht tiefen, traumlosen Schlafs, möglichst lange vor Mitternacht begonnen, war das wohlbekannte Rezept für Erhaltung von Gesundheit und Wohlbefinden. Das glaubten selbst jene, die Träumen eine psychologische oder gar prophetische Bedeutung zuschrieben. Die wissenschaftliche Literatur über das Thema Traum enthielt nichts, was diesen Anschauungen widersprach, noch irgend etwas über das mysteriöse Phänomen, warum einige Menschen sich leicht an Träume erinnern, während andere behaupten, sie träumten nie.

Die Entdeckung, die 1953 den Wendepunkt in der Geschichte der Traumforschung herbeiführte und Phantasie durch Fakten ersetzte, fand in der physiologischen Abteilung der Universität von Chicago statt, und zwar – wie so viele andere wissenschaftliche Entdeckungen – durch reinen Zufall. Professor Nathaniel Kleitman, weltberühmter Schlafexperte, führte eine Serie von Experimenten über den Schlaf von Säuglingen durch. Dabei fiel einem seiner Mitarbeiter, Eugene Aserinsky, auf, daß sich die Augen eines der Babies in wiederholten kurzen Abständen schnell und ruckweise unter den geschlossenen Lidern bewegten. Er berichtete seine Beobachtung dem Professor, und gemeinsam beschlossen sie, ihre Untersuchung auf Erwachsene auszudehnen, um herauszufinden, ob auch hier diese raschen Augenbewegungen zu beobachten seien, und wenn ja, was sie zu bedeuten hätten.

Man kann zwar Augenbewegungen während des Schlafs erkennen, wenn man sich über den Schlafenden beugt und die Bewegungen des Augapfels unter den geschlossenen Lidern beobachtet, aber das ist natürlich auf die Dauer eine ermüdende, wenn nicht gar unmögliche Aufgabe für den Forscher. Aserinsky und Kleitman kamen daher auf die Idee, die Augenbewegungen des Schläfers mit einem Elektroencephalographen festzuhalten. Dieser Apparat wird normalerweise zur Aufzeichnung der Hirnwellenaktivität benutzt. Winzige, am Schädel befestigte Elektroden übermitteln Signale vom Gehirn an den EEG-Apparat, der sie millionenfach verstärkt und in eine für das menschliche Auge lesbare grafische Form übersetzt. Solche Aufzeichnungen werden Elektroencephalogramme (abgekürzt EEG) genannt. In ähnlicher Weise können an den Augen angebrachte Elektroden die bei Augenbewegungen entstehende elektrische Aktivität messen und damit eine Aufzeichnung der Augenbewegungen ermöglichen. Sie wird Elektrookulogramm (abgekürzt EOG) genannt.

Den beiden Chicagoer Pionieren gelang damit ein entscheidender Durchbruch. Sie konnten nicht nur zum erstenmal Augenbewegungen parallel und in Relation zu Hirnwellen aufnehmen, sondern auch diese EEG- und EOG-Aufzeichnungen *ganze Nächte* hindurch fortführen, was bisher noch niemand versucht hatte. Sie beobachteten im Verlauf der gesamten Schlafperiode vier verschiedene Arten von Hirnwellentätigkeit, die heute als die EEG-Stadien 1, 2, 3 und 4 bekannt sind.

*Die vier Stadien des Schlafzyklus*

Stadium 1 ist die Phase der geringsten Schlaftiefe – sie kommt dem EEG des Wachzustands am nächsten; Stadium 4 ist die Phase des tiefsten Schlafs – ihr EEG ähnelt dem des Komas. Bis dahin hatte man angenommen, Schlaf sei ein allmählicher Übergang vom Wach- zu einem Dämmerzustand mit zunehmender Schlaftiefe bis zum vierten Stadium, dann langsame Rückkehr über die Stadien 3 und 2 ins Stadium 1 mit anschließendem Aufwachen. Dank ihrer zum erstenmal die ganze Nacht hindurch dauernden Beobachtungen machten nun Aserinsky und Kleitman die überraschende Entdeckung, daß im Laufe der sieben oder acht Stunden normalen Schlafs dieser Zyklus nicht nur einmal, sondern *vier-* oder *fünf*mal durchlaufen wird, und zwar mit zeitlich verschieden abgestuftem Verweilen in den einzelnen Stadien. Sie stellten fest, daß beim erstenmal das Stadium 1 der leichtesten Schlaftiefe unmittelbar nach dem Einschlafen nur ganz kurz ist (ca. fünf Minuten) und dann die folgenden Stadien 2 und 3 bis zu 4 rasch passiert werden. Stadium 4 dauert bei diesem ersten Durchgang etwa eine halbe Stunde oder länger. Dann beginnt wieder der Aufstieg über 3 und

2 bis zur ersten Stufe, welche wiederum nur wenige Minuten dauert, worauf sich der Prozeß mit Ab- und Wiederanstieg wiederholt.

Während des zweiten Zyklus aber wird häufig das Stadium 4 nicht mehr ganz erreicht, und wenn doch, ist es erheblich kürzer als beim erstenmal. Auch dauert diesmal das von neuem erreichte Stadium 1 länger – bis zu zwanzig Minuten –, bevor es wieder abwärts geht. Dieser Zyklus wiederholt sich die ganze Nacht hindurch. Er dauert jeweils etwa neunzig Minuten, wobei das Stadium 1 der geringsten Schlaftiefe immer länger und die Tiefschlafstadien immer kürzer werden. Gegen Ende der gesamten Schlafperiode verbringt der Schläfer die meiste Zeit in den Stadien 1 und 2.

Ich möchte hervorheben, daß ich hier ein idealisiertes Bild des Schlafzyklus gegeben habe. Die individuellen Schlafmuster sind von Mensch zu Mensch verschieden und können auch beim selben Menschen wiederum von Nacht zu Nacht variieren. Doch bleibt die Tatsache der zyklischen Natur des Schlafs, wie sie auf der ganzen Welt während der letzten zwei Jahrzehnte in Tausenden von Untersuchungsreihen nachgewiesen werden konnte, bestehen. Es scheint sich hier um einen eingebauten Mechanismus zu handeln, der von biologischen Rhythmen innerhalb des Körpers abhängt.

Der Schlafzyklus wird nicht durch den Zeitpunkt unseres Zubettgehens beeinflußt, wenn dieser einigermaßen konstant bleibt. (Gehen wir sehr viel später als gewöhnlich zu Bett, setzt das erste wiederaufsteigende Stadium 1 voraussichtlich etwas früher ein als sonst.) Daraus ergibt sich, daß der Schlafzyklus seinem unveränderlichen Muster folgt, ob wir nun dem Rat der Gesundheitsapostel folgen und vor Mitternacht schlafen gehen oder nicht: der größte Teil unseres Tiefschlafs vollzieht sich während der ersten Stunden. Das frühe Schlafengehen mag aus mancherlei Gründen ratsam sein, aber unser normales Quantum Tiefschlaf wird dadurch nicht erhöht. Ungefähr 12 Prozent unseres sieben- bis achtstündigen Nachtschlafs verbringen wir in Stadium 4 und 25 Prozent in Stadium 1.

Die zyklische Natur des Schlafs war aber nicht die einzige aufsehenerregende Entdeckung der beiden Chicagoer Forscher. Als sie sich die Aufzeichnungen der Augenbewegungen näher ansahen, stellten sie fest, daß die Stadien 2, 3 und 4 in der Regel von langsamen oder überhaupt keinen Bewegungen begleitet wurden, während die Perioden des *aufsteigenden* Stadiums 1 schnelle, ruckweise

Augenbewegungen aufwiesen, die oft sogar schwarmweise auftraten. (Sie zeigten sich nicht im absteigenden Stadium 1 bei Schlafbeginn.) Ferner stellten die beiden Wissenschaftler fest, daß diese schnellen Augenbewegungen – oder REMs (Abkürzung für *Rapid Eye Movements*), wie sie jetzt überall genannt werden – binokular synchron waren, d. h. beide Augen bewegten sich immer in der gleichen Richtung, so als ob der Schläfer bei einem Spiel zuschaute – im Gegensatz zu den langsamen Augenbewegungen der Nicht-REM-Perioden in den Stadien 2, 3 und 4, in denen die Augen sich nicht mehr unisono bewegten.

Während dieser REM-Perioden mit den schnellen Augenbewegungen wurde auch in anderen Teilen des Körpers eine erhöhte Aktivität beobachtet. Das autonome Nervensystem wies große Unregelmäßigkeiten in Puls- und Atemfolge und Blutdruck auf. Das Gehirn hatte einen größeren Sauerstoffverbrauch, und bei männlichen Versuchspersonen zeigte sich eine volle oder teilweise Erektion des Penis. Die meisten Muskeln hingegen erschlafften und verloren ihre Reflexe, obwohl ganz winzige Bewegungen wie Zucken und Verziehen des Gesichts zuweilen noch beobachtet werden konnten. Mit einiger Verwunderung konstatierten die Forscher außerdem, daß die üblichen Körperbewegungen im Bett, wie Umdrehen oder Strecken, die unmittelbar vor und nach den REM-Perioden gewöhnlich zunahmen, während der REM-Periode mit ihrer erhöhten zerebralen, okularen und autonomen Erregung jedoch fast völlig zum Stillstand kamen. In einem äußerlich ruhigen Körper spielten sich innerlich hochdramatische Dinge ab.

## Das Traumschauspiel

Die Schläfer verhielten sich kurz vor Beginn der REM-Periode etwa so wie Theaterbesucher. Bevor der Vorhang hochgeht, rutschen sie unruhig auf ihren Sitzen hin und her, um dann regungslos den Vorgängen auf der Bühne zu folgen. Nur die Augen bewegen sich. Mit dem Fortschreiten der Handlung steigert sich die Erregung des Zuschauers, seine Atmung beschleunigt sich, und sein Herz klopft. Solange das Stück dauert, ist er ganz darin versunken. (Schlafwandeln und Sprechen sind in der Regel erst in Stadium 2 zu beobachten.) Wenn der Vorhang fällt, reckt und streckt sich der Zuschauer und nimmt seine vorherige Körperhaltung wieder ein. Den beiden Wissenschaftlern erschien der Vergleich fast zu schön, um wahr zu sein: Verfolgte der Schlafende tatsächlich während seiner REM-Perioden ein Schauspiel – aber ein selbsterfundenes, bei dem er gleichzeitig sein eigener Regisseur, Produzent, Dramaturg, Hauptdarsteller und Zuschauer war?

Die Hypothese wurde auf die einzig mögliche Art getestet: man weckte die schlafenden Versuchspersonen während der REM-Perioden und fragte sie, ob und was sie gerade geträumt hätten. Die historisch gewordenen Ergebnisse wurden 1953 in der Zeitschrift *Science* veröffentlicht. 80 Prozent der aus REM-Perioden geweckten Personen konnten sich detailliert an lebhafte Träume erinnern; dagegen hatten nur 7 Prozent der aus Nicht-REM-Träumen geweckten Schläfer irgendwelche Traumerinnerungen. Die Aufregung war enorm, denn bis dahin hatte es absolut keine Möglichkeit gegeben, herauszufinden, *wann* der schlafende Mensch träumt, ein Handikap, das die ganze Traumforschung buchstäblich auf einen toten Punkt gebracht hatte. Durch die EEG- und EOG-Aufzeichnungen war es jetzt zum erstenmal in der Geschichte möglich geworden, eine Menge umstrittener Fragen zu beantworten, die die Menschheit von jeher beschäftigt hatten, z. B. was die Häufigkeit und Dauer von Träumen betrifft, ob es wirklich Menschen gibt, die nie träumen, und viele andere.

Seit dem ersten Versuch sind Kleitmans Resultate durch viele unabhängige Untersuchungen bestätigt worden. Alle haben deutlich gezeigt, daß die REM-Periode die gegebene Zeit ist, wo ein Aufwecken mit großer Wahrscheinlichkeit den Bericht über etwas, was wir normalerweise Traum nennen, zeitigt. Das ist der Grund, warum die REM-Periode oft auch als Traumzustand bezeichnet wird. Viele Forscher gehen sogar noch einen Schritt weiter und nennen sie den »dritten Seinszustand«, um deutlich zu machen, daß dieser Zustand sich ebensosehr vom gewöhnlichen Schlaf unterscheidet wie vom Wachzustand.

Wenn die offenkundige Aktivität des Schläfers während der REM-Phase ein Indiz für sein inneres Erleben ist, überrascht die Entdeckung nicht, daß der Inhalt der Nicht-REM-Phasen gewöhnlich weniger bildhaft ist als der der REM-Phasen, denn der Nicht-REM-Schlaf ist frei von den schnellen Augenbewegungen des REM-Schlafes. Die Chicagoer Wissenschaftler waren so beeindruckt von dem offensichtlichen Beobachtungscharakter der schnellen Augenbewegungen, daß sie sich fragten, ob der Schläfer seinen Traumbildern und -ereignissen tatsächlich mit den Augen folgte.

Einige der ersten Experimente schienen diese Annahme zu bestätigen, doch heute ist man sich im allgemeinen darüber einig, daß zwischen Traum-Aktion und Augenbewegungen keine genau übereinstimmende Verbindung besteht. Die generelle Natur des gehabten Traums läßt sich trotzdem oft durch einen Blick auf die REM-Aufzeichnung feststellen. Sind die Augenbewegungen gering und weniger häufig, handelt es sich wahrscheinlich um einen friedlichen, passiven Traum, während mehr und größere REMs auf einen aktiveren und emotionelleren Traum schließen lassen. (Übrigens haben neueste Forschungen ergeben, daß auch Bewegungen im Innenohr stattfinden, die mit auditiven Trauminhalten in Zusammenhang gebracht werden könnten.)

Bei REMs (schnellen Augenbewegungen) scheint es sich um eine in regelmäßigen Abständen im Schlaf auftretende fundamental biologische Aktivität zu handeln, die zu einem ganzen Körperfunktionsmuster gehört. Man findet REMs bereits bei Neugeborenen und auch bei von Geburt an Blinden, obwohl sie bei letzteren mit den Jahren geringer werden. Bei den Traumforschern ist man im allgemeinen der Ansicht, daß die subjektive Erfahrung des Träumens diesem biologischen Grundprozeß irgendwie überlagert ist und ein sonst wahrscheinlich völlig zufälliges Augenbewegungsverhalten modifiziert.

*Landläufige Märchen über das Träumen*

Viele Leute sind überzeugt, daß sie nie farbig träumen, aber die moderne Forschung beweist ihnen das Gegenteil. Versuche haben ergeben, daß Testpersonen, die unmittelbar aus einer REM-Phase geweckt und nach Farben gefragt wurden, zu über 80 Prozent von farbigen Träumen berichteten. Die Bäume sind grün, der Himmel grau, die Haustür blau – die Träume sind genauso bunt wie die Tageserlebnisse. Farbe in Träumen wird jedoch sehr schnell vergessen, falls nicht irgend etwas Besonderes unsere Aufmerksamkeit erregt; wenn wir also nicht sofort nach dem Wachwerden danach gefragt werden, gehen die Farben verloren.

Eines der überraschendsten Ergebnisse dieser ersten Untersuchungen ist die Tatsache, daß jeder Mensch einen beträchtlichen Teil seiner normalen Schlafenszeit träumend verbringt. Der durchschnittliche Erwachsene hat jede Nacht mindestens drei REM-Perioden, wahrscheinlich mehr. Man nimmt an, daß er an die tausend Träume im Jahr träumt, die Nicht-REM-Träume nicht mitgerechnet. Doch bleibt davon nur ein winziger Bruchteil im Gedächtnis haften. Das Träumevergessen ist den Menschen immer ein Rätsel gewesen; jetzt haben wir zum erstenmal in der Geschichte die Erklärung dafür, worauf das 3. Kapitel ausführlich eingehen wird. An dieser Stelle genüge der Hinweis, daß auch Personen, die sich unter normalen Bedingungen nie oder nur selten an Träume erinnern, in den meisten Fällen dennoch dazu gebracht werden können, wenn man sie direkt aus REM-Perioden weckt.

Außer dieser fixen Idee des »Ich-träume-nie« hat die moderne Traumforschung noch eine ganze Reihe anderer beliebter Märchen über das Träumen ad absurdum geführt. Noch heute ist der Irrglaube verbreitet, daß Träume sich blitzartig vollziehen. Schuld daran ist zum großen Teil der berühmte Guillotine-Traum des französischen Gelehrten Alfred Maury. Er träumte, er sei während der Französischen Revolution vor das Tribunal gebracht, von Robespierre und Marat verhört, zum Tode verurteilt und zum Schafott geschleppt worden. Sein Kopf wurde auf den Block gelegt, und er fühlte, wie das scharfe Messer der Guillotine seinen Kopf vom Rumpf trennte. Er erwachte in Angstschweiß gebadet und stellte fest, daß sich der Bettaufsatz gelöst hatte und ihm auf den Nacken gefallen war. Maury stellte daraufhin die Behauptung auf, der Traum sei überhaupt erst durch diesen Schlag ins Genick ausgelöst worden, und das ganze Traumgeschehen habe sich in dem kurzen Intervall zwischen der Wahrnehmung des Schlags und dem Aufwachen abgespielt.

So bestechend sich diese Erklärung anhören mag, im Licht der jüngsten Forschung erscheint sie doch recht zweifelhaft, da alle Zeitmessungen eine enge Beziehung zwischen der Länge des berichteten Traums und der Dauer der REM-Periode vor dem Aufwachen zeigen. Wenn der Traum eine einfache Handlung, wie zum Beispiel ein Tennisspiel, schildert, läßt sich eine direkte Relation zwischen der für das Spiel benötigten Zeit und der REM-Zeit feststellen. In anderen Fällen, wenn die Traumgeschichte sich über Stunden, Tage oder Jahre hinzuziehen scheint, erlebt der Träumer sie wie einen Film, der während der Dauer einer REM-Periode abläuft. Für teleskopische Träume wie den Alfred Maurys, die sich in Sekundenbruchteilen zu vollziehen scheinen, gibt es keine Beweise. Heutige Forscher sind der Meinung, daß Maurys Guillotine-Erlebnis überhaupt kein richtiger Traum war, sondern eine Phantasie, die er unbewußt mit sich herumgetragen hatte, bis sie ihm durch den Schlag auf seinen Nacken blitzartig ins Bewußtsein drang (eine bereits von Freud 1900 aufgestellte These).

Was auch immer die richtige Erklärung sein mag, Maurys Behauptung, daß der Schlag den Traum *veranlaßt* hätte, ist jedenfalls falsch. Alles deutet darauf hin, daß das Träumen bei normalen Erwachsenen automatisch mit Beginn der REM-Periode anfängt und mit ihrem Ende aufhört. Äußere Stimulierungen, wie die sprichwörtliche knarrende Tür, mögen zwar in das laufende Traumgeschehen eingefügt werden, aber sie bringen es ganz sicher nicht erst in Gang. Man hat herausgefunden, daß nur etwa die Hälfte solcher äußerer Stimulierungen in den REM-Traum einbezogen wird.

Das folgende Beispiel aus meinen eigenen Untersuchungen ist typisch für die Art, wie ein Stimulus einem Traum einverleibt wird. Dreißig Sekunden vor dem Wecken der Versuchsperson aus einer REM-Periode hatte ich kaltes Wasser auf ihre Hand gesprenkelt. Ihr Bericht über das kurz vor dem Wachwerden Geträumte lautete folgendermaßen:

»Ich war gerade in letzter Sekunde auf einen Zug aufgesprungen und sehr erleichtert, daß ich es noch geschafft hatte. Als ich mir eine Zigarette anzündete, fühlte ich Wasser auf meiner Hand und sah, daß es durchs Fenster hereinregnete. Ich stand auf, um es zuzumachen, und hörte, wie an der anderen Seite des Wagens die Tür geöffnet wurde. Ein Mann mit einer weißen Küchenchefmütze kam herein und setzte sich mir gegenüber. Er tat, als ob er in seiner Zeitung läse, aber ich merkte, daß er mich dabei verstohlen beobachtete. Ich murmelte irgend etwas über das Wetter, aber er antwortete nicht. Schließlich packte mich eine solche Angst, daß ich versuchte, mich unmerklich der Tür zu nähern. Ich kam aber nur vom Fleck, wenn er nicht schaute. Sah er auf, mußte ich mich ganz schnell wieder hinsetzen. Mitten in diesem Aufstehen und Wiederhinsetzen haben Sie mich geweckt.«

Auch bei Nicht-REM-Perioden können äußere Stimulierungen mit der laufenden Hirnaktivität verschmolzen werden, wie aus folgendem Beispiel hervorgeht. Eine meiner Versuchspersonen reagierte nicht auf den Wecker, als ich ihn aus einer Nicht-REM-Periode wecken wollte. Ich weckte also noch einmal. Er erwachte schließlich und erklärte: »Ich machte mir Sorgen um mein Examen, da ich überhaupt nicht vorbereitet war. Gerade, als ich überlegte, wie ich mich aus der Affäre ziehen könnte, klingelte das Telefon. Ich dachte, das müßte Dr. X. sein, der sich nach meinem Hausaufsatz erkundigen wollte, und beschloß, nicht dranzugehen. Ich bin froh, daß Sie mich geweckt haben.«

Die neuen Erkenntnisse über Träume zerstören auch das gängige Märchen, daß spätabends gegessener Käse und saure Gurken unser Traumquantum vermehren. Ebenso wie Krankheit oder Sorgen kann uns auch unser Verdauungsapparat einen unruhigen Schlaf bescheren, so daß wir in der Nacht häufiger wach werden als sonst. Das Ergebnis ist, daß wir mehr Träume erwischen als sonst. Was uns wie eine ungewöhnlich traumreiche Nacht erscheint, ist in Wirklichkeit nur eine traum*erinnerungs*reiche Nacht. In ruhelosen oder gestörten Nächten kann unsere REM-Zeit sogar herabgesetzt werden, da eine einmal unterbrochene REM-Periode normalerweise nach dem Wiedereinschlafen nicht fortgesetzt wird.

Diese Entdeckung brachte die Wissenschaftler zu der Überlegung, was für Folgen ein Schlaf ohne REM-Phasen auf die menschliche Psyche haben würde. Der merkwürdige Zustand des »aufgeregten« Schlafs, der praktisch von der Geburt des Menschen an so beharrlich Nacht für Nacht in Erscheinung tritt, müßte doch irgendeine besondere, für Gesundheit und Wohlbefinden notwendige Funktion haben. Eine dramatische »REM-Entzugs«-Serie an Menschen und Tieren brachte einige bemerkenswerte Ergebnisse.

## REM-Schlaf und Traumentzug-Experimente

Die ersten berühmten »Traumentzug«-Experimente – wie man sie seinerzeit genannt hat – wurden 1960 am Mount Sinai Hospital in New York von Dr. William Dement durchgeführt. Seine Methode bestand darin, Versuchspersonen mehrere aufeinanderfolgende Nächte hindurch jedesmal bei Beginn ihrer REM-Perioden zu wecken und ihnen so bis zu 90 Prozent ihres REM-Schlafs zu entziehen. Es ergaben sich zwei sehr bedeutsame Resultate.

Erstens wurde festgestellt, daß die Menge der REM-Perioden erheblich zunahm. Nach der fünften Entzugsnacht mußten einige Versuchspersonen bis zu zwanzig- und dreißigmal geweckt werden. Nach zehn Tagen brach man das Experiment ab, weil die Versuchspersonen nach jedem Wecken direkt wieder in REM-Schlaf fielen.

Zweitens konnte man beobachten, daß in den dem Experiment folgenden »Erholungs«-Nächten die REM-Zeit merklich anstieg, manchmal bis auf 40 Prozent der Gesamtschlafzeit (obwohl es hier große individuelle Unterschiede gab). Es schien, als trachteten die Versuchspersonen, ihren verlorenen REM-Anteil wieder aufzuholen.

Dement und seine Mitarbeiter bemerkten ferner, daß Versuchspersonen mit zuwenig REM-Schlaf gereizt und nervös wurden. Sie zeigten zunehmende Konzentrationsschwierigkeiten, Ermüdungserscheinungen und Gedächtnisschwäche. Diese Symptome, erklärte Dement, konnten nicht auf reinen Schlafmangel zurückgeführt werden, denn eine Kontrollgruppe, die ebensooft geweckt worden war – aber während Nicht-REM-Perioden –, wies ein völlig normales Verhalten auf. Alle Symptome verschwanden, sobald die REM-Versuchspersonen wieder ungestört schlafen konnten. Da man ernste Persönlichkeitsschädigungen befürchtete, wurden die Entzugsversuche abgebrochen.

Dieses erste Experiment führte in den frühen sechziger Jahren zu der Spekulation, daß der Mensch ein psychologisches Bedürfnis habe zu träumen, ein Bedürfnis nach einer nächtlichen Reise seiner Phantasie, die ihn für die langweilige Alltagsroutine entschädigt, oder vielleicht auch ein Bedürfnis nach Hinabsteigen in schöpferische Tiefen zu geistiger Erquickung. Den Psychoanalytikern schienen diese Forschungsergebnisse eine Bestätigung für Freuds Theorie vom Traum als Sicherheitsventil, das unterdrückten sexuellen und aggressiven Impulsen eine unschädliche Entladung ermöglicht. Leider aber haben weitere REM-Entzugsexperimente all diese faszinierenden Theorien nicht bestätigt.

Als Dement später die REM-Entzugsperiode bei drei seiner Versuchspersonen mit Hilfe gewisser Medikamente auf über fünfzehn Nächte ausdehnte, konnte er nur relativ geringe psychische Störungen feststellen: einer wurde mißtrauisch und aggressiv, ein anderer in einer für ihn ganz untypischen Weise albern, flatterhaft und verantwortungslos, aber diese Ergebnisse konnten auch durch die Medikamente herbeigeführt worden sein. Eine Nacht ungestörten Schlafs genügte, um das seelische Gleichgewicht sofort wiederherzustellen. Ähnliche Ergebnisse erzielten andere Forscher bei REM-Entzugsexperimenten. Da man aus ethischen Gründen nicht riskieren konnte, Menschen der Möglichkeit bleibender Persönlichkeitsschädigungen auszusetzen, wurden die Versuche nie so weit fortgeführt, daß eindeutige Ergebnisse erzielt worden wären.

Dement versuchte es also mit Katzen. (Der REM-Zustand ist bei allen zu Versuchszwecken herangezogenen Säugetieren beobachtet worden.) Die Katzen wurden auf ein schmales Brett dicht über einer Wasseroberfläche plaziert. Bei Beginn einer REM-Periode erschlafften die Nackenmuskeln der Katze, ihr Kopf sackte ins Wasser ab, und sie wachte erschrocken auf. Nach einiger Zeit hatten die Tiere gelernt aufzuwachen, bevor ihr Kopf das Wasser berührte. Diese Wassertechnik ermöglichte einen fast lückenlosen REM-Entzug, aber selbst nach siebzig Tagen dieser Marter war keine tiefgreifende Verhaltensstörung festzustellen. Es gab wohl einige *Veränderungen*, zum Beispiel gesteigerter Drang nach Nahrung und Sexualität, aber Dement mußte zugeben, daß solche Veränderungen vom Katzenstandpunkt aus gesehen keine Nachteile sind.

Man könnte natürlich darauf hinweisen, daß REM-Entzug nicht unbedingt gleichbedeutend ist mit völligem Traumentzug, da sich ja ein gewisses Ausmaß an geistiger Aktivität auch in den Nicht-REM-Perioden vollzieht. Dieser Einwand wird in etwa durch die Versuche mit totalem Schlaf- und damit Traumentzug gestützt, die verheerende Folgen hatten. Nach nur drei Tagen und Nächten ohne Schlaf können sich Halluzinationen, Verfolgungswahn, Verlust des Erinnerungsvermögens und sogar Delirium einstellen.

Daß diese Folgen nur durch Nichtträumen ausgelöst werden, ist unwahrscheinlich. Versuchspersonen, denen man den Schlaf völlig entzogen hatte, verfielen zuerst einmal in ausgedehnten Tiefschlaf, in Stadium 4 also, das nach sämtlichen bisherigen Forschungsergebnissen am wenigsten mit geistiger Aktivität irgendwelcher Art verbunden ist. Danach erst erfolgte – nach mehreren ungestörten Nächten – das Aufholen des entbehrten REM-Schlafs, des Schlafstadiums also, das bei normalen Erwachsenen am meisten Phantasiebetätigung anzeigt.

Die eiserne Beharrlichkeit des ganzen Schlafzyklus deutet darauf hin, daß der Schlaf, wie allgemein angenommen wird, tatsächlich einer fundamentalen körperlichen Erholung des gesamten Organismus dient und daß es sich erst in zweiter Linie um einen psychischen Prozeß handelt. Die moderne Forschung hat dafür verschiedene Bestätigungen gefunden. So konnte zum Beispiel nachgewiesen werden, daß sich das Wachstumshormon im Blut vermindert, wenn wir zuwenig Schlaf haben, so daß Zellregeneration und -erneuerung beeinträchtigt sind. Hierauf dürften viele der schädlichen Folgen völligen Schlafentzugs zurückzuführen sein.

Dr. Ian Oswald von der Universität Edinburgh hat überzeugende Beweise erbracht, daß gerade der REM-Schlaf wichtig für Wachstum und Erneuerung der *Hirn*zellen ist. Nur wenn das Hirnzellgewebe in guter Verfassung ist, können die höheren Funktionen wie Denken, Lernen und Erinnern uneingeschränkt ausgeübt werden. Augenscheinlich spielt also der REM-Schlaf eine wichtige Rolle beim Lernen und Erinnern.

*Schlußfolgerung*

Was auch immer die Funktionen von REM- und Nicht-REM-Schlaf sein mögen – und bis heute sind sie immer noch nicht ganz erforscht –, die subjektive Erfahrung, die wir Träumen nennen, ist wahrscheinlich nur ein Nebenprodukt eines in der Hauptsache physiologischen Prozesses, der irgendwie mit Lernen und Erinnern verknüpft ist. Das heißt aber nicht, daß Träume keinen Wert haben oder daß wir sie nicht beachten sollten. Im Gegenteil, sie können im gegenwärtigen sozialen Entwicklungsstadium der Spezies Mensch sogar Überlebenswert besitzen, weil sie den Menschen mit Informationen über sich selbst versorgen, die ihm normalerweise verborgen bleiben. So wie die chemischen Bestandteile von Urin für den Arzt von großer diagnostischer Bedeutung sind – obwohl sie nichts als Zersetzungsprodukte des Körpers ohne eigene Funktion darstellen –, können Träume uns die vielen grundlegenden Irrationalitäten und inneren Widersprüche in der Persönlichkeit bewußt machen, die ständig unser Leben zu beeinträchtigen drohen. Außerdem konfrontieren uns Träume mit allen möglichen verborgenen Talenten und Anlagen, von denen wir nie eine Ahnung hatten. Darauf werde ich später noch zurückkommen. Träume bilden eine Brücke zwischen Körper und Geist und können so zum Sprungbrett in neue Erfahrungsbereiche werden, die außerhalb unseres normalen Bewußtseins liegen. Sie können uns helfen, die Erkenntnis unseres Selbst und des ganzen Universums, in dem wir leben, zu erweitern.

Obwohl die moderne Traumforschung mittlerweile zwanzig Jahre alt ist, gibt es noch immer keine allgemeingültige Definition des Begriffs »Traum«. Nach dem *Oxford English Dictionary* ist der Traum »eine Vision, eine Serie von Bildern *oder Ereignissen, die sich einem schlafenden Menschen präsentieren«. (Kursivschreibung von mir.) Das würde bedeuten, daß jede geistige Aktivität während des Schlafs als Träumen betrachtet werden muß. Ähnlich definiert auch Websters *New World Dictionary* den Traum als »eine Sequenz von Empfindungen, Bildern, Gedanken usw., die das Hirn eines schlafenden Menschen durchziehen«. Demgegenüber drückt sich Professor Calvin Hall, der amerikanische Traumexperte, sehr viel genauer aus: »Ein Traum ist eine Aufeinanderfolge während des Schlafs erlebter, vorwiegend visueller Vorstellungen. Im allgemeinen besteht ein Traum aus einer oder mehreren Szenen, verschiedenen handelnden Personen zusätzlich zum Träumenden selbst, und einer Folge von Aktionen und Gegenaktionen, in die der Träumende gewöhnlich einbezogen ist. Er ähnelt einem Film- oder Bühnenschauspiel, in welchem der Träumende sowohl Mitspieler als auch Zuschauer ist. Obgleich ein Traum eine Halluzination ist, da seine Ereignisse nicht wirklich stattfinden, erlebt der Träumende ihn wie ein wirkliches Geschehen.« Nach dieser Definition würden nur unsere längeren, bildhafteren, bewegteren und aktiveren Schlaferlebnisse die Bezeichnung »Traum« verdienen.

Offenbar bereitete die exakte Begriffsbestimmung des Traums nicht nur den Wissenschaftlern Mühe. Dr. Donald Goodenough, der sich dem Chicagoer Traum-Team 1956 anschloß, entdeckte durch Zufall, daß auch einige seiner Versuchspersonen vor den gleichen Schwierigkeiten standen. Bei seinem Experiment erklärte er den Testpersonen vor dem Einschlafen, daß sie durch eine Klingel geweckt würden, die sie abstellen könnten, indem sie den Hörer des neben dem Bett stehenden Telefonapparates abnähmen. Sie sollten dann sofort berichten, ob sie geträumt hätten, und wenn ja, den genauen Inhalt des Traums erzählen. Goodenough war sehr verwundert, als einer der Teilnehmer daraufhin fragte: »Wie soll ich wissen, ob ich einen Traum hatte oder nicht?« Nach einigem Nachdenken wurde ihm klar, daß die Frage gar nicht so abwegig war.

Er stellte fest, daß viele Teilnehmer, vor allem solche, die sich

27

selten an Träume erinnerten, Mühe hatten, ihre Traumerlebnisse einzuordnen. Einer der Schläfer, der während einer unverkennbaren REM-Periode geweckt worden war, berichtete, er habe »geschlafen und gedacht«; andere waren nicht sicher, ob sie »geschlafen und geträumt« oder »wachgelegen und gedacht« hatten. Die Schwierigkeit, zwischen »Träumen« und »Denken« zu unterscheiden, war für manche sehr real. Einer sagte, er habe das Gefühl gehabt, er sei eine Allee entlanggeritten und habe auch Häuser und Bäume zu beiden Seiten bemerkt. Er konstatierte: »Ich weiß nicht, ob ich das nur gedacht oder geträumt habe.« Ein anderer mit der gleichen Schwierigkeit meinte, er müsse wohl geträumt, nicht gedacht haben, da die Geschehnisse seines »Traums« zu unwirklich gewesen seien.

Die Möglichkeiten, den Begriff »Traum« zu definieren, sind unendlich vielfältig und richten sich nach den einzelnen Träumern. Angesichts dieser Tatsache bemerkte Dement 1965, es sei doch recht verwunderlich, daß nie jemand daran gedacht habe, die freiwilligen Teilnehmer aufzufordern, eine Definition des Traums zu geben bzw. sie darüber auszufragen, was sie unter einem Traum verstünden, bevor man sie als Versuchspersonen benützte.

Dr. David Foulkes von der Universität Wyoming hoffte, das Problem der Traumdefinition durch eine Änderung der Interview-Technik zu umgehen. Sein Versuchsteilnehmer wurde zunächst gefragt, ob er unmittelbar vor dem Gewecktwerden geträumt habe, und wenn ja, was. Konnte er sich nicht an einen Traum erinnern, wurde er gefragt, ob ihm irgend etwas durch den Sinn gegangen sei. Foulkes fand heraus, daß 87 Prozent der Versuchspersonen »irgend etwas« durch den Sinn gegangen war, wenn sie aus REM-Schlaf geweckt worden waren; beim Gewecktwerden aus dem Nicht-REM-Schlaf waren es 74 Prozent. Die Erinnerung verteilte sich gleichmäßig auf die Stadien 2, 3 und 4 – ein Beweis dafür, daß während der gesamten Nicht-REM-Periode geistige Aktivität vorhanden sein muß.

Diese Ergebnisse bewogen Foulkes, eine Analyse von REM- und Nicht-REM-Berichten zu versuchen. Er fand, daß die Nicht-REM-Berichte weniger gefühlsbetont waren und eine geringere physische Beteiligung aufwiesen als die REM-Berichte; sie waren auch weniger kompliziert und weniger dramatisch. Nicht-REM-Berichte zeigten eine engere Verbindung zu den Ereignissen im Wachzustand der Versuchsperson als die REM-Berichte und waren sehr viel weniger verzerrt. So viele von ihnen waren dem Denkprozeß verwandter als dem Träumen im üblichen Sinne, daß Foulkes versucht war, REM-Berichte als »Träume« und Nicht-REM-Berichte als »Gedanken« zu bezeichnen. Er zog den Schluß: »Traumberichte konnten mit einigem Erfolg aus sämtlichen Kategorien gewonnen werden. Träumen oder irgendeine Form der Wahrnehmungsaktivität findet im schlafenden Menschen möglicherweise beständig statt, und REM-Perioden sind eher für die Differenzierung der verschiedenen Arten von Träumen geeignet denn als Merkmal zur Unterscheidung zwischen Träum- und Nichtträumperioden.«

Ich persönlich benutze die Bezeichnung »REM-Traum« und »Nicht-REM-Traum« zur Unterscheidung der beiden Arten von Hirntätigkeit während des Schlafs. Nicht-REM-Gehalt ist oft so traumartig, daß die Behauptung, es handle sich dabei entweder um »Nichtträumen« oder um »Denken«, unsinnig wird. Dennoch unterscheidet er sich genug vom REM-Gehalt, daß beide mit etwas Übung von jedermann auseinandergehalten werden können.

Anhand des nachfolgenden Beispiels können Sie das selbst ausprobieren. Halten Sie sich die allgemeine Regel vor Augen, daß Nicht-REM-Träume meistens

kürzer
weniger lebendig
weniger anschaulich
weniger detailliert
weniger emotional
weniger aktiv
plausibler
mehr durch laufende Tagesprobleme beeinflußt
mehr rein konversationell
mehr gedankenähnlich

sind als REM-Träume. Und nun lesen Sie bitte die folgenden sechs Träume meiner Versuchsperson Dr. Y. und versuchen Sie zu entscheiden, welche drei aus REM- und welche aus Nicht-REM-Phasen stammen. Bei jedem Wecken wurde Dr. Y. gefragt, was ihm unmittelbar vor dem Wachwerden durch den Sinn gegangen sei.

## Die Träume des Dr. Y.

### Traum 1

»Ich dachte gerade, daß vielleicht etwas mit Ihrem Apparat schiefgegangen wäre und daß Sie mich nicht wecken würden ... kurz vorher untersuchte ich ein paar Patienten von Dr. B. in der Chirurgie. Dr. H. saß im Wartezimmer und sagte, die ganze Versuchsanordnung sei lächerlich. Ich sagte: ›Neid nützt Ihnen nichts.‹ Ich glaube, Sie waren einer der Patienten.«

### Traum 2

»Es war alles sehr vage. Ich befand mich in einer Straße mit zwei schattenhaften Figuren, und wir sprachen über irgend etwas. Ich glaube, es war eine Frau und ein Mann, aber ich konnte ihre Gesichter nicht sehen und habe keine Ahnung, wer sie waren. Ich sagte gerade ›Gehen Sie hierhin, gehen Sie dorthin‹ oder etwas Ähnliches.«

### Traum 3

»Ich stand vor einem eleganten Hotel, als zwei Inder in einem riesigen Wagen vorfuhren. Einer sah sehr krank aus. Er versuchte auszusteigen, wobei er Todesängste auszustehen schien, und ich war besorgt, er könne sich verletzen. Sie waren ganz in Weiß gekleidet, und ich hatte sie vorher schon irgendwo vorbeifahren sehen.

Vorher hatte ich geträumt, ich wäre im M.-Krankenhaus. Jemand sagte zu mir: ›Das war doch früher in der Nähe von St. B.‹, und ich antwortete: ›Ja, das ist möglich.‹ Er sagte: ›Was tun sie dort?‹, und ich antwortete: ›Es ist eine große neurochirurgische Station mit ein paar Betten für psychiatrische Fälle.‹ Dann machten wir nach dem Lunch einen Spaziergang.

Dann hatte ich noch einen weiteren Traum. Er spielte sich in diesem Haus ab. Ich lag hier im Bett, und da war ein Detektiv, der nach irgendwas unter meiner Tür suchte. Es hatte etwas mit dem Experiment zu tun. Er spionierte mir nach oder so was.«

### Traum 4

»Ich trank eine Tasse Milch hier im Bett. Und ich redete mit irgendwem, aber ich weiß nicht, wer das war. Das ist alles.«

### Traum 5

»Ich war gerade am Aufstehen und stieg aus dem Bett, als der Wecker schnarrte. Ich hörte ihn in meinem Traum, als ich aus dem Bett stieg. Es war Morgen, das Experiment zu Ende, und ich

hatte mich im Bett aufgerichtet, um aufzustehen. Ich hatte
erwartet, daß Jonas da wäre – er ist für den Sportplatz verantwortlich, wissen Sie.«

*Traum 6*

»Ich war in einer Klinik und sprach mit zwei Leuten, die ich
kenne. Ich fragte den einen, bei wem er arbeite. Ich fragte, ob er
bei D. arbeite. Er antwortete: ›Nein, der ist schon lange weg. Du
bist hinterm Mond!‹ Dann ging ich eine Straße entlang und sah
auf die Türschilder. Es ging alles ein bißchen durcheinander.
Kurz vorher war da ein roter Mini, und der Fahrer hatte keinen
Führerschein. Ich war sehr beunruhigt. Der Wagen fuhr los, und
ich rannte hinterher, um ihn zu stoppen. Ich klammerte mich ans
Fenster und versuchte, ihn festzuhalten. Ich überlegte, ob ich einfach versuchen sollte, ihn umzukippen. Das würde zwar Blech-
schaden geben, aber es schien mir weniger schlimm, als wenn der
Kerl ohne Führerschein erwischt würde. Ich dachte, ich sollte lieber nach vorne an die Fahrerseite rennen und an das Seiten-
fenster klopfen, aber ich wußte, wenn ich das versuchte und den
Wagen losließe, würde er davonsausen. So hielt ich den Wagen
verzweifelt fest, aber ohne Erfolg.«

Die Träume 3 und 6 können aufgrund ihrer Länge, Lebendigkeit, ihrer visuellen und dramatischen Eigenschaften und Aktivität
sofort als REM-Träume identifiziert werden. Traum 2 ist zweifellos ein Nicht-REM-Traum wegen seiner Verschwommenheit.
Traum 4 ist ebenfalls ein typischer Nicht-REM-Traum, hauptsächlich wegen seiner Kürze und seines Konversationscharakters ohne
irgendwelche visuellen Komponenten; meistens wird diese Art von
Träumen von den Versuchspersonen als »Intermezzo« bezeichnet
und nicht als eigentlicher Traum.

Es bleiben also Traum 1 und 5 zur Einordnung übrig. Beide sind
kurz und bringen eine unverhüllte Anteilnahme an dem laufenden
Experiment zum Ausdruck, was sie eigentlich eher in die Nicht-
REM-Kategorie verweist. Aber Traum 1 leitet vom bloßen »Den-
ken« zu einer Phantasie über chirurgische Praxis und identifizier-
bare Personen über. Traum 5 kommt überhaupt nicht von der
Stelle – im Gegenteil, der Träumer bleibt in seinem Schlafzimmer
und denkt an Jonas. Ein geübter Beobachter würde also mit gutem
Grund Traum 1 als den REM-Traum und Traum 5 als den Nicht-
REM-Traum diagnostizieren.

Die Länge des Traumberichts ist ein weiteres wichtiges Kriterium bei der Klassifizierung; die Mehrzahl der REM-Berichte ist viel länger als die Nicht-REM-Berichte. In meinen eigenen Untersuchungen habe ich festgestellt, daß die durchschnittliche Länge eines REM-Berichtes 253 Wörter gegenüber durchschnittlich 59 Wörtern für Nicht-REM-Berichte betrug. Dr. Y.s Durchschnittsziffern sind 134 zu 48, und alle seine REM-Berichte sind länger als die Nicht-REM-Berichte.

Dr. Y.s Träume illustrieren einen weiteren wichtigen Unterschied zwischen REM- und Nicht-REM-Träumen: alle seine REM-Träume bestehen aus mehr als einer Episode. In Traum 1, zum Beispiel, denkt er zunächst an die Traumexperimente, um dann abrupt zu der Phantasievorstellung überzuwechseln, daß er sich in einer Arztpraxis befindet. Traum 3 enthält drei verschiedene Episoden mit Indern, Krankenhaus und Detektiv.

Wenn man ihn während seines Schlafes beobachtet hätte, würde man mit ziemlicher Sicherheit zwischen jeder Episode ausgedehnte Körperbewegungen festgestellt haben. Wie Untersuchungen ergaben, sind diese Körperbewegungen für die Unterbrechung eines laufenden Traums und die Ingangsetzung eines neuen während derselben REM-Periode verantwortlich, ähnlich wie plötzliche Störungen im Wachzustand uns aus einer Träumerei herausreißen, um uns entweder in eine andere oder zurück in die Wirklichkeit zu versetzen. Einige REM-Perioden meiner Versuchspersonen produzierten bis zu sechs verschiedene Traum-Episoden, besonders in der Zeit kurz vor dem Wachwerden. An Nicht-REM-Träume dagegen scheint man sich selten in Episoden zu erinnern, obwohl sie aus verschiedenen isolierten Gedanken bestehen können. (So wechselt zum Beispiel Traum 5 unvermittelt vom Aus-dem-Bett-Steigen über zu Jonas-der-den-Sportplatz-in-Ordnung-hält.) Da ausgedehnte Körperbewegungen häufig während Stadium 2 und in geringerem Maße während Stadium 3 zu beobachten sind, ist es durchaus möglich, daß die laufende Nicht-REM-Periode zwar in Episoden unterteilt ist, diese aber weniger gut im Gedächtnis haften bleiben als ihre REM-Gegenstücke. Wie wir im nächsten Kapitel sehen werden, scheint das Nicht-REM-Schlafstadium die Bildung von Erinnerungsspuren im Gehirn zu hemmen, so daß die Vergeßlichkeitsneigung dann größer ist.

Das ist möglicherweise auch die Ursache für die Verschwommenheit vieler Nicht-REM-Träume. Dr. Y.s Träume zeigen das deutlich. Obwohl Traum 1 für einen REM-Traum schon ziemlich vage ist, kann der Träumende immerhin seinen Kollegen als Dr. H. und die Szene als Dr. B.s Praxis identifizieren; dagegen erkennt er in Traum 2, einem typischen Nicht-REM-Traum, weder die Straße noch die Leute. Das ganze Erlebnis ähnelt mehr einer Impression oder einem Gefühl als einem wirklichen Traum.

## Das Niemandsland des Nicht-REM-Schlafs

Nun wird gerade beim Gewecktwerden in Laboratoriumsversuchen so häufig diese nebelhafte Art von Nicht-REM-Träumen beschrieben, in denen der Träumer durch graue Straßen wandert und mit fremden Gestalten redet, daß ich ein bißchen näher darauf eingehen möchte, zumal die Erinnerung an solche Träume unter normalen Bedingungen zu Hause eher selten ist. Für viele meiner Versuchspersonen waren sie daher eine große Überraschung. »Sie sind wie gesprochene Gedanken«, sagte einer. »Ist es möglich, so etwas zu träumen?« – »Es ist wie ein Herumwandern im Niemandsland, bei dem man mit Gespenstern redet und sich ganz verloren vorkommt«, drückte es ein anderer aus. Einige Versuchspersonen zeigten sich sogar sichtlich beunruhigt durch den formlosen Charakter dieser Träume, in denen sie sich oft desorientiert und körperlos fühlten. Einer erklärte nach dem Gewecktwerden aus einer Nicht-REM-Periode:

»Ich wanderte, oder vielmehr schwebte, eine lange Straße entlang, und jemand kam mir entgegengeschwebt. Ich weiß nicht, wer es war oder wo ich war. Ich glaube, ich fragte den anderen, wo ich sei. Das Ganze erinnerte mich lebhaft an ein Gedicht von T. S. Eliot, in dem es heißt:
    In der ungewissen Stunde vor Tagesanbruch
    Gegen Ende der nichtendenwollenden Nacht . . .
    Zwischen drei Distrikten, aus denen der Rauch aufstieg
    Begegnete mir ein Wanderer . . .
    Wie vom Winde hergeweht . . .
Genauso war mein Traum. Jetzt weiß ich erst, was Eliot in so vielen seiner Gedichte überhaupt meinte.«

Da Träume zu den Hauptquellen künstlerischen Ausdrucks gehören sollen, ist es nicht abwegig, anzunehmen, daß Eliot in seinem

Gedicht tatsächlich eines seiner Traumerlebnisse beschrieben hat, vielleicht ohne sich dessen bewußt zu sein. Möglicherweise gehen auch die uralten Vorstellungen von gespenstischen Dämmerwelten, in denen die Geister von Verstorbenen auf der Suche nach einem Ruheplatz umherirren, auf diese Art Traum zurück. Die Analogie zum Fegefeuer, wie man es sich allgemein vorstellt, ist fast zu schön, um wahr zu sein, zumal einige meiner Versuchspersonen noch hinzufügten, sie hätten das Gefühl gehabt, für irgend etwas büßen zu wollen. »Ich irrte draußen auf der Straße umher«, sagte einer, »um irgend etwas wieder in Ordnung zu bringen.« – »Ich wanderte umher«, sagte ein anderer, »mit dem Gefühl, etwas erklären oder wiedergutmachen zu müssen.« Ich frage mich, wie viele solcher uralten Ideen wohl aus Träumen entsprungen sind.

Jean Cocteaus durch den Spiegel gesehene Vision der anderen Welt in seinem berühmten Film *Orphée* entspricht genau einem Nicht-REM-Traum – ein seltsames, graues Schattenland, dessen Bewohner sich im Zeitlupentempo bewegen oder langsam mit unheimlichem Singsang einhergleiten, wie verloren in gespenstischem Nebel.

In manchen Nicht-REM-Träumen macht sich der Träumende nicht einmal die Mühe, sein bequemes Bett zu verlassen, um zu denken, fühlen, reden oder gar zu agieren. In Traum 4 zum Beispiel trinkt Dr. Y. im Bett eine Tasse Milch und unterhält sich mit jemandem, und in Traum 5 hat er das Gefühl, daß es Morgen und Aufstehenszeit sei. Es überraschte deshalb nicht, daß viele aus Nicht-REM-Perioden geweckte Versuchspersonen glaubten, sie wären bereits wach gewesen und hätten nachgedacht, obwohl die Aufzeichnungen des Elektroencephalographen bewiesen, daß sie fest geschlafen hatten. In Nicht-REM-Perioden bleibt der Geist im allgemeinen in einigermaßen nahem Kontakt mit der Wirklichkeit, während in REM-Perioden der Träumer tiefer und tiefer in eine Welt reiner Phantasie versinkt. Aus REM-Perioden geweckte Versuchspersonen erklären oft, sie hätten das Gefühl, als ob sie von einem weit entfernten Ort »zurückgerufen« worden seien – aus einem tiefen, tiefen Schlaf –, und möglicherweise ist diese Illusion weiter Ferne dafür verantwortlich, daß es schwieriger ist, jemanden aus einem REM-Stadium als aus den Schlafstadien 2 oder 3 zu wecken.

Dem Nicht-REM-Schlaf scheinen jene besonderen Eigenschaften des REM-Schlafs zu fehlen, die zur Umwandlung von Gedanken in deutliche Bilder erforderlich sind. Aus REM-Perioden geweckte

Personen liefern gewöhnlich Traumberichte von beträchtlicher Bildhaftigkeit, während Nicht-REM-Perioden oft nur Gedanken oder Grübeleien hervorbringen, die sich auf irgendwelche laufenden Probleme beziehen. Dies ist der einzige Grund, warum Nicht-REM-Erlebnisse von manchen Forschern zuweilen mit »Gedanken« statt Träumen bezeichnet wurden. Damit soll nicht gesagt sein, daß in REM-Träumen nicht gedacht wird; das Denken wird hier nur durch die damit verflochtenen Traumphantasien übertüncht. In Traum 6 zum Beispiel ist Dr. Y. die ganze Zeit mit dem Problem beschäftigt, wie er den Mini am Losfahren hindern kann, wobei ihm verschiedene mögliche Lösungen durch den Kopf gehen. In einem Nicht-REM-Gegenstück zu diesem Traum würde er sich vielleicht nur von seinem Bett aus Gedanken darüber machen, daß sein Führerschein abgelaufen ist.

In ähnlicher Weise bestehen Nicht-REM-Träume oft nur aus vagen Dialogen (wie in Dr. Y.s Träumen 2 und 4) oder Wörtern, während diese in REM-Träumen ein Teil der Handlung des laufenden Traumgeschehens sind. Zum Beispiel berichtete eine meiner Versuchspersonen nach dem Gewecktwerden aus einer Nicht-REM-Periode, sie habe gerade eine Stimme von irgendwoher ganz deutlich sagen hören: »Sie dürfen Ihren Hund aber nicht meinen Gehweg verschmutzen lassen!« Ein anderer hörte eine Stimme verkünden: »Wir brauchen ein Symbol für das Neue Zeitalter!« Vielleicht sind es solche Träume, die uns beim Aufwachen das Gefühl vermitteln, wir hätten gerade das große Geheimnis des Universums erfahren. Eine meiner Versuchspersonen bemühte sich minutenlang um die entgleitenden Reste einer Botschaft von äußerster Bedeutung. Sie lautete: »Leser, die mit einer noch zarteren Behandlung des Bandes, als die Situation erfordert, nicht einverstanden sind, mögen bitte dieses Formular ausfüllen.« Und wieder ein anderer, der nach einem zugkräftigen Titel für sein neues Buch über organische Chemie suchte, wachte triumphierend auf mit der Lösung: »Zwölf Bettstellen auf der Suche nach einer Antwort!«

Träume vom Lesen, in denen Wörter und Buchstaben (oft Unsinn) vor dem geistigen Auge umherschweben, sind gewöhnlich Nicht-REM-Schlaf-Produkte. Eine Teilnehmerin berichtete, daß ihr Traum »wie das Lesen eines Buches oder Im-Schlaf-Denken« war. Einer erklärte: »Es war ein Gespräch im Gange, aber ich weiß nicht, warum ich dabei war oder ob ich überhaupt daran teilnahm. Es war eher wie das Lesen eines sehr langweiligen Buches, wissen

Sie; wacht man dann auf, ist es so unerheblich, daß jede Erinnerung daran ganz von selber entgleitet.«

Genau das ist es, was mit den meisten Nicht-REM-Träumen wirklich passiert. Normalerweise schlafen wir darüberweg, da wir kaum je unmittelbar aus Nicht-REM-Schlaf aufwachen; und wenn es uns einmal gelingt, einen Nicht-REM-Traum festzuhalten, ist er gewöhnlich so blaß, farblos und unerheblich, daß er rasch wieder in Vergessenheit versinkt. Ich werde später noch zeigen, daß dies kein großer Verlust für uns ist, da die meisten Nicht-REM-Träume für eine Auswertung sowieso wenig Nützliches herzugeben scheinen. Doch ist es für den Leser wichtig, daß er über diese seltsamen Niemandslandträume Bescheid weiß, bevor er mit der Erforschung seines eigenen Traumlebens beginnt.

Der beste Weg, ein sicheres Gefühl für ihre Eigenart zu bekommen, ist natürlich die persönliche Erfahrung; deshalb möchte ich dem Leser, dem bewußt noch kein typischer Nicht-REM-Traum begegnet ist, das folgende Experiment vorschlagen. Lassen Sie sich nachts in Abständen von ungefähr neunzig Minuten von einem Wecker wecken. Schreiben Sie jedesmal sofort auf, was Ihnen unmittelbar vor dem Wecken durch den Kopf gegangen ist. Da Sie den Schlafzyklus an ganz verschiedenen Punkten unterbrechen, haben Sie eine gute Chance, ein paar REM- und Nicht-REM-Träume zu erwischen. Prüfen Sie sie alle am Morgen sorgfältig nach und versuchen Sie, die Art Nicht-REM-Traum, die in diesem Kapitel beschrieben wurde, herauszufinden. Ohne ein EEG gibt es natürlich keine objektive Kontrollmethode. Auch kann man sich nicht allein nach Zeitabständen richten, da es keine Möglichkeit gibt festzustellen, wie lange Sie nach jedem Wecken zum Wiedereinschlafen brauchen. Doch wird der Unterschied zwischen REM- und Nicht-REM-Träumen nach einigen Versuchen durchweg so deutlich geworden sein, daß Sie in den meisten Fällen keine Zweifel mehr zu haben brauchen.

## Individuelle Unterschiede im Träumen

Eine Warnung zuvor. Träumgewohnheiten können von einem Menschen zum anderen sehr verschieden sein, und Sie haben möglicherweise festgestellt, daß Ihre Träume in keiner Weise denen des Dr. Y. ähnlich sind, den wir gewählt haben, weil er uns die »Norm« zu vertreten schien. Wenn Sie das sind, was ich einen

»guten Träumer« nenne, werden Sie längere, lebendigere und dramatischere REM-Träume haben als Dr. Y., und auch Ihre Nicht-REM-Träume werden »traumhafter« sein als die vorhin erörterten. Und während Ihre Nicht-REM-Träume leicht von Ihren eigenen noch traumartigeren REM-Träumen unterschieden werden können, sind sie von den REM-Träumen eines mittelmäßigen Träumers, dessen Traumerlebnisse von geringerer Intensität sind, vielleicht gar nicht so verschieden. Wer sich normalerweise an viele Träume erinnert, ist im allgemeinen ein guter Träumer, während Menschen, die sich nur schlecht an Träume erinnern, meist auch schwache Träumer sind.

Ein weiteres Problem besteht darin, daß sowohl REM- als auch Nicht-REM-Erlebnisse gegen Ende der Schlafperiode länger und »traumartiger« werden, so daß es nicht so einfach für Sie ist, einen Ihrer *späten* Nicht-REM-Berichte von einem *frühen* REM-Bericht zu unterscheiden. Daher auch unsere Schwierigkeit zu entscheiden, in welche Kategorie Dr. Y.s erster REM- und letzter Nicht-REM-Traum gehörten.

Noch verwirrender ist der Umstand, daß leichte Schläfer, d. h. solche, die durch äußere Einflüsse wie Lärm besonders schnell geweckt werden, oft ziemlich traumartiges Material aus ihren Nicht-REM-Perioden berichten, während tiefe Schläfer ihr eigentliches Träumen auf REM-Perioden zu beschränken scheinen. Aber selbst als leichter Schläfer sollten Sie in der Lage sein, zwischen Ihren REM- und Nicht-REM-Perioden zu unterscheiden.

*»Träumchen«*

Vor Abschluß dieses Kapitels sollte eine dritte Traumart kurz erwähnt werden, die beim Einschlafen, auf der Schwelle zwischen Wachsein und Schlaf, erlebt wird. Sie ist als »hypnagogischer« (schlafherbeiführender) Traum bekannt und äußert sich oft in ungewöhnlichen körperlichen Empfindungen, merkwürdigen Zwiegesprächen und Halluzinationen wie etwa körperlosen Gesichtern, die vor dem geistigen Auge Revue passieren. Manchmal gehen sie in Träume über, die REM-Träumen ähnlich sind, obwohl die Einschlafperiode nicht von den für die REM-Phase so typischen schnellen Augenbewegungen begleitet ist. Im ganzen aber sind hypnagogische Träume kürzer und weniger dramatisch als REM-Perioden-Träume, weshalb sie auch wohl »Träumchen« genannt werden.

Der Leser, der solche »Träumchen« erwischen möchte, versuche das folgende Experiment. Man lege sich im Bett flach auf den Rücken und richte den Unterarm, gestützt auf den Ellbogen, vertikal hoch. In dieser Stellung, bei der das Hochhalten des Arms keine besondere Anstrengung erfordert, kann man verhältnismäßig leicht in das hypnagogische Stadium absinken. An einem gewissen Punkt erschlafft jedoch die Muskelspannung, der Arm fällt um und man erwacht. Wenn man jetzt sofort aufschreibt, was einem eben durch den Kopf gegangen ist, kann man manchmal recht amüsante Ergebnisse und unter Umständen auch nützliches Material für eine Interpretation erhalten, auf die ich in späteren Kapiteln näher eingehen werde.

## 3   Warum wir unsere Träume vergessen

Wie kommt es, daß manche Menschen sich fast jeden Morgen an einen Traum erinnern, während andere behaupten, sie träumten nur einmal im Monat, einmal im Jahr oder nie? Wir wissen, daß die Zahl der allnächtlichen REM-Perioden bei allen Menschen gleich ist und daß »Nicht-Träumer« bei Versuchsreihen genauso viele Träume vorzuweisen haben wie »Träumer«. Man schloß daraus, daß die offensichtlich allgemein bestehenden Verschiedenheiten in der Traumaktivität eher auf Unterschiede im *Erinnern* als auf Unterschiede in der *Häufigkeit* der Träume zurückzuführen sind. Man bezeichnet deshalb Menschen, die sich weniger als einmal im Monat an einen Traum erinnern, als »Nichterinnerer«, alle anderen als »Erinnerer«.

Wie bereits erwähnt, trifft die Behauptung nicht zu, daß Menschen, die langsam wach werden, bessere Aussichten haben, sich an Träume zu erinnern, als solche, die sehr plötzlich durch äußere Einwirkungen, z. B. einen Wecker, geweckt werden. Im Gegenteil: Abruptes Wachwerden durch lauten Lärm zeitigt entschieden häufiger Traumerinnerungen als allmähliches Aufwachen – etwa durch leises Flüstern. In der Zeit zwischen Schlaf und vollem Wachsein verflüchtigt sich der Traum. Infolgedessen werden in Traumversuchsreihen ziemlich laute Wecksignale benutzt. Bei meinen eigenen Versuchen verwendete ich ein Wecksignal, das sich anhörte wie ein wütender Bulle. Ein paarmal beklagten sich Versuchspersonen bei mir darüber und behaupteten, sie könnten sich sicher an viel mehr erinnern, wenn der Wecker nicht so schrecklich laut wäre. Ich habe es schließlich mit einem leiseren Signal versucht, aber mit negativem Ergebnis.

Zu einem gewissen Teil lassen sich die individuellen Unterschiede bei der normalen Traumerinnerung auch darauf zurückführen, wie ein Mensch in seiner gewohnten Schlafumgebung geweckt wird, d. h. ob jeden Morgen ein Wecker rasselt oder ob er langsam von selber aufwacht. Da die letzte nächtliche REM-Periode manchmal bis zu einer Stunde andauert, besteht alle Aussicht, daß wir direkt daraus erwachen. Am besten wird sich aber der an seinen Traum erinnern, der abrupt geweckt wird.

Weitere Experimente haben ergeben, daß Nichterinnerer gewöhnlich einen viel stärkeren Weckanstoß brauchen als Erinnerer, was darauf schließen läßt, daß Nichterinnerer einen tieferen Schlaf haben. Und das wiederum könnte bedeuten, daß die anderen sich deshalb besser erinnern, weil sie nachts häufiger wach werden und dadurch mehr Träume »mitkriegen« als die Tiefschläfer.

## Traumgedächtnis und Persönlichkeit

Nun deutet jedoch alles darauf hin, daß Erinnerer und Nichterinnerer sich weniger durch die Tiefe ihres Schlafes oder die Art des Erwachens unterscheiden als vielmehr durch ihren Charakter und die psychologische Veranlagung. Vor mehreren Jahren beobachteten Forscher zu ihrer Überraschung, daß Nichterinnerer in ihren REM/EOG-Aufzeichnungen mehr schnelle Augenbewegungen pro Sekunde aufwiesen als Erinnerer, also anscheinend aktivere Träume erlebten. Warum aber waren dann die Berichte der Nichterinnerer gewöhnlich kürzer und weniger lebendig als die der Erinnerer?

Dieser Widerspruch fand eine Erklärung, als man entdeckte, daß im Wachzustand mehr Augenbewegungen erforderlich sind, um von einem Objekt oder einer Szene *wegzuschauen*, als *hinzuschauen*. Als man nämlich einer Gruppe von Versuchspersonen im Wachzustand Bilder vorführte und dabei ihre Augenbewegungen registrierte, zeigte sich, daß auf den EOGs mehr Augenbewegungen erschienen, wenn die Leute bei Bildern mit unangenehmem und bedrohlichem Inhalt wegschauten, als wenn sie hinsahen. In einer weiteren Untersuchung wurden die Versuchspersonen gebeten, sich ein bestimmtes Ereignis vorzustellen. Hierbei wurden nur wenige

Augenbewegungen registriert. Als man sie dagegen bat, das Vorstellungsbild zu unterdrücken, vermehrten sich die Aufzeichnungen erheblich.

Die Forscher zogen daraus den Schluß, daß die Nichterinnerer bei Traumbildern wahrscheinlich ähnlich reagieren. Das würde erklären, warum Nichterinnerer gewöhnlich weniger aufregende Träume berichten als Erinnerer. Man kann natürlich einwenden, daß die Träume von Nichterinnerern gerade deshalb schwerer im Gedächtnis haften bleiben, weil sie langweiliger sind als die Träume der Erinnerer. Es spricht aber alles dafür, daß die Nichterinnerer sich einfach nicht an ihre Träume erinnern *wollen*, genau wie sie im täglichen Leben Unannehmlichkeiten aus dem Weg zu gehen suchen. Tatsächlich haben psychologische Tests ergeben, daß Nichterinnerer im allgemeinen gehemmter, konformistischer und selbstbeherrschter sind als Erinnerer, die eher dazu neigen, Besorgnisse und Gefühle offen zuzugeben. Vielleicht liegt der entscheidende Unterschied zwischen Erinnern und Nichterinnern gerade in der Bereitwilligkeit, sich dieser Erfahrungsdimension zu stellen, die von manchen auch Selbst-Bewußtsein genannt wird und die ein echtes Interesse an den inneren, subjektiven Dingen des Lebens voraussetzt.

Hierbei drängt sich Jungs berühmte Typen-Unterteilung auf in Extravertierte – Menschen, die mehr an ihrem Verhältnis zur äußeren Welt als an ihrem Innenleben interessiert sind – und Introvertierte, deren Energien hauptsächlich nach innen gerichtet sind. Vielleicht wird die zukünftige Forschung sogar einmal nachweisen, daß auch schlechtes und gutes Traumerinnern eng mit den unterschiedlichen Persönlichkeitstypen von Extra- und Introvertierten zusammenhängt.

## Die Verdrängung von Träumen

Psychoanalytiker würden sagen, daß Nichterinnerer ihre Träume »verdrängen« – das heißt, daß sie »vorsätzlich« jede Erinnerung daran aus der bewußten Wahrnehmung verbannen, weil peinliche Wünsche oder Vorstellungen darin enthalten sind. Psychoanalytiker glauben, daß in uns allen infantile sexuelle und aggressive Wünsche verborgen sind, die wir im Traum zu befriedigen suchen, weil unser Gewissen uns daran hindert, das im Wachzustand zu tun. In gewisser Weise – so behaupten sie – sind wir alle Traum-

40

verdränger. Unser Verdrängungsmechanismus funktioniert im allgemeinen automatisch und tarnt unsere unakzeptablen Wünsche als Träume, so daß wir sie gar nicht erst wahrnehmen. Manchmal aber ist die Tarnung etwas dürftig, worauf wir die Verdrängung zu Hilfe nehmen, um jede Erinnerung an den Traum loszuwerden. So gesehen, könnte man sagen, Nichterinnerer verdrängen mehr als Erinnerer; sie verurteilen einen größeren Teil ihres besorgniserregenden Traumlebens zum Vergessenwerden als die mutigeren Erinnerer, die ihre Traumerfahrung zur besseren Selbsterkenntnis und inneren Reifung nutzen.

Da die angebliche Tarnungsfunktion des Traums in einem späteren Kapitel noch ausgiebig erörtert wird, sei hier nur noch erwähnt, daß viele Psychoanalytiker davon überzeugt sind, ihre nichterinnernden Patienten vergäßen sogar ihre getarnten Träume, aus Angst, eine Interpretation könnte schreckliche Dinge ans Licht bringen. Eine nichterinnernde Freundin von mir regte sich darüber auf, daß ihr Psychiater ihr dauernd vorwarf, genau das sei der Grund, warum sie keinen Kontakt mit ihrem Unterbewußtsein habe. Ich schlug ihr eine Versuchssitzung vor, in der wir gemeinsam ihr Unterbewußtsein überlisten wollten; ich würde sie aus REM-Perioden wecken und so unmittelbare Traumberichte von ihr erhalten. Doch das Experiment war ein Mißerfolg. Die Aufzeichnungen zeigten zwar drei deutliche REM-Perioden während der Nacht, doch konnte sie keinen einzigen Traum erzählen, obwohl sie jedes Mal, wenn sie geweckt wurde, das Gefühl hatte, geträumt zu haben. Traurig bekannte sie ihrem Psychiater, daß er recht hätte, und ergab sich resigniert in ihre »traumlose« Existenz. Zufällig entdeckte ich einige Zeit später, daß sie in der Versuchsnacht ihre gewohnte Schlaftablette genommen hatte. Da ich den Verdacht hatte, dies könnte etwas mit dem Fehlschlag zu tun haben, bat ich sie, das Experiment – diesmal ohne Schlaftablette – zu wiederholen.

Fest davon überzeugt, daß sie ohne Pille nicht einschlafen würde, ließ sie sich schließlich doch überreden, und das Ergebnis waren drei »dicke« Traumberichte, die sie am nächsten Tag triumphierend ihrem Psychiater präsentierte mit den Worten: »Außer Kontakt mit meinem Unterbewußtsein – daß ich nicht lache! Es waren einzig und allein diese verflixten Schlafpillen.« In ihrem Fall hatten die Pillen wahrscheinlich eine solche Vertiefung des Schlafs bewirkt, daß die Traumerinnerung in der kurzen Zeit zwischen Weckgeräusch und vollem Wachsein verlorenging. Andererseits hat man auch festgestellt, daß Barbiturate die Anzahl der schnellen Augenbewegungen in REM-Perioden reduzieren, was auf passivere und deswegen weniger leicht erinnerliche Träume hindeutet.

Doch gibt es, wie gesagt, Menschen, die wirklich »außer Kontakt mit ihrem Unterbewußtsein« sind (d. h. sich in keiner Weise der verborgenen Seiten ihrer Persönlichkeit bewußt sind), wofür mangelhafte Traumerinnerung symptomatisch ist. Ich werde manchmal von Psychoanalytikern und Psychotherapeuten gebeten, mir ihre »traumlosen« Patienten einmal in einem Laboratorium vorzuknöpfen, um doch ein paar Träume zu Analysierungszwecken zutage zu fördern. Obgleich Psychoanalytiker durchaus ohne die Träume ihrer Patienten zurechtkommen können, wird ihre Arbeit durch Träume doch sehr erleichtert. Es darf aber nicht vergessen werden, daß das laboratoriumsmäßige Aufwecken aus REM-Perioden – so erfolgreich es auch bei chronischem Nichterinnern sein kann – bei Patienten, die absolut nicht mit den verborgenen Abgründen in sich konfrontiert werden wollen, nicht immer automatisch zum Ziel führt.

Es ist zum Beispiel nicht ungewöhnlich, daß jemand, der zu mir ins Laboratorium geschickt wird, weil er sich zu Hause nicht an seine Träume erinnern kann, beim ersten oder auch beim zweiten Wecken einen Traum hervorholt, dann aber die ganze Nacht hindurch keinen mehr. Oder er ist vielleicht ganz erfolgreich in der ersten Versuchsnacht, bringt aber in weiteren Nächten nichts mehr zustande, wobei er oft erklärt, daß er zwar geträumt habe, der Traum ihm aber während des Aufwachens entschlüpft sei. Eine Teilnehmerin wurde sogar richtig böse und sagte: »Jedesmal, wenn Sie mich weckten, habe ich etwas geträumt, aber ich kann es nicht behalten. Ist da womöglich ein Abwehrmechanismus am Werk? Ich möchte nämlich wirklich gerne wissen, was ich träume.« Kein Zweifel, daß sie die Wahrheit sagte, und ich glaube, ein Psychoanalytiker hätte recht mit der Annahme, daß ihr Unbewußtes, nach den ersten paar Überlistungen schlau geworden, sich wehrte und die Träume verdrängte.

Die Verdrängung eines Traums geschieht vermutlich kurz vor dem Wachwerden oder sogar im Moment des Aufwachens, so daß entweder der Traum völlig vergessen wird oder nur ein paar harmlose Fragmente davon übrigbleiben. Die Verdrängungstheorie hat für uns, die wir schon unzählige Versuchspersonen erfolglos darum kämpfen sahen, einen Traum festzuhalten, etwas Bestechendes.

Aber wie wir später noch sehen werden, stellt sie nicht die einzige Erklärung dar.

Selbst ganz normale freiwillige Versuchspersonen, die sich zu Hause regelmäßig an Träume erinnern, zeigen im Laboratorium oft (unbewußten) Widerstand. So produzierte eine anscheinend sehr eifrige und hilfsbereite Versuchsperson, die sich ehrlich auf das Experiment gefreut hatte, aus den ersten paar REM-Aufweckungen nur fade, langweilige Traumberichte. Beim letzten Aufwecken war sie überhaupt nicht mehr imstande, sich an irgend etwas zu erinnern; sie meinte lediglich, gerade mitten in einem langen, dramatischen Traum gewesen zu sein. Sie war sehr verärgert, daß sie sich nicht im geringsten daran erinnern konnte. Am darauffolgenden Nachmittag aber rief sie bei mir an, um mir zu sagen, der Traum sei eben zurückgekommen; sie könne ihn aber nicht erzählen, weil er zu persönlich sei. »Selbst wenn ich mich letzte Nacht daran erinnert hätte, würde ich ihn, glaube ich, nicht erzählt haben. Schließlich sind Träume doch eine höchst private Sache, nicht wahr?« Das sind sie wirklich, und mancher begeisterte freiwillige Versuchsteilnehmer ist sich seiner unterschwelligen Besorgnis, sich selbst oder dem Versuchsleiter zuviel über sich zu verraten, überhaupt nicht bewußt.

Bei anderen Versuchsteilnehmern drücken sich die unbewußten Befürchtungen und die Abneigung gegen den Versuch in den Träumen selbst aus. Ein scheinbar ganz kooperativer Teilnehmer ließ nach dem allerersten Traumbericht klar erkennen, daß uns einige Schwierigkeiten bevorstanden. Er träumte, er sähe auf dem Treppenabsatz zwischen dem Versuchsraum, in dem er schlief, und meinem Zimmer, in dem ich seine Träume auf Band aufnahm, einen Arzt auftauchen. Dieser Doktor, der ziemlich finster aussah, versuchte, die Drähte zwischen den beiden Räumen zu durchschneiden. Gerade als meine Versuchsperson mich warnen wollte, wie er sagte, schnarrte der Wecker. Da er selbst Arzt war, hatte ich wenig Zweifel über die wahre Identität des »Saboteurs«, und meine Befürchtungen wurden bestätigt, als er mitten in der Nacht eine so starke Migräne bekam, daß das Experiment abgebrochen werden mußte.

Der auf Träume zu Interpretierungszwecken erpichte Psychoanalytiker wird also leider feststellen, daß die neuen Labortechniken kein Universalheilmittel sind. Immerhin können sie nützlich sein, um chronischen Nichterinnerern überhaupt zum Bewußtsein zu bringen, daß sie träumen, und das ist nicht nur für diejenigen wertvoll, die sich in psychotherapeutischer Behandlung befinden, sondern für uns alle, wie die letzten Kapitel dieses Buches noch zeigen werden.

Für Erinnerer jedoch haben die neuen Methoden wenig zu bieten, da für eine Psychotherapie nur eine sehr begrenzte Anzahl von Träumen herangezogen werden kann – normalerweise höchstens zwei oder drei in der Woche. In der professionellen Psychotherapie kann selbst das noch zuviel sein. Zu Beginn meiner eigenen Analyse führte ich ein Traumtagebuch, in dem ich während des ersten Jahres über 200 Träume aufnotierte. Schließlich hörte ich damit auf, da weder ich selbst noch mein Psychiater soviel Material verkraften konnten. Später las ich mit großem Interesse, daß Freud sein eigenes Traumtagebuch vernichtet hatte – sein Grund: Das Material habe ihn förmlich erstickt, so wie der Wüstensand die Sphinx.

## »Ablenkungsmanöver«

Wie jeder Psychotherapeut weiß, können zu viele Träume ebenso symptomatisch für den Widerstand gegen die Therapie sein wie zu wenige. Ich erinnere mich an eine Therapie-Gruppe, an der ich teilnahm. Woche für Woche zog einer der Teilnehmer unweigerlich ein dickes Bündel Traumberichte hervor, mit dem er uns eine Stunde lang zu Tode langweilte. Es waren seine Träume der vorhergehenden Woche, und einige davon waren sehr lang und kompliziert. Schließlich machte sich der Gruppenleiter nicht einmal mehr die Mühe, die Träume auszudeuten. Statt dessen analysierte er die intensive Beschäftigung des Teilnehmers mit seinen Träumen und kam zu dem Resultat, dies sei einfach dessen Methode, wichtigeren Fragen auszuweichen!

Ich will hier keineswegs behaupten, daß die Laboratoriumstechniken des Traumeinfangens dem Psychotherapeuten überhaupt nichts zu bieten hätten. Im Gegenteil. Viele Therapeuten haben sie mit großem Nutzen angewendet, besonders wo es darum ging, herauszufinden, inwieweit die Verdrängung beim Vergessen eines *einmal erinnerten Traums* eine Rolle spielt. Bereits im Jahre 1900 schrieb Freud in seinem Werk *Die Traumdeutung:*

»Es ereignet sich mir wie anderen Analytikern und den in solcher Behandlung stehenden Patienten nicht selten, daß wir durch einen Traum aus dem Schlafe geweckt, wie wir sagen möchten, unmittelbar darauf im vollen Besitze unserer Denktätigkeit den Traum zu deuten beginnen. Ich habe in solchen Fällen oftmals nicht geruht, bis ich das volle Verständnis des Traumes gewonnen hatte, und doch konnte es geschehen, daß ich nach dem Erwachen die Deutungsarbeit ebenso vollständig vergessen hatte wie den Trauminhalt, obwohl ich wußte, daß ich geträumt und daß ich den Traum gedeutet hatte. Viel häufiger hatte der Traum das Ergebnis der Deutungsarbeit mit in die Vergessenheit gerissen, als es der geistigen Tätigkeit gelungen war, den Traum für die Erinnerung zu halten.«

Auch bemerkte Freud, daß viele seiner Patienten, während sie im Sprechzimmer einen Traum erzählten, plötzlich stockten und sich an einen Teil erinnerten, den sie vorher vergessen hatten. Er hielt diese vergessenen Fragmente für bedeutungsvoller als die erinnerten Teile des Traums. Gerade das vergessene Bruchstück verhelfe am besten zum Verständnis des Traums; vielleicht sei gerade das der Grund, warum es vergessen würde.

Vor noch nicht langer Zeit haben Professor Roy Whitman und seine Mitarbeiter an der Universität von Cincinnati (Ohio) Beweise dafür erbracht, daß Freud mit seiner Ansicht, der *nicht*-erinnerte Traum oder Traumteil sei von größerer Bedeutung als der erinnerte, recht haben müsse. Zwei in psychoanalytischer Behandlung stehende Versuchspersonen wurden in mehreren Nächten aus REM-Perioden geweckt und gebeten, ihre Träume dem Versuchsleiter zu erzählen. Am folgenden Tag hatten beide therapeutische Sitzungen beim Psychoanalytiker. Die weibliche Versuchsperson teilte die meisten ihrer sexuellen Träume nicht dem Versuchsleiter, dafür aber dem Analytiker mit, während sie Träume, die auf den Versuchsleiter gerichtetes sexuelles und aggressives Material enthielten, nur dem Psychiater erzählte. Träume, in denen sich Angst und Widerstand gegen die Analyse niederschlugen, wurden nur dem Versuchsleiter, nicht aber dem Psychiater mitgeteilt. Die männliche Versuchsperson erzählte dem Psychiater alle Träume, die seine männlichen Fähigkeiten im besten Lichte zeigten, ließ dagegen die Träume weg, die homosexuelle Neigungen verrieten. Da die Bedeutung all dieser Träume gar nicht immer sofort erkennbar war, zog Whitman die Schlußfolgerung, daß die Versuchspersonen zumindest unbewußt die Bedeutung ihrer Träume verstanden, weswegen sie sie jedem, der sie vielleicht durchschauen könnte, verheimlichten. Sie taten das durch bewußte Unterdrückung oder unbewußte Verdrängung, genau nach dem bereits erwähnten Muster.

Whitman schreibt dazu, es gelte »im allgemeinen als erwiesen, daß der in einer therapeutischen Sitzung erzählte Traum einen der Hauptkonflikte enthält, mit denen sich der Patient gerade herumschlägt. Aufgrund dieser Ergebnisse sollte der Therapeut jedoch ein gewisses Mißtrauen walten lassen, denn einer oder mehrere der größeren zwischenmenschlichen Konflikte des Patienten könnten sehr wohl genau in dem Traum enthalten sein, der *nicht* erzählt wird«. Whitman glaubt, die modernen Techniken des Aufspürens von Träumen könnten klinisch sehr nützlich sein, weil sie dem Psychoanalytiker *vergessene* Träume zugänglich machen und ihm so dabei helfen würden, die verborgensten Ängste und Widerstände seines Patienten besser zu erkennen. Doch habe ich das Gefühl, daß ein wirklich zur Verdrängung neigender Patient sehr bald lernen wird, seine Träume von Grund auf zu »vergessen«, wie ich das an meinen Versuchspersonen schon beobachtet habe.

Obgleich ich nicht bezweifle, daß ein gewisser Teil Verdrängung für das Vergessen von Träumen verantwortlich ist, kann dies doch nicht der einzige Grund sein, wie Freud geglaubt hat. Selbst extrem offene und ihrer selbst bewußte Menschen finden es schwierig und oft unmöglich, der überwältigenden Tendenz, Träume zu vergessen, entgegenzuwirken. Träume, an die man sich beim Wachwerden kurz erinnert, sind sofort verschwunden, wenn man sich erlaubt, wieder einzudösen. Und auch der beste Träumer wird sich morgens nicht an vier oder fünf Träume erinnern können, obwohl erwiesen ist, daß wir während eines achtstündigen Schlafs etwa diese Anzahl REM-Träume haben. Alles spricht dafür, daß die überwiegende Mehrheit der Träume völlig verlorengeht und ein großer Teil nur in Fragmenten erhalten bleibt. Wie und warum vergessen wir denn so viele unserer Träume?

*Die allgemeine Neigung, Träume zu vergessen*

Kleitman hat die Ansicht geäußert, schlechte Traumerinnerungen könnten auf die während des Schlafens verminderte Hirn-Effizienz zurückzuführen sein. Er vergleicht den Zustand des Schlafenden mit dem des sehr jungen, sehr alten – oder sehr betrunkenen Menschen. Oswald ist ähnlicher Meinung: »Das Vergessen von Träumen geschieht außerordentlich schnell, und es ist gar nicht nötig, Verdrängung für das Mißlingen der meisten Traumerinnerungen verantwortlich zu machen, ebensowenig wie das bei post-traumatischer Amnesie, Trunkenheitsamnesie oder anderen Zuständen vorübergehender zerebraler Behinderung der Fall ist.« Mit anderen Worten: Das Gehirn ist während des Schlafs wahrscheinlich kaum in der Lage, Erinnerungen festzuhalten.

Dies widerspricht nur scheinbar der im ersten Kapitel geäußerten Ansicht, der REM-Schlaf spiele eine wichtige Rolle beim Lernen und Erinnern. REM-Schlaf ist wichtig für die Konsolidierung *bereits vorhandener* Erinnerungsspuren, die im Laufe des Tages entstanden sind, doch dauert die REM-Aktivität nie lange genug an, um die Bildung einer neuen Traumspur zu ermöglichen, die so stark wäre, daß sie sich über das Ende der REM-Periode hinaus erhält.

Experimente haben gezeigt, wie der Traum von der Erinnerung fortwirbelt, sich zunächst in Fragmente auflöst, um dann ganz zu verschwinden. Wird nämlich eine Versuchsperson direkt aus einer REM-Periode geweckt, so berichtet sie fast immer einen lebhaften Traum. Wird sie dagegen erst fünf Minuten nach Beendigung einer REM-Periode geweckt, erinnert sie sich nur noch an Bruchstücke. Zehn Minuten nach der REM-Periode ist der Traum beinahe ganz verlorengegangen. Schon die Anzahl der Wörter, die für einen Traumbericht verwendet werden, zeigt einen deutlichen und dramatischen Abfall.

Weitere Experimente lassen die Vermutung aufkommen, daß der Hauptschuldige für das Traumvergessen der verhältnismäßig passive Nicht-REM-Schlaf ist. Man zeigte Versuchspersonen, die in stündlichen Abständen geweckt wurden, auf einem Bildschirm über dem Bett ein Wort. Am Morgen konnten sie sich an dieses Wort nur dann erinnern, wenn sie nach jedem Wecken ungefähr zehn Minuten lang wachgehalten worden waren. Hatte man sie sofort wiedereinschlafen lassen, war das Wort am Morgen vergessen. Da jedermann nach dem Gewecktwerden in der Regel in das Stadium 2 des Nicht-REM-Schlafs fällt, wird vermutlich jedes nächtliche Erlebnis – einschließlich des Traums –, dem eine Nicht-REM-Periode folgt, schnell vergessen. Hält man jemanden jedoch zehn Minuten wach, scheint das die Spuren im Gedächtnis genügend zu vertiefen, damit man sich auch später noch daran erinnert.

Normalerweise wacht der Schläfer im Laufe einer Nacht nur für ganz kurze Perioden auf und vergißt infolgedessen die meisten seiner Träume. Wir haben wahrscheinlich alle in unruhigen Nächten schon das seltsame, ungemütliche Gefühl erlebt, gleichzeitig mit zwei Welten in Verbindung zu sein, wobei uns die ständigen kurzen Wachperioden immer wieder Traumfetzen bescherten, die wir aber bis zum Morgen alle vergessen hatten. In solchen Fällen sind die Wachzustände vermutlich zu kurz, um Erinnerungsspuren der Träume entstehen zu lassen, und das ist auch einer der Gründe, warum viele Menschen glauben, sie träumten mehr, wenn sie schlecht schlafen; in Wirklichkeit haben sie nicht mehr Träume, sondern nur mehr Erinnerungen.

Bestimmt haben die meisten von uns selber die von Freud beschriebene Erfahrung gemacht, daß sie mitten in der Nacht aus einem lebhaften Traum erwachten und glaubten, sie müßten sich am Morgen daran erinnern. Vielleicht haben auch wir den Traum ein paarmal in unseren Gedanken hin und her gewälzt und zu deuten versucht. Aber wenn wir innerhalb von etwa zehn Minuten wieder einschliefen, war das Ganze am Morgen spurlos verschwunden. Ich glaube nicht, daß Freud seine Traumerinnerungen und -Interpretationen verdrängte – jedenfalls nicht immer. Ich habe eher den Verdacht, daß auch er nicht lange genug wartete, ehe er wieder in Nicht-REM-Schlaf versank, so daß sich keine Erinnerungsspuren bilden konnten.

Im allgemeinen erinnern wir uns an Träume am besten, wenn wir direkt aus ihnen erwachen und wach bleiben – ganz gleich ob mitten in der Nacht oder am Morgen. Aus diesem Grunde rate ich allen, die ihre Träume festhalten möchten, sie sofort beim Aufwachen zu notieren, selbst wenn es mitten in der Nacht ist. Der damit verbundene Willens- und Kraftaufwand trägt dazu bei, die zum Registrieren aller Details erforderliche Wachheit zu erreichen. Freud selber riet seinen Patienten übrigens davon ab, ihre Träume zu notieren, weil er glaubte, das räume einer Verdrängung größere Chancen ein. Träume, so glaubte er, widerstehen allen Bemühungen, sich einfangen zu lassen, und die Absicht, sie schriftlich festzuhalten, sei ein sicherer Weg, sie ganz zu verscheuchen. Da wir jedoch zu dem Ergebnis gekommen sind, daß Träume sich eher aufgrund zu schwacher Erinnerung verflüchtigen als wegen ihres negativen Inhalts, setzen wir uns in diesem Punkt getrost über Freuds Rat hinweg.

Die meisten Träume, an die wir uns spontan erinnern, stammen wahrscheinlich aus der letzten langen REM-Periode vor dem Erwachen am Morgen. Auch hier ist es das beste, sich sofort aufzu-setzen und sie niederzuschreiben, statt weiter dahinzudämmern oder aus dem Bett zu springen und zur Arbeit zu hasten.

Genau wie uns im täglichen Leben aufregende und dramatische Erlebnisse besser im Gedächtnis haften bleiben als unwichtige, erin-nern wir uns vermutlich auch leichter an emotionelle, längere und lebhaftere Träume als an reizlose, kurze und verschwommene. Allerdings gibt es keine Möglichkeit, dies zu beweisen, da wir kei-nen Zugang zum Originaltraummaterial haben. Das äußerste, was wir in dieser Hinsicht tun können, ist, die in der Nacht unmittelbar nach dem Wachwerden niedergeschriebenen Traumberichte mit unserer am Morgen daran verbliebenen Erinnerung zu vergleichen. Ich selbst habe festgestellt, daß nachts niedergeschriebene REM-Träume am folgenden Morgen besser erinnert wurden als Nicht-REM-Träume. Die weitere Untersuchung zeigte, daß dies auf ihre größere emotionale Intensität, auf die längere Dauer und größere Lebendigkeit zurückzuführen ist. Dabei stellte sich die emotionale Intensität, und zwar unabhängig davon, ob es sich um ein angeneh-mes oder unangenehmes Geschehen handelte, als der wichtigste Überlebensfaktor heraus.

In einem weiteren Experiment prüfte ich, ob Menschen, die den festen Vorsatz oder einen besonderen Grund hatten, sich an ihre Träume zu erinnern, bessere Erinnerungserfolge aufwiesen als die übrigen. In meinem Laboratorium schliefen zwei Gruppen von Versuchspersonen. Beide glaubten, daß die Experimente nur zum Zweck der Aufzeichnung ihrer Augenbewegungen während des Schlafs durchgeführt würden. Dann wurde eine Gruppe vor dem Einschlafen gebeten, sich ihre Träume zu merken, und diese Gruppe erinnerte sich am Morgen tatsächlich an viel mehr Träume als die andere, die keine derartigen Instruktionen erhalten hatte.

Wie der Mechanismus des »Erinnerungswillens« funktioniert, ist ungewiß. Vielleicht verursacht er häufigeres Wachwerden im Laufe der Nacht; möglicherweise läßt er uns auch speziell aus REM-Perioden aufwachen; oder er wirkt direkt auf den Traum selbst ein und macht dessen Inhalt lebendiger und eindrucksvoller und damit erinnerungswürdiger. Eins ist gewiß: Vor dem Schlafengehen gege-bene Anregungen werden oft auf mysteriöse Weise befolgt. So kann ich zum Beispiel fast immer ohne Hilfe des Weckers zu einer bestimmten Zeit aufwachen, wenn ich mir vor dem Einschlafen ent-sprechende Instruktionen gegeben habe. Und jeder, der in psychotherapeutischer Behandlung war, weiß, daß sich das Erinnerungsvermögen für Träume wesentlich verschärft, sobald man gemerkt hat, daß der Psychiater für seine Arbeit auf Träume erpicht ist. Erfahrungen wie Psychotherapie, Teilnahme an Traumexperimenten (viele meiner Versuchspersonen berichteten mir von verbesserter Traumerinnerung zu Hause) und selbst das Hören von Vorträgen oder Lesen von Büchern über dieses Thema – all das stimuliert das Traumerinnerungsvermögen, indem es den natürlichen physiologischen Prozessen, die zum Traumvergessen führen, entgegenwirkt.

Dies soll nun allerdings nicht bedeuten, daß der psychologische Prozeß der Verdrängung keine Rolle beim Vergessen von Träumen spielt, nur hat diese Hypothese bisher noch keine experimentelle Bestätigung gefunden. Psychotherapeuten sind sich sehr wohl im klaren über die Unvereinbarkeit bewußter und unbewußter Wünsche, also über den bewußten Wunsch des Patienten, die neurotischen Tendenzen, die sein Leben erschweren, loszuwerden, und den unbewußten Wunsch, gleichzeitig den Status quo in der Persönlichkeit aufrechtzuerhalten. Psychotherapie, Traumexperimente und andere Erfahrungen, die auf eine Bewußtmachung hinzielen, unterstützen daher wahrscheinlich nicht nur die Bekämpfung der physiologischen Prozesse, die das Traumvergessen verursachen, sondern hemmen ebenfalls die unbewußten psychologischen Kräfte, die für Verdrängungen verantwortlich sind.

*Spontane Traumerinnerung – eine Zusammenfassung*

1. Der Hauptfaktor beim spontanen Traumerinnern scheint das zufällige Erwachen unmittelbar aus einem Traum zu sein, entweder im Laufe der Nacht oder kurz vor dem Aufstehen am Morgen. Im allgemeinen wacht man während eines normalen Nachtschlafes nicht oft auf, was bedeutet, daß die meisten Träume nie ins Wachbewußtsein dringen und man sich deshalb nicht an sie erinnert.

2. Was aber bestimmt die Quantität und Qualität einer Traumerinnerung beim Erwachen? Zunächst kommt es darauf an, ob wir aus einer REM- oder einer Nicht-REM-Periode erwachen; im ersteren Fall besteht eine größere Chance für detailliertere Erinnerung.

3. Erwachen wir aus einer REM-Periode, bestimmen verschiedene Faktoren die Erinnerung:

a) An lange, lebhafte, emotional intensive Träume erinnert man sich leichter als an kurze, vage, reizlose Träume.

b) Plötzliches Aufwachen zeitigt normalerweise bessere Erinnerungen als allmähliches Erwachen.

c) Ihrer selbst bewußte Menschen haben im allgemeinen interessantere Träume als Menschen, die zur Verdrängung neigen.

d) Menschen, die sich vornehmen, sich an Träume zu erinnern, fangen mehr Einzelheiten ein.

4. Angenommen, man erinnert sich nachts beim Erwachen an irgendeinen Trauminhalt – was bewirkt, ob diese Erinnerung bis zum Morgen überleben wird? Der entscheidende Faktor scheint hier die Gelegenheit zur Bildung von Erinnerungsspuren zu sein. Der Betreffende muß lange genug wach bleiben (wenigstens zehn Minuten), damit die Spur oder der Eindruck sich konsolidieren kann – andernfalls wird der Nicht-REM-Schlaf jede Erinnerung an den Traum auslöschen.

5. Falls sich in der Nacht eine ausreichende Spur gebildet hat – was bestimmt die Quantität und Qualität der Erinnerung am Morgen? Meine eigenen Untersuchungen deuten darauf hin, daß die längeren, lebhafteren und emotionaleren Träume eine bessere Überlebenschance haben als ihre kürzeren, vageren und reizloseren Gegenstücke.

Wie meine Untersuchungen außerdem gezeigt haben, verflüchtigt sich bis zum Morgen ungefähr die Hälfte jedes Trauminhaltes, der nach nächtlichem Aufwecken erzählt worden war. Ernsthaft an ihren Träumen interessierten Lesern sei daher geraten, Papier und Bleistift bereitzuhalten und ihre Träume sofort nach dem Wachwerden niederzuschreiben, am besten nach den im Anhang gegebenen detaillierten Anweisungen.

4   Die »königliche Straße« ins Unbewußte

Der Gedanke, daß Träume uns nützliche Informationen über unsere Lebensführung geben können, ist uralt. Fast die gesamte Menschheitsgeschichte hindurch nahm man als selbstverständlich an, daß das schlafende Hirn in Verbindung mit der übernatürlichen Welt stehe und Träume Träger von göttlichen Botschaften mit prophetischem oder heilendem Charakter seien. Der große Aufschwung der Naturwissenschaften im neunzehnten Jahrhundert führte jedoch zu einer beträchtlichen Reaktion gegen eine solch unwissenschaftliche Denkweise. Träume wurden nunmehr weitgehend als reiner Phantasie-Ramsch abgetan, der auf Verdauungsstörungen, knarrende Türen oder Erinnerungen an den vorhergehenden Tag zurückzuführen sei. Obwohl etwas von den alten Anschauungen überlebte, weil manche Menschen die Träume weiterhin als Quelle schöpferischer Inspiration betrachteten, war die aufgeklärte, gebildete Welt doch durchweg überzeugt, daß Träume keinerlei Bedeutung hätten.

So standen die Dinge noch um die Jahrhundertwende, als der Wiener Neurologe Sigmund Freud auf folgendes hinwies: Zwei Personen, die tagsüber das gleiche erleben, spinnen um diese Erlebnisse zwei völlig verschiedene Traumgeschichten. Dasselbe gilt, wenn Menschen während des Schlafs den gleichen Sinnesreizungen unterworfen sind. Warum, zum Beispiel, hört der eine im Schlaf ein Geräusch und träumt, daß er von einem brüllenden Löwen angefallen wird, während der andere das gleiche Geräusch in Meeresrauschen umsetzt? Freud sagte, Lärm und andere vom schlafenden Hirn aufgenommene Sinneswahrnehmungen seien – im Verein mit Ereignissen des Vortages – lediglich äußere Anstöße für verborgene Gefühle und Wünsche, aus den Tiefen des Unbewußten heraufzusteigen.

So entwickelte er eine Theorie des Traumprozesses, die ihm die Deutung der Träume als Schlüssel zu den Problemen und Konflikten des einzelnen ermöglichen sollte. Es ist wohl nicht übertrieben zu sagen, daß diese Theorie einen entscheidenden Einfluß auf die westliche Kultur des vergangenen halben Jahrhunderts ausübte. Fast alles, was wir heute über Träume zu wissen glauben, stützt sich darauf. Aus diesem Grunde sei das Entstehen von Freuds Traum-Theorie hier im einzelnen nachgezeichnet – zumal es sich dabei obendrein um eine der unterhaltendsten und dramatischsten Stories in der Geschichte der psychologischen Entdeckungen handelt.

*Wie Freud das »Geheimnis der Träume« entdeckte*

In den Anfangstagen seiner klinischen Praxis bemerkte Freud, daß viele seiner Patienten an Symptomen litten, für die keine organische Ursache zu finden war. Manchmal äußerten sie sich körperlich, als Kopfschmerzen, Hautausschläge, Blindheit oder Lähmung, manchmal geistig, als Phobien, Wahnvorstellungen,

Einbildungen und Halluzinationen. Er nahm an, daß solche Symptome eine emotionale Ursache haben müßten. Diese Annahme vertiefte sich zur Gewißheit, als er bemerkte, daß sie oft verschwanden, wenn seine Patienten ausführlich über ihre Probleme sprechen konnten. Er stellte das Verschwinden der Symptome vor allem dann fest, wenn bei der Aussprache eine vergessene, besonders schmerzliche Erinnerung ans Licht geholt wurde.

Solche Erinnerungen waren merkwürdig oft mit sexuellen und aggressiven Wünschen verbunden, die in der Kindheit entstanden waren. Also folgerte Freud, daß seine Patienten diese Wünsche aus der bewußten Wahrnehmung ausgestoßen oder, wie er es nannte, verdrängt hatten, weil sie ihnen zu schmerzlich und beschämend erschienen. Da diese unterdrückten Wünsche jedoch nicht einfach ruhig im Hirn schlummerten, aber auch keine direkte Ausdrucksmöglichkeit hätten, äußerten sie sich als Krankheitssymptome.

Freud beobachtete, daß seine Patienten ungehemmt drauflos redeten, wenn sie auf einer Couch lagen – eine Technik, die als freie Assoziation bekannt ist –, und sich dabei manchmal an einen Traum erinnerten, der dann zum Ausgangspunkt für eine neue und fruchtbringende Kette von Erinnerungen und Ideen wurde. Viele dieser Träume führten direkt zu eben jenen Trieben und Wünschen, die für die neurotischen Symptome verantwortlich waren. Die gründliche Prüfung von eigenen und Patiententräumen brachte Freud allmählich zu der Hypothese, daß sich ins Unterbewußtsein verdrängte Wünsche im Wachleben Ersatzbefriedigungen in Form von Symptomen und im Schlaf in Form von Träumen suchten. Aus diesem Grunde hat er die Idee, der Traum selbst sei eine Art neurotisches Symptom, nie ganz aufgegeben.

Jahrelang führte Freud seine Selbstanalyse fort und erkundete seine tiefinnersten Gedanken und Regungen, bis er 1895 auf etwas stieß, was ihm das Geheimnis der Träume zu sein schien. Er saß auf der Terrasse des Hotels Bellevue in Wien und dachte über einen seiner Träume nach. Darin hatte ihm eine hysterische Patientin namens Irma mitgeteilt, daß sie immer noch Schmerzen habe und keineswegs geheilt sei. In dem Traum sah sie so krank aus, daß Freud ernstlich besorgt war und glaubte, er müsse irgendeine organische Krankheit übersehen haben. Seine Kollegen in dem Traum gelangten zu dem gleichen Schluß und sagten, Irma leide an einer Infektion; diese rühre von einer Spritze her, die ihr Freuds Freund Otto mit einer unsauberen Nadel gegeben habe.

Der Traum war offensichtlich durch einen Besuch Ottos bei Freud am Abend zuvor ausgelöst worden. Otto hatte ihm erzählt, daß er Irma gesehen habe; sie hätte zwar besser ausgesehen, aber noch nicht gesund. Freud glaubte in Ottos Stimme einen leisen Vorwurf entdeckt zu haben und war schließlich in einiger Besorgnis eingeschlafen.

Dieser berühmte Irma-Traum, der inzwischen in die Geschichte der großen Entdeckungen eingegangen ist, war in Wirklichkeit wesentlich komplexer, als ich ihn hier erzählt habe, und Freud hat sehr viel Zeit darauf verwandt, ihn von den verschiedensten Seiten zu beleuchten. Die Tatsache aber, daß das Motiv für diesen Traum ein Wunsch und sein Inhalt die Erfüllung dieses Wunsches gewesen ist, war die wichtigste Erkenntnis, die Freud dort auf der Terrasse wie ein Blitz traf; sie ist inzwischen zum Fundament psychoanalytischer Praxis und Theorie geworden.

»Der Traum«, so schrieb Freud, »erfüllt einige Wünsche, welche durch die Ereignisse des letzten Abends . . . in mir rege gemacht worden sind. Das Ergebnis des Traumes ist nämlich, daß ich nicht schuld bin an dem noch vorhandenen Leiden Irmas, und daß Otto daran schuld ist. Nun hat mich Otto durch seine Bemerkung über Irmas unvollkommene Heilung geärgert; der Traum rächt mich an ihm, indem er den Vorwurf auf ihn selbst zurückwendet. Von der Verantwortung für Irmas Befinden spricht der Traum mich frei, indem er dasselbe auf andere Momente . . . zurückführt. Der Traum stellt einen gewissen Sachverhalt so dar, wie ich ihn wünschen möchte.«

Es war, als ob ein unbewußter Wunsch mit dem schlafenden Hirn konspiriert hätte, um die Wirklichkeit ein wenig den eigenen Wünschen anzupassen.

Verglichen mit vielen unserer komplizierten und offenbar ganz unverständlichen Traumphantasien scheint der Irma-Traum verhältnismäßig direkt zu sein. Der ihm zugrunde liegende Wunsch ist auf den ersten Blick auch nicht besonders schockierend, sexuell oder aggressiv. Man kann es Freud nicht übelnehmen, daß er sich von dem Verdacht beruflicher Nachlässigkeit zu befreien suchte. In seinem Traum erreichte er dies jedoch, indem er seinem Freund Otto die Schuld in die Schuhe schob – eine gemeine, aggressive Handlung, die ihm im Wachleben »nie im Traum« eingefallen wäre. Noch schlimmer ist die Möglichkeit, daß Freud, der ein sehr ehrgeiziger Mann war, unbewußt wünschte, jeden erfolgreichen Kollegen und Rivalen zu vernichten. Beispiele wie dieses führten Freud zu dem Verdacht, daß das Unbewußte zu jedem Verbrechen fähig sei, um sich einen verborgenen Wunsch zu erfüllen.

Wie der Irma-Traum können die meisten Träume auf mehreren Ebenen gedeutet werden und viele verschiedene Wünsche enthalten. Freud war zum Beispiel in einem anderen Teil seines Irma-Traums irgendwie in der Lage, durch das Kleid seiner Patientin hindurchzusehen und zu bemerken, daß irgend etwas mit ihrer Brust nicht in Ordnung war. In seinem Buch *Die Traumdeutung* schrieb er später: »Ich habe, offen gesagt, keine Neigung, mich hier tiefer einzulassen« – wahrscheinlich wegen der sexuellen Implikationen. Gemäß Freuds Theorie vom infantilen Ursprung unbewußter Wünsche enthüllte dieser Traum möglicherweise nicht nur den Gegenwartswunsch nach geschlechtlichen Beziehungen mit Irma, den ihm sein Berufsethos verbot, sondern auf tieferer Ebene auch einen verdrängten infantilen Wunsch, das gleiche mit seiner eigenen Mutter zu tun. Solch ein Wunsch, glaubte Freud, wäre für das Bewußtsein von so unerträglicher Entsetzlichkeit, daß er nur in schwer getarnter und verzerrter Gestalt in einem Traum aufzutreten wagte.

Diese spezielle Art von Wunscherfüllung in Träumen war es, die Freud am meisten interessierte. Doch gab er ohne weiteres zu, daß viele Träume keiner Deutung bedürfen, da sie einen Wunsch offen und direkt verkörpern. Vor allem Kinder pflegen die Tagesvergnügungen in Träumen fortzusetzen: Meine kleine Tochter, zum Beispiel, berichtet oft von einer Nacht, die sie auf einer Schaukel oder im Zoo verbrachte. Freud glaubte, daß sogar Tiere Wunscherfüllungsträume dieser Art haben. Das Zucken und Schnüffeln eines schlafenden Hundes bedeute, so meinte er, wahrscheinlich ein Wiedererleben angenehmer Tagesereignisse. Er zitiert dazu ein ungarisches Sprichwort: »Schweine träumen von Eicheln und Gänse von Mais«, und ein jüdisches: »Wovon träumen Hühner?« – »Von Hirse.«

Andere Beispiele einfacher, direkter Wunscherfüllung finden sich oft in den Träumen von Menschen, deren Leben aus äußeren oder inneren Gründen unbefriedigend oder unerfreulich ist. Zum Beispiel erzählte mir ein sechzigjähriger Freund, der vor drei Jahren endgültig erblindete, daß er in den ersten Monaten Nacht für Nacht geträumt habe, er könne noch sehen. Das Erwachen zur dunklen Realität am Morgen trieb ihn fast zum Selbstmord. Er hat heute immer noch visuelle Träume, ist aber mit seiner Behinderung ins reine gekommen, so daß er das Aufwachen nicht mehr fürchtet. Während einer besonders düsteren Periode meines eigenen Lebens träumte ich wiederholt von wunderbaren Landschaften in strahlenden Farben. Ein Armeepsychiater berichtete mir einmal, daß seine Soldaten im Ersten Weltkrieg regelmäßig träumten, sie wären wieder zu Hause bei ihren Familien. Man schickte sie sogar in die Heimat zurück, wenn sie anfingen, wiederholt vom Krieg zu träumen, da dies als Symptom für verminderte Widerstandskraft betrachtet wurde, wie es oft einem Zusammenbruch vorausgeht.

Freuds Beobachtungen an Kindern führten ihn zu dem Schluß, daß ihre Träume ziemlich schnell über das einfache, direkte Wunscherfüllungsstadium hinausgingen und komplexer wurden. Es sieht so aus, als ob schon in ziemlich frühem Alter unter dem vordergründigen Trauminhalt etwas versteckt sei. Meine dreijährige Tochter, zum Beispiel, fängt jetzt an, Träume zu erzählen, in denen ihr Spielzeuglöwe Leo mich beißt oder in denen sie ihre Puppe aus dem Fenster wirft, weil sie etwas »getan« hat, was die Puppenmutter ärgerte. Freud glaubte, solche Träume seien getarnte Erfüllungen von Wünschen, die zu »unartig« sind, um sie offen äußern zu können. Im Falle meiner Tochter würde er sagen, daß Leo eine Tarnung für sie selbst und die Puppe eine für mich sei, weil sie böse auf mich ist, aber genau weiß, daß es unartig wäre, wenn sie selbst mir weh tun würde. Laut Freud werden ihre Träume mit zunehmendem Alter immer raffiniertere Tarnungen benutzen, bis schließlich fachmännische Deutung nötig ist, um die versteckten unbewußten Wünsche zu entlarven.

Freud nannte den Traum, so wie man sich an ihn erinnert, den *manifesten* Trauminhalt. Die dem Traum zugrunde liegenden Wünsche und Impulse nannte er den *latenten* Trauminhalt. Seine Deutungsmethode, die im einzelnen im 6. Kapitel erörtert wird, bestand darin, alle Elemente des manifesten Traums einem Assoziierungsprozeß zu unterziehen, bis sich allmählich der latente Inhalt des Traums herausschälte. Freud hat diese Methode auch bei sich selbst angewandt und ist so zu vielen Kindheitserinnerungen und -gefühlen zurückgeführt worden, die ihm bis dahin nicht bewußt gewesen waren. Viele davon fand er schmerzlich und schockierend, doch wie er sagte, ist es eine gute Übung, vollkommen ehrlich mit sich selbst zu sein.

Dieses latente Traummaterial war Freud immer sehr viel wichtiger als der manifeste Trauminhalt, der seiner Ansicht nach lediglich Tarnung war. Er glaubte, daß die Tarnung und Verzerrung der Träume einen doppelten Zweck habe. Sie erlaube nicht nur die harmlose Entladung unterdrückter Triebenergien, sondern sie verschleiere die wahre Natur der unterdrückten Wünsche auch derart, daß der Träumer ungestört weiterschlafen könne. Wenn sich zum Beispiel einige unserer primitiveren sexuellen und aggressiven Triebe unverhüllt in einem Traum entlüden, so würden wir mit Bestimmtheit erschreckt aufwachen. So funktioniere der Traum nicht nur als ein Sicherheitsventil für aufgestaute Emotionen, sondern auch als Hüter des Schlafs. Manchmal aber versage die Tarnung, und der Träumer wache auf – das Opfer eines Alptraums. Aus diesem Grunde modifizierte Freud seine Theorie in dem Sinne, daß jeder Traum eine *versuchte* Wunschbefriedigung darstelle.

Die *Traumdeutung* blieb zeit seines Lebens Freuds Lieblingswerk. 1931 schrieb er: »Das Buch enthält auch nach meinem heutigen Urteil die wertvollste der Entdeckungen, die mir geglückt sind. Erkenntnis solcher Art wird einem nur einmal im Leben zuteil.« Träume, so glaubte er, stellten eine »königliche Straße« ins Unbewußte dar, das bis dahin dem Menschen bei seiner Suche nach Selbsterkenntnis unzugänglich gewesen sei. In einem Brief an seinen Freund Fliess schildert Freud ein Wiedersehen mit dem Wiener Hotel Bellevue, wo er seinen berühmten Irma-Traum gehabt hatte, und stellt die Frage, ob wohl eines Tages eine Marmortafel an dem Haus angebracht werde mit der Inschrift »In diesem Haus wurde Herrn Dr. Sigmund Freud am 24. Juli 1895 das Geheimnis der Träume enthüllt« – wobei er gleich noch hinzufügte, im Augenblick schien ihm hierfür allerdings wenig Aussicht zu bestehen.

Darin hatte er recht. Obwohl sein Verleger von der epochalen Bedeutung seines Buches so überzeugt war, daß er das Erscheinungsjahr nachdatierte, so daß das Buch das Datum des neuen Jahrhunderts, *1900,* trug, sollten acht Jahre vergehen, ehe die kleine erste Auflage von 600 Exemplaren verkauft war. Freuds Ideen wurden von vielen seiner psychiatrischen Kollegen heftigst angefeindet. Sie verübelten ihm ebenso wie die breitere Öffentlichkeit besonders die Unterstellung, daß wir im Grunde alle recht garstige sexbesessene und aggressive Geschöpfe sein. Seitdem aber hat das Buch viele weitere Auflagen erfahren, wurde in die meisten Weltsprachen übersetzt und nimmt heute einen Ehrenplatz unter den großen Klassikern der Wissenschaft ein.

Aber wenn je eine Tafel am Bellevue angebracht worden wäre, hätte sie lauten müssen: »In diesem Hause wurden Herrn Dr. Sigmund Freud am 24. Juli 1895 verschiedene wichtige Erkenntnisse über die Natur der Träume geschenkt«, denn die moderne Forschung hat ergeben, daß zwar einige seiner Ideen tatsächlich epochemachend waren, andere aber ziemlich abwegig.

## Der Traum als Hüter des Schlafs

Zuallererst muß Freuds Behauptung, die Funktion des Träumens sei es, den Schlaf zu behüten, im Lichte der modernen Forschung revidiert werden. Daß Träume eine solche Wirkung haben können, indem sie Harndrang, Magenschmerzen oder Geräusche absorbieren, die uns sonst vielleicht wecken würden, ist zweifellos richtig. Die moderne Forschung hat sogar durch künstlich erzeugte Sinnesreizungen zusätzliche Beweise für diese Fähigkeit des Traums erbracht; so hat man Schlafende beispielsweise mit Wasser besprengt, was dazu führte, daß sie von Regen träumten, oder man hat sie Brandgeruch ausgesetzt, was sie von einem Waldbrand träumen ließ, und so weiter. Aber nach Freuds Ansicht ist diese Art der Schlafbewachung nur von untergeordneter Bedeutung. Einen Aspekt moderner Forschungserkenntnisse jedoch hat er tatsächlich vorweggenommen: auch er behauptete, daß sich äußere Sinnesreizungen zwar in einen bestehenden Traum einfügen, aber nie von sich aus einen Traum in Gang setzen.

Nach Freuds Ansicht werden Träume stets durch verdrängte Wünsche ausgelöst und können ohne sie überhaupt nicht entstehen. Diese Wünsche könnten zwar durch Tagesereignisse oder -gedanken aktiviert werden, aber ein Abwehrmechanismus des Ich hindere sie, im Wachleben in unser Bewußtsein einzudringen. Während des Schlafs sei diese Abwehrschranke niedriger, so daß die Wünsche gegen das Bewußtsein anstürmen könnten. Da aber der Körper während des Schlafs quasi handlungsunfähig sei, vermöchten sie in der äußeren Welt keine Befriedigung zu erreichen (was nur zu begrüßen sei, denn die meisten seien lüstern, mordlustig und inzestuös!). Deshalb begnügten sie sich mit einer Phantasie-

Befriedigung in Form eines Traums. Wenn sie allerdings ganz unverhüllt in all ihrer Grauenhaftigkeit in einem Traum auftauchten, dann wäre der Träumer so schockiert, daß er sofort in Entsetzen erwachen würde. Ehe sie also in das schlafende Hirn eindringen, hüllen sie sich in ein Gewand der Respektabilität, indem sie sich mit harmlosen »Tagesresten« verbinden, wie Freud Gedanken und Erinnerungen des vorhergehenden Tages nannte. Dieses unauffällige Gewand erlaubt ihnen, sich in den Traum einzuschleusen; außerdem bedienen sie sich verschiedenartigster Symbole und anderer Schutzvorrichtungen, um völlig unkenntlich zu werden. Dadurch kommt der Träumer zu dem Schlaf, den sein Körper braucht, und hat nur Träume, deren wahre Bedeutung dem schlafenden Hirn verborgen bleibt – und nicht nur dem schlafenden, sondern auch dem wachen, bis ein Psychoanalytiker kommt und sie interpretiert.

Freud nahm an, daß sich die unterdrückten Wünsche gewöhnlich in leichtem Schlaf bemerkbar machen; aus seinen Schriften geht hervor, daß er glaubte, dies geschehe normalerweise kurz vor dem Wachwerden. Doch wenn ein Wunsch ganz besonders auf Entladung im Traum drängte, so könne dies auch im Tiefschlaf passieren. Auf keinen Fall aber – und darauf beharrte er eisern – könne ein Traum ohne die psychische Energie unterdrückter Wünsche entstehen.

Wir aber wissen heute, daß REM-Perioden – also die Zeiten, in denen der von Freud beschriebene Traumtyp gewöhnlich vorkommt – nicht im geringsten von verdrängten Wünschen abhängen, sondern jede Nacht in einem regelmäßigen, unveränderlichen Zyklus ablaufen. Dieser Zyklus wird gemäß moderner Forschung in bestimmten Intervallen durch einen physiologischen Uhr-Mechanismus im Hirn ausgelöst. Es ist einfach nicht denkbar, daß unartige Wünsche alle neunzig Minuten aus dem Unbewußten hervorkommen und einen Traum hervorrufen. Wenn sich hingegen ein solcher Wunsch zufällig gerade zur Zeit einer REM-Periode bemerkbar macht, so ist es durchaus denkbar, daß er dem Traum genauso einverleibt wird wie andere Hirninhalte, die jedoch meistens aus harmlosen Gedanken oder trivialen Alltagsangelegenheiten bestehen (oder gelegentlich auch aus äußeren Sinnesreizungen und körperlichem Unbehagen). Die moderne Forschung hat nachgewiesen, daß die Mehrzahl unserer Träume tatsächlich ziemlich langweilig, reizlos und trivial ist, sogar die der REM-Periode.

Natürlich könnte ein Psychoanalytiker argumentieren, daß selbst die langweiligsten Träume immer noch unterdrückte infantile Wünsche sein können, die sich eben nur einer besonders wirksamen Tarnung bedient haben. Doch warum sollte man mit Gewalt versuchen, die Fakten der Theorie anzupassen?

Auch hat moderne experimentelle Arbeit gezeigt, daß wir sehr häufig über die schockierendsten Träume friedlich hinwegschlafen, statt – entsprechend Freuds Theorien – entsetzt aus dem Bett zu springen, weil Tarnung und Verzerrung versagt haben. Bei meinen eigenen Experimenten beispielsweise habe ich oft Versuchspersonen mitten aus recht offensichtlichen Träumen von Inzest, Mord und anderen verbotenen Aktivitäten geweckt, die laut Freud ganz sicher hätten getarnt sein müssen. Manchmal war der Träumer froh, geweckt zu werden, manchmal aber auch sehr ärgerlich, weil ich ihm den Spaß verdorben hatte. Einmal erzählte mir ein junges Mädchen, das ich gegen Ende einer langen REM-Periode geweckt hatte, daß sie ganz verzweifelt in einem Krankenhaus umhergeirrt sei und einen Arzt für eine Abtreibung gesucht habe. Sie sei schwanger von einem Tier gewesen! Aber niemand habe sie beachtet oder ihr geholfen. Als ich sie weckte, war sie in ihrem Traum gerade schluchzend zusammengebrochen, versuchte sich mit ihrem Schicksal abzufinden und überlegte, was für ein Tier sie wohl zur Welt bringen würde. Sie erinnerte sich dann, daß sie als Kind einmal ihre Lieblingsratte mit ins Bett genommen und auch verschiedentlich in Ställen geschlafen hätte. »Was für eine Erleichterung, aufzuwachen und festzustellen, daß alles nicht wahr ist«, sagte sie. Ich bin überzeugt, daß sie weitergeschlafen und sich überhaupt nie an den Traum erinnert hätte, wenn sie nicht von mir geweckt worden wäre.

Eine andere Versuchsperson, ein Student, träumte, daß er zusammen mit seiner Mutter im Bett läge und sie ihn streichelte und liebkoste; das erregte ihn heftig, und als ich ihn mittendrin weckte, war er ganz empört über die Unterbrechung. Zu Beginn meiner Eigenexperimente hatte ich verschiedene wunderbare Träume von Inzestakten mit meinem Bruder und war sehr böse, als ich durch den Wecker darin gestört wurde. Da ich mich früher nie an Träume dieser Art erinnert hatte, kann ich nur annehmen, daß ich normalerweise darüberwegschlafe. In all diesen Fällen hat Freuds Tarnungsmechanismus offensichtlich versagt, aber wir haben ungerührt weitergeschlafen und in manchen Fällen die verbotenen

Aktivitäten sogar sehr genossen!

Wie ich schon sagte, gibt es keinen Grund, abzustreiten, daß Träume Wünsche ausdrücken können, und es ist auch durchaus wahrscheinlich, daß es in einigen in verhüllter Form geschieht. Meine kleine Tochter beispielsweise hätte sich die Geschichte mit dem Spielzeuglöwen, der mich beißt, sehr gut auch im Wachzustand ausdenken können (weil Löwen besser beißen als kleine Mädchen); also ist es nicht besonders erstaunlich, daß diese Phantasie sich in ihren Traum eingeschlichen hat. Dieser Traum ist nicht getarnt, sondern im Gegenteil nur zu deutlich in seiner Absicht: Tatsächlich erzählte sie ihn mir mit einem unverhohlenen Grinsen und nicht etwa mit Anzeichen von Bedauern.

In mancher Hinsicht scheint das wahre Verhältnis zwischen Schlaf und Traum der Freudschen Theorie genau entgegengesetzt zu sein. Nach modernen Erkenntnissen begleiten Träume jeden Schlaf von einiger Dauer: In Wirklichkeit ist also der Schlaf der Hüter des Traums.

## Der Traum als Sicherheitsventil

Auch die Vorstellung des Traums als Sicherheitsventil für verdrängte Wünsche läßt sich im Licht moderner Forschung nicht so recht aufrechterhalten. Einmal ist die Mehrzahl unserer Träume so trivial und schwunglos, daß es ziemlich unvernünftig erscheint, darauf zu bestehen, sie alle würden unter ihrer Tarnung vor Phantasiebefriedigung bersten. Zum zweiten ist das ganze Konzept der Entladung von Triebenergien während des Schlafs fragwürdig, da man bezweifeln muß, ob die Phantasie wirklich eine einigermaßen wirksame Befriedigung für den Organismus zu erreichen vermag. Zwar behauptet ein amerikanischer Forscher, entdeckt zu haben, daß durstige Versuchspersonen, die vom Trinken träumten, am darauffolgenden Morgen tatsächlich weniger tranken als jene, deren geträumte Versuche zu trinken fehlgeschlagen waren. Daraus aber eine allgemeingültige Schlußfolgerung zu ziehen, würde ich für verfehlt halten.

Soweit es sich um sexuelle und aggressive Impulse handelt, gibt es keine wirklich überzeugenden Beweise dafür, daß sie in Träumen Befriedigung finden können; meine eigene persönliche Erfahrung besagt eher das Gegenteil. Es hat sicher Fälle gegeben, in denen Träume von sexueller oder aggressiver Aktivität am Morgen ein vorübergehendes kathartisches Wohlbefinden zur Folge hatten. Auf mich jedoch wirken meine Traum-Opfer tagsüber keineswegs sexuell weniger attraktiv. Oft hat der Traum sogar den entgegengesetzten Effekt: Er stimuliert Gefühle, die sich vorher nur in geringem Maße oder überhaupt nicht bemerkbar gemacht haben. Auch mit Aggressionen geht es mir so. Sie werden erst dann so recht offensichtlich, wenn ich sie schon einmal in einem Traum empfunden habe. Ich finde dies nicht weiter beunruhigend, da einmal bewußt gewordene Emotionen viel weniger gefährlich sind als solche, die unterdrückt bleiben.

Kurz gesagt, Freuds Theorie von der doppelten Funktion des Traums – als Hüter des Schlafs und als Sicherheitsventil für verdrängte Wünsche – muß im Licht moderner Forschung revidiert werden. Doch haben seine Erkenntnisse trotz ihrer Beschränkung einen entscheidenden Durchbruch gebracht: Sie führten zu der alten Vorstellung zurück, daß Träume bedeutungsvolle Botschaften enthalten – nicht von der übersinnlichen Welt, sondern vom eigenen Selbst. Indem Freud die Idee überhaupt aufgebracht hat, daß Träume Schlüssel zu unseren versteckten emotionalen Problemen und Konflikten sind, ebnete er den Weg für andere, um Träume in vielfältiger Art für die Bewußtseinserweiterung nutzbar zu machen. Vielleicht sind wir auch heute noch von einer umfassenden Theorie über den Traumprozeß weit entfernt, aber das sollte in keiner Weise die Tatsache schmälern, daß uns zumindest einige Träume auf die »königliche Straße ins Unbewußte« und damit zum besseren Verständnis von uns selbst führen.


## 5  Das Zweck-Träumen

Nachdem uns jetzt sehr viel mehr Traummaterial als früher zugänglich geworden ist und das meiste davon trivial und uninteressant zu sein scheint, neigen viele dazu, jede Vorstellung vom Traum als eines schöpferischen oder bedeutungsvollen Phänomens fallenzulassen. Der Zoologie-Nobelpreisträger Sir Peter Medawar hat sogar Arthur Koestler getadelt, der in seinem Buch *Der göttliche Funke* schrieb, Träumen sei ein Zurückgleiten in die pulsierende Dunkelheit, deren Teil wir gewesen seien, ehe sich unsere individuellen Egos herausschälten. Medawars Behauptung, viele Träume seien nichts anderes als die Art sinnlosen »Geräuschs«, wie sie jedes elektrisch betriebene Gerät hervorbringe, ist berühmt geworden. »Es braucht in diesem Jahrhundert des Rundfunks und der Elektronik nicht betont zu werden«, schrieb er, »daß viele Träume wohl nur Zusammenballungen von Gedankenelementen sind, die keinerlei Informationswert haben.«

Aus meiner eigenen Erfahrung würde ich sagen, daß ein großer Teil unserer hypnagogischen Erlebnisse beim Einschlafen und einige unserer Nicht-REM-Träume zweifellos zu dieser Gattung gehören. Zu Beginn des Einschlafens beispielsweise wird das Denken sehr schnell von Gefühlen des Fallens, körperlichen Verzerrungen und Zuckungen, von Geräuschempfindungen und flackernden Lichtern abgelöst. Meine eigene, immer wiederkehrende hypnagogische Erfahrung besteht in einem Gefühl des Rutschens mit anschließendem ruckartigen Aufwachen. (Es handelt sich hierbei um ein bekanntes Phänomen, das mit »myoklonischem Ruck« bezeichnet wird.) Manche Menschen sehen Objekte auf sich zuschweben oder groteske Gesichter in bedrohlicher Weise auftauchen und verschwinden. Auch kann uns eine tagsüber ausgeübte einförmige Tätigkeit bis in den Schlaf verfolgen. Zum Beispiel erlebe ich nach langem und ermüdendem Autofahren oft, wie ich weiter Kurven nehme und überhole, während mir Autos und Lastwagen in endloser Prozession mit Blendlichtern und Hupen entgegenkommen. Manchmal verfolgt mich Musik, die ich am Abend hörte, bis in den Schlaf. Es scheint, daß während des Tages wiederholt gemachte Wahrnehmungen im Schlaf fortdauern, weil die Stimulierungen der entsprechenden Sinnesorgane noch nachwirken, und höchstwahrscheinlich bedeutet dies nichts anderes als »Lärm« im Gehirn.

Manchmal jedoch scheint die hypnagogische Bilderwelt gar nichts mit den Tagesereignissen zu tun zu haben. Vor kurzem hatte ich zum Beispiel die Vision eines Mädchens in Blau, das durch ein gelbes, sanft im Winde wògendes Getreidefeld wanderte. Es war ein so eindrucksvolles Bild, daß ich es am folgenden Tag zu malen versuchte. Ein andermal hatte ich die flüchtige Vision eines roten Drachen, der auf einem offenen Platz tanzte. Die Freudsche Theorie würde diese Erscheinungen zweifellos auf irgendwelche unterdrückten infantilen Wünsche zurückführen – besonders die des roten Drachen, der als Sex-Symbol gilt –, doch ich glaube, daß sie eher zufällige Reaktionen auf herabgesetzte äußere Sinnesreizungen beim Übergang vom Wach- zum Schlafzustand sind und keinerlei Bedeutung haben.

Ähnliche Erfahrungen machen wir tagsüber, wenn wir unsere Gedanken abschweifen lassen oder uns Tagträumereien hingeben, und es ist möglich, daß sie als »Begleitmusik« ständig im Hintergrund des Gehirns leben. Ob dies auch auf die nächtlichen REM- und Nicht-REM-Träume zutrifft, ist eine andere Frage. Jedenfalls scheinen einige REM-und Nicht-REM-Träume zu dieser Kategorie zu gehören, vor allem die, in denen der Träumer das Gefühl hatte, »herumzuwandern« oder »leerzulaufen«. Doch die »Lärm-Theorie« erklärt nicht alles, da viele Träume detaillierte, komplexe Ereignisse sind, die eine gewisse Ordnung im Traumleben verraten.

Was REM-Träume betrifft, so hat die moderne Forschung gezeigt, daß die meisten von ihnen keineswegs seltsame Ansammlungen phantastischer Gestalten und Ereignisse, sondern recht nüchterne Darstellungen normaler Wachzustands-Aktivitäten sind. Tatsächlich berichtete Dr. Frederick Snyder kürzlich vor der amerikanischen »Association for the Psychophysiological Study of Sleep« (Vereinigung zum psychophysiologischen Studium des Schlafs), daß »ungefähr 90 Prozent der REM-Träume für so glaubhaft gehalten werden können wie Beschreibungen aus dem realen Wachleben; ebenso wie diese mangeln sie jeder Dramatik und Verzerrung. REM-Traumberichte sind im allgemeinen klare, zusammenhängende Darstellungen realistischer Situationen, in denen der Träumer selbst und andere Personen ziemlich alltäglichen Aktivitäten und Obliegenheiten nachgehen. Die Berichte wurden als fast völlig gegenständlich in visuellem Sinne bezeichnet, hatten im allgemeinen einen vertrauten Hintergrund und betrafen fast immer den Träumenden selbst, gewöhnlich in Verbindung mit anderen Menschen . . .«

Andere Wissenschaftler haben außerdem auf die Einförmigkeit von Träumen hingewiesen, die in Laboratorien gesammelt wurden, und sie mit zu Hause erinnerten Träumen verglichen, die eine Aufdeckung persönlicher Probleme und Konflikte eher zu ermöglichen scheinen. Diese Beobachtung wurde durch eine Versuchsreihe bestätigt, die Professor Calvin Hall und seine Mitarbeiter an der Universität von Kalifornien durchführten. Dabei wurden Träume miteinander verglichen, die unter verschiedenen Bedingungen gesammelt worden waren. Die Ergebnisse zeigten, daß häusliche Träume mehr Sexualität, Aggression, Pech, Versagen, Erfolg und

Freundlichkeit enthielten als Laboratoriumsträume und im allgemeinen viel gepfefferter und aufregender waren.

Die meisten meiner eigenen Experimente wurden bei mir zu Hause durchgeführt; die Versuchspersonen schliefen in einem warmen, bequemen Schlafzimmer unter möglichst natürlichen Bedingungen. Zwar waren sie an die Aufzeichnungsapparate angeschlossen, und man hatte ihnen gesagt, daß sie während der Nacht ein paarmal geweckt würden, um ihre Träume zu erzählen, doch wurden zumindest die Auswirkungen der kalten, unpersönlichen Laboratoriums- oder Krankenhausatmosphäre ausgeschaltet. Es stellte sich heraus, daß nicht 90 Prozent der REM-Träume realistische Darstellungen alltäglicher Ereignisse repräsentierten, sondern nur 65 Prozent, und wenn ich die Nacht in zwei Hälften teile, ergab sich, daß über 80 Prozent der in der ersten Hälfte geträumten Träume langweilig und trivial waren, aber nur 50 Prozent der Träume aus der zweiten Nachthälfte.

Dies bestätigt frühere Feststellungen, daß Träume im Laufe der Nacht dramatischer und bizarrer werden und zunehmend mehr Kindheits-Material enthalten. Da die meisten spontan erinnerten Träume aus der letzten langen REM-Periode vor dem morgendlichen Wachwerden stammen, darf man annehmen, daß Freud mit solchen spontan erinnerten Träumen seiner Patienten arbeitete und daher seine Theorie ausschließlich auf die dramatischeren und emotionelleren nächtlichen Erlebnisse gründete. Lesen meine psychoanalytischen Freunde die Träume meiner Versuchspersonen, so besteht ihre häufigste Reaktion tatsächlich in der Beschwerde, wie grauenhaft langweilig die meisten dieser Berichte seien – nicht eben ermunternd für einen armen Traumforscher, der Hunderte schlafloser Nächte damit zubrachte, das Material zusammenzutragen!

## Der »typische« Traum

Die Feststellung, daß in Laboratoriumsträumen Sexualität, Aggressivität und jegliche Andeutung unbewußter infantiler Konflikte fehlt, hat einige Psychoanalytiker dazu geführt, Laboratoriumsträume als atypische und entstellte Produkte geistiger Aktivität im Schlafzustand abzulehnen. Dies wirft erstens die naheliegende Frage auf, was denn nun ein »typischer« Traum sei – eine Frage, die gleich eingehend erörtert werden soll. Zweitens frage ich mich, ob ein Analytiker im Ernst glauben kann, das Traumleben seiner Patienten bleibe durch die besonderen Bedingungen der therapeutischen Beziehung unbeeinflußt. Bei einer Analyse finden wir bald heraus, welche Informationen der Analytiker gerne hören möchte; wir können seine Aufmerksamkeit und Zustimmung gewinnen, indem wir ihm diese Informationen geben, oder ihn umgekehrt irritieren, indem wir sie ihm verweigern. In einer meiner eigenen Perioden Freudscher Analyse entdeckte ich schnell, daß jedesmal der Stuhl hinter mir knarrte, wenn ich über sexuelle Dinge sprach, ein Zeichen, daß mein Analytiker aus seinen Träumereien erwachte, um mir zuzuhören. Beim Weitersprechen wurde ich mit ermutigendem Grunzen und beim Verabschieden mit einem warmen Lächeln belohnt. Zu Zeiten, wo ich seiner Zustimmung bedurfte, lieferte ich ihm massenweise herrliche Träume, die mit Sex-Symbolen gespickt waren. Als er mir aber keine Stütze mehr bot und ich einen Wechsel zu einem Jungschen Analytiker erwog, produzierte ich überdurchschnittlich viele Träume voller altehrwürdiger magischer Symbole und mythischer Themen.

Traumforscher wissen wohl, wie schwierig es ist, eine ausreichende Menge »typischer« Traumberichte zu erhalten, da fast jede ungewöhnliche Schlafsituation die Resultate negativ beeinflussen kann. Selbst wenn es den Versuchspersonen erspart bleibt, an komplizierte Aufzeichnungsapparate angeschlossen in einem Laboratorium zu schlafen, kann die bloße Aufforderung, einer fremden Person Träume zu erzählen, den Trauminhalt wie auch die Erinnerung daran beeinflussen. Diese Probleme führten Hall und seine Mitarbeiter zu der Erwägung, eine repräsentative Auswahl von unschuldigen und ahnungslosen Opfern mitten in der Nacht durch telefonischen Anruf oder Haustürklingeln zu wecken, um sie dann zum Besten der Wissenschaft und der ganzen Menschheit nach ihren Träumen zu fragen. Die Idee wurde aufgegeben, nachdem einer von Halls Mitarbeitern seinen Chef frühmorgens um drei telefonisch weckte und ihm freudig den Beginn der landesweiten Versuchsreihe über Traumberichte ankündigte, die sich auf unerwartetes Aufwecken stützten; darauf erhielt er die Antwort: »Scher dich zum Teufel!« Ein ähnliches Ergebnis hatte dieses Experiment, als ich es bei meinem Mann ausprobierte.

Im Grunde gibt es gar keinen »typischen« Traum. Träume sind komplexe psychische Produkte, die unvermeidlich durch die Bedingungen beeinflußt sind, unter denen sie geträumt und berichtet werden. Träume werden nicht durch einschüchternde Laboratoriumseinrichtungen oder durch die besondere Atmosphäre einer psychoanalytischen Behandlung »entstellt«, sondern durch diese und andere Bedingungen *geformt.* Selbst zu Hause sind wir nicht immun gegen ungewöhnliche Einflüsse, die sich auf unser Traumleben auswirken können. Zum Beispiel träumen Frauen während der letzten drei Schwangerschaftsmonate öfter von Babys als die übrigen von uns, und zu der Zeit, als meine Ehe auseinanderging, enthielten die meisten meiner Träume Motive von Auflösung und Verlust. Robert Van de Castle, Professor an der Universität von Virginia, hat kürzlich durch detaillierte Untersuchungen nachgewiesen, daß die Trauminhalte bei Frauen weitgehend vom Menstrualzyklus beeinflußt werden.

Auch tiefsitzende Persönlichkeitsfaktoren wirken auf unsere Träume ein. Experimente haben zum Beispiel gezeigt, daß depressive Menschen vor allem von deprimierenden Dingen träumen; Ängstliche träumen von persönlichen Bedrohungen; die Träume von Soziopathen sind voller unsozialer Aktivitäten; eingesperrte Sittenstrolche träumen mehr von ungesetzlicher sexueller Betätigung als alle anderen; die Träume paranoider Patienten sind erfüllt von ungerechtfertigten Beschimpfungen und Attacken; und Menschen, die gewohnt sind, ihre Impulse im Wachleben offen zum Ausdruck zu bringen, zeigen mehr Feindseligkeit und Sexualität in ihren Träumen als die Gehemmteren.

Es ist deshalb nicht überraschend, daß Versuchspersonen in Laboratoriums-Traumexperimenten vom Laboratorium und von den Ängsten träumen, die für sie damit verbunden sind. Ungefähr ein Drittel der Träume meiner Versuchspersonen bezog sich eindeutig auf die Versuche, und in einem weiteren Drittel glaubte ich symbolische Bezüge erkennen zu können. Im folgenden typischen Traum kommt die Angst vor dem Experiment deutlich zum Ausdruck:

»Es war in einer Klinik. Ich erinnere mich an graue Türen. Ich war eine der Versuchspersonen – es war noch eine weitere dabei – und Sie waren die Versuchsleiterin. Ich glaube, es war noch ein Experimentator dabei. Der Versuch bestand hauptsächlich darin, daß Sie mich durch dieses Ding anriefen, und ich antwortete Ihnen, aber ich machte irgend etwas falsch oder verärgerte

Sie, weil ich nicht rechtzeitig geantwortet hatte. Ich wachte auf, als in meinem Traum alles irgendwie falsch war. Ich hatte irgendeinen Fehler gemacht, wußte aber nicht, welchen. Ich glaubte, Ihre Mißbilligung zu spüren.«

Dieser Traum bezieht sich unmittelbar auf die Versuchssituation und auf mich. Der folgende Traum einer anderen Person skizziert die gleiche Situation in etwas verschleierter Form:

»Wir fuhren per Auto durch irgendein Gebirge, und zwar auf dem direkten Weg nach oben, statt einen bequemeren, gewundenen Weg zu nehmen. Es waren mehrere Personen in dem Wagen, und einer von ihnen, ein Psychiater, sah mir über die Schulter und gab die Fahrtroute an. Er schien der Leiter des Unternehmens zu sein und machte leise beifällige Bemerkungen über mich. Ich habe das Gefühl, daß Sie der Psychiater waren.«

Wohl vermutete ich, daß sich auch dieser Traum auf den Versuch bezog – den die Träumerin als eine waghalsige Attacke auf den Berggipfel sah (unsere direkte Methode, Traumberichte zu erhalten), unter der Leitung eines Psychiaters (ich) –, wäre mir dessen jedoch nicht allzu sicher gewesen, hätte sie nicht diesen letzten Punkt so deutlich hervorgehoben. Der folgende ist ein noch stärker getarnter Traum, der sich ebenfalls auf das Experiment zu beziehen scheint; in diesem Fall allerdings wurde es von der Versuchsperson nicht bekräftigt. Eine gewisse Bestätigung meiner Annahme erhielt ich erst am nächsten Tag.
Der Versuchsteilnehmer erzählte:

»Ich befand mich in einer ländlichen Gegend. Im Hintergrund waren ein paar Gestalten zu sehen. Ich hatte irgendein großes landwirtschaftliches Gefäß, das gereinigt werden sollte. Jemand – wie mir schien, waren Sie es – wollte mir einen Bauern schicken, der den Behälter reinigen sollte. Aber diese sagten, daß sie zuviel zu tun hätten und niemanden entbehren könnten, und ich sagte: ›Das ist nicht so schlimm, ich mach's schon‹. In der Nähe war ein ziemlich großer Fluß mit schönem, klarem Wasser, und ich tauchte den Behälter hinein und reinigte ihn mit einer Bürste. Danach schien die Nacht zu Ende, und ich ging nach Hause.«

Dieser letzte Satz deutete an, daß es wiederum ein Traum über das Experiment war. Aber was hatte das landwirtschaftliche Gefäß zu bedeuten, das ihm offenbar so sehr zu schaffen gemacht hatte? Es stellte sich folgendes heraus: In der Anfangszeit meiner Versuchsreihen pflegte ich die Teilnehmer zu fragen, ob es ihnen nichts ausmache, den Nachttopf unter dem Bett zu benutzen, statt nächtlicherweile die Toilette aufzusuchen. Die meisten von ihnen willigten ein, und das Arrangement ersparte mir viel Arbeit mit dem Abnehmen und Wiederanschließen der Drähte. Dieser besondere Versuchsteilnehmer war auf der Bewußtseinsebene ebenfalls damit einverstanden, aber ich glaube, der Traum enthüllte geheime Gefühle des Unbehagens. Ich deutete das landwirtschaftliche Gefäß als den Nachttopf und vermutete, daß er ihn nachts benutzt hatte und nun beunruhigt war, daß ich ihn am Morgen so finden würde. Sein Traum deutete ferner an, daß er beabsichtigte, ihn vor dem Heimgehen auszuleeren und zu säubern. Ich weiß nicht, ob er all dies wirklich getan hat, aber am Morgen, als er weg war, fand ich einen vollkommen sauberen Topf, in dem ein kleiner Zettel lag, auf dem »Ha Ha«! stand.

Schließlich aber mußte ich das Nachttopf-Verfahren aufgeben, da immer mehr Versuchsteilnehmer Träume produzierten, in denen es von Gefäßen, Wasserläufen und dergleichen wimmelte und die meistens von Angstgefühlen begleitet waren. Wäre es mir möglich gewesen, die Assoziationen meiner eben erwähnten Versuchsperson zu dem geschilderten Traum zu erfahren, wäre vielleicht ein infantiles Trauma aufgedeckt worden, das mit Urinieren auf einem Bauernhof zusammenhing. Ich stehe nicht deshalb mit den Psychoanalytikern in Widerspruch, weil sie behaupten, daß solche Träume infantile Konflikte zutage fördern können; denn offensichtlich ist das bei vielen der Fall. Ich bin mit ihnen uneins, weil sie darauf bestehen, daß symbolische Darstellungen in Träumen eine Tarnung seien, um die Gefühle des Träumers zu schonen. Wenn mein Versuchsteilnehmer von dem Nachttopf als »landwirtschaftlichem Gefäß« träumt, hat er wahrscheinlich einen Grund dafür: Irgendwo in einem Winkel seines Gehirns sind eben beide – Nachttopf und Bauernhof – eng durch einen Assoziationsprozeß verbunden, der bereits im Wachzustand stattgefunden hat.

Der Laie hat wahrscheinlich kaum eine Vorstellung von der intensiven geistigen Tätigkeit, die pausenlos im wachen Hirn vor sich geht. Die Forschung auf dem Gebiet der Wahrnehmungspsychologie hat ergeben, daß selbst eine scheinbar simple Beobachtung zuerst anhand unserer früheren Erfahrungen und gegenwärtigen Gestimmtheit durchgearbeitet wird, *ehe sie uns auch nur zum Bewußtsein kommt.* Der Dichter William Blake sprach eine schlichte Wahrheit aus, als er schrieb: »Der Narr sieht nicht denselben Baum, den der Weise sieht.« Meine Wahrnehmung eines Baumes hängt von den zahlreichen Erfahrungen ab, die ich in der Vergangenheit mit Bäumen gemacht habe – mit dem Baum im Garten meines Elternhauses; dem Baum im Wald, unter dem mich ein kleiner Junge küßte; dem Baum, von dem ich herunterfiel und den Arm brach und so weiter. Meine Wahrnehmung ist ferner abhängig von meiner gegenwärtigen Stimmung: Wenn ich verliebt bin, scheint mir der Baum, den ich normalerweise mit Gleichgültigkeit betrachte, von Licht übergossen und voller Leben. Natürlich haben unsere unterschiedlichen Wahrnehmungen des gleichen Objektes noch immer genügend Gemeinsames, damit eine Kommunikation möglich ist, doch weichen sie gemäß unseren individuellen Erfahrungen voneinander ab.

Wenn wir einen Gegenstand sehen, ein Ereignis beobachten oder einen Gedanken denken, so wird außerdem eine ganze Folge von Vorstellungen in uns wachgerufen, die in keiner Weise logisch miteinander verbunden zu sein scheinen. Wenn ich zum Beispiel einen Baum betrachte und dabei an den Fliederbaum im Garten meines Elternhauses erinnert werde, so sehe ich vielleicht plötzlich im Geiste eine ganz bestimmte Schulfreundin vor mir, und ich werde an gemeinsame Ferien erinnert, an erste sexuelle Experimente und so weiter. All dies kann sich vollziehen, ohne daß es mir zu Bewußtsein kommt, und taucht vielleicht später als eine sonderbare Zusammenballung scheinbar unzusammenhängender Ereignisse in einem Traum auf. In ähnlicher Weise mag mein Versuchsteilnehmer auf das Wort »Topf« mit einer unbewußten Assoziationsreihe reagiert haben, die bis zu einem Erlebnis auf dem Lande zurückführte; dieses wiederum ist möglicherweise direkt verknüpft mit einem Trauma, das beim Reinlichkeitstraining entstand.

Erwähnenswert ist in diesem Zusammenhang, daß ein anderer

Versuchsteilnehmer auf das Wort *pot* (im Englischen bedeutet es sowohl Nachttopf wie auch Haschisch) gleichzeitig verschiedene Gedankenketten in Bewegung setzte. In einem Traum, zum Beispiel, durchsuchte eine Polizeistreife seine Wohnung, da man ihn des Rauschgiftbesitzes verdächtigte. (Es stimmte, daß er eine kleine Menge Haschisch in der Wohnung versteckt hielt.) Er lag im Bett und schlief, als eine Polizistin in sein Schlafzimmer marschierte, die Bettdecke zurückschlug und triumphierend erklärte: »Hier ist es.« Nachdem sie ihn strengstens verwarnt hatte, wachte er verstört und schuldbewußt auf. Er fügte hinzu, daß ich die Polizistin gewesen zu sein schien.

Ich glaube, daß das Wort *pot* zumindest drei verschiedene Gedankenketten auslöste, sobald ich es ausgesprochen hatte. Erstens eine gegenwärtige bewußte Besorgnis, daß ein verbotener *pot* von der Polizei gefunden würde; zweitens mögliche unbewußte Kindheitsbefürchtungen, daß seine Mutter, eine Autoritätsfigur, ihn strafen würde, weil er das Bett genäßt hatte, statt den *Pott* zu benutzen; drittens unterschwellige Ängste, daß ich seinen Schlaf stören und seine trüben Träume im Laufe des Experiments ans Licht bringen würde. Der Traum könnte als eine Kondensierung dreier verschiedener Gedankengänge bezeichnet werden, in denen die Polizistin, seine Mutter und ich als eine einzige Person erschienen; Haschisch, Töpfchen und Träume als ein und dasselbe Objekt; und die Polizei-Razzia, die Entdeckung seiner Mutter und das Experiment als ein Vorgang. Obgleich Freud zugeben würde, daß die Gedankenketten während des Tages entstanden waren, würde er darauf bestehen, daß die Kondensierung im Schlaf stattgefunden hätte. Und zwar würde er behaupten, der Zweck dieser Kondensierung sei gewesen, ungehörige Wünsche zu tarnen, die im Traum zum Ausdruck kamen. Darüber soll ausgiebig im nächsten Kapitel gesprochen werden; hier möchte ich nur bemerken, daß ich nicht einsehe, weshalb Verzerrungen und Wirrwarr nicht im Wachzustand entstehen sollten, wenn verschieden Assoziationen sich miteinander verknüpfen, die dann später in dieser Form im Traum auftauchen.

Über assoziative Denkvorgänge können wir eine Menge lernen, wenn wir Kindern beim Spielen zuhören. Sie reden dabei oft ähnlich klingende, in ihr Spiel passende Wörter vor sich hin, die sie vielleicht gerade von Erwachsenen gehört haben. Solche Prozesse, die Kinder in Worte fassen, vollziehen sich unentwegt in jedem von

71

uns, werden aber überdeckt durch die Konzentration auf laufende Aufgaben oder durch logische Denkprozesse, die ständig eine geistige Ordnung aufrechtzuerhalten suchen. Wenn aber während des Schlafes die äußeren Anreize und die wache Logik ausgelöscht werden, haben solche Assoziationsketten im Traum freie Bahn.

Einer meiner Kollegen beschrieb mir einmal, wie solche assoziativen Prozesse tatsächlich zu einem Traum führen können. »Beim Einschlafen« schrieb er, »sah ich die bunten Kugeln aus einem Film, den ich am Nachmittag gesehen hatte, auf mich zurollen. Dies bewirkte, daß ich an Schokoladenrollen dachte und an die Rolle der Frau in der Gesellschaft – die natürlich im ›Rollen‹ der Hüften besteht –, und im gleichen Moment sah ich H. im Traum vor mir stehen und auf sehr verführerische Weise die Hüften wiegen. Das führte mich auf direktem Wege zu einem Sex-Traum mit ihr.«

Solche Assoziationen sind nicht bloß »Lärm« in Medawars Sinne. Sie funktionieren nach einer eigenen Logik, die uns, wie Freud erkannt hat, viel über uns selbst und die seltsamen Methoden verrät, die wir anwenden, um mit dem Leben zurechtzukommen. Wir müßten uns nur die Mühe machen, sie zu verstehen.

Es ist möglich, daß uns die genau gleiche Art von »Geschwätz« während des REM- und Nicht-REM-Schlafs durch den Kopf geht und daß wir uns nur dank der erhöhten Angeregtheit des ersteren besser daran erinnern. Die längeren, lebendigeren Traumberichte von Personen, die aus REM-Schlaf geweckt wurden, wären auf diese Weise erklärbar. Niemand jedoch kann mit Sicherheit sagen, daß dem so ist; es ist ebensogut möglich, daß während des REM- und Nicht-REM-Schlafs ganz andersartiges Material zu Tage tritt. Vorläufig scheint es mir jedenfalls, daß wir nicht nur von den Dingen »träumen«, die uns bewußt beschäftigen – Kümmernisse, Probleme, Wünsche und was immer –, sondern auch von zahllosen Dingen, die sich im Laufe des Tages unterhalb der Bewußtseinsschwelle abspielten und während des Schlafs in unserem Gehirn weiterarbeiten. Ob Träumen in diesem Sinne eine direkte Beziehung zu dem physiologischen Prozeß einer Erinnerungsfestigung während des REM-Schlafs hat, ist ein noch zu erforschendes Problem.

Hat der nächtliche Reigen von Tageserinnerungen und ihren Assoziationen irgendeinen psychologischen Wert für uns, wenn wir doch nichts davon wahrnehmen, indem wir aufwachen? Wenn ja, wäre es vielleicht besser, ihn ungestört sich selbst zu überlassen, so wie die Heinzelmännchen, die nächtlicherweile ein Großreinemachen im Hause veranstalten, sofern man sie dabei unbeobachtet läßt.

Eine Gruppe von Forschern ist fest davon überzeugt. Sie glauben, daß Träumen möglicherweise mit gewissen Prozessen vergleichbar sei, die in elektronischen Computern vor sich gehen. Von Zeit zu Zeit müssen diese Maschinen »abgestellt« werden, um die Programme auf den neuesten Informationsstand zu bringen.

In ähnlicher Weise, so meinen sie, habe das menschliche Hirn – ein ungleich komplexerer und feinerer Mechanismus als jeder bisher konstruierte Computer – seine eigenen »Programme« für die Behandlung von Lebenssituationen entwickelt. Dazu gehören Programme für Routinetätigkeiten wie Gehen und Essen, Programme für die Bewältigung einfacher Lebensprobleme wie das Anpacken einer Arbeit und schließlich komplizierter emotionaler Situationen wie zum Beispiel soziale und sexuelle Beziehungen. Täglich jedoch konfrontiert uns das Leben mit neuen Problemen, die es zu lösen gilt und die uns zwingen, unsere alten Programme entsprechend zu revidieren. Wenn wir zum Beispiel ein Bein brechen, müßten wir lernen, auf andere Art zu gehen; eine Umstellung im Büro kann es mit sich bringen, daß wir verschiedene alte Arbeitsgewohnheiten aufgeben und neue erlernen müssen; und wenn wir einem Menschen begegnen, den wir sexuell anziehend finden, so kann dies für uns eine ganz neue Art der Freizeitbeschäftigung bedeuten. Die Anhänger der »Computer-Theorie« des Träumens glauben, daß wir diese neuen Situationen tagsüber registrieren und daß dann unser Gehirn im Schlaf, wenn die Denktätigkeit weitgehend ausgeschaltet sei, die Ereignisse des Tages sondiere und die neuen Daten in bereits bestehende Programme einarbeite, so daß diese für den nächsten Tag bereit seien. Gleichzeitig würde die Vielzahl von Tageserinnerungen, die für langfristige Ziele des Organismus irrelevant seien, quasi ad acta gelegt, vielleicht mittels irgendeiner elektrischen Entladung im Gehirn.

Entsprechend dieser Ansicht wären die Erfahrungen, die wir

Träume nennen, nichts weiter als flüchtige Wahrnehmungen des Materials, das beim Prozeß der nächtlichen Datenverarbeitung durch unser schlafendes Hirn »hindurchläuft«. Es wurde sogar die Idee geäußert, daß unsere Traumgeschichten Erfindungen des wachen Gehirns seien, das versuche, den Bruchstücken der zu verarbeitenden Information Sinn und eine Ordnung aufzuzwingen und sie zu einem bedeutungsvollen Ganzen zusammenzufügen. Und schließlich wurde behauptet, daß selbst zufälliges Erwachen aus dem Schlaf die Unterbrechung eines lebenswichtigen Prozesses bedeute, der im Interesse unserer geistigen Wirksamkeit besser ungestört bliebe. Träumen bedeute nichts anderes als die Tätigkeit der Datenverarbeitung, und der Zweck des Schlafs sei es, diese Tätigkeit zu ermöglichen. Wenn wir am Träumen gehindert würden, sagen die Computer-Theoretiker, müßten wir schließlich zusammenbrechen, weil die bestehenden Programme im Gehirn nicht den neuen Informationen gemäß revidiert würden. Dies müsse zwangsläufig zu unangepaßtem, neurotischem Verhalten führen.

Die Computer-Analogie mag zwar in mancher Hinsicht nützlich sein; ich halte es jedoch für irrig, allzu viele Schlußfolgerungen daraus zu ziehen. Einmal hat die Computer-Technologie erhebliche Fortschritte gemacht, seit diese These vor zehn Jahren aufgestellt wurde. Moderne Computer brauchen nicht mehr abgeschaltet zu werden, wenn ihre Programme veränderten Gegebenheiten angepaßt werden müssen; dies kann geschehen, während sie eine Vielzahl anderer Arbeiten ausführen. Ich sehe nicht ein, warum nicht auch das Gehirn dazu in der Lage sein sollte, und es ist durchaus möglich, daß ein Großteil von dem beschriebenen Hintergrundgeschwätz in nichts anderem besteht, als neue Daten im Wachzustand in bestehende Programme einzufügen. Deshalb bezweifle ich, daß während des Schlafs überhaupt eine Datenverarbeitung stattfindet, wenn auch das träumende Hirn diesen Prozeß *reflektieren* mag. Wahrscheinlicher scheint mir, daß der Schläfer das bereits tagsüber verarbeitete Material nur noch einmal durchgeht und daß der REM-Schlaf die Bedingungen dafür schafft, dieses Material zum Zweck wirksamerer Nutzung weiter zu festigen. Ich glaube, die meisten unserer Traumphantasien wurden im Laufe des Tages gesponnen, und das Material, an das wir uns beim Aufwachen erinnern, hat das Hirn nur weiter ausgesponnen.

Ferner wurde durch REM-Entzugs-Experimente nicht erwiesen,

74

daß ein »nichtträumendes Hirn« auf Grund fehlerhafter Programme zusammenbricht. Man kann natürlich einwenden, daß der bisher durchgeführte Entzug noch nicht ausreichend gewesen sei, um das Hirn bis an die Toleranzgrenze zu bringen; aber dies läßt die These doch etwas schwach erscheinen. Andererseits wird unser Leben, ganz unabhängig davon, wie gut wir schlafen, zweifellos durch die Tatsache beeinträchtigt, daß unser Verhalten sich oft nach »Programmen« richtet, die uns in unserer Kindheit eingefüttert wurden und mittlerweile entweder längst überholt oder unseren Lebensumständen als Erwachsene nicht mehr angemessen sind. Um ein »Freudsches« Standard-Beispiel zu nehmen: Ein Junge mit einer sehr nervösen Mutter entwickelt vielleicht ein Programm für den Umgang mit Frauen, wonach sämtliche weiblichen Wesen dauernd der Tröstung und Beruhigung bedürfen, und es erweist sich später, daß alle seine Begegnungen mit andersgearteten Frauen dieses Grundprogramm nicht im geringsten verändern. Also fährt er ungerührt sein ganzes Leben hindurch fort, auf diese infantile und stereotype Weise auf Frauen zu reagieren. Frühe Kindheitsprogramme wie dieses sind mit den Grundprogrammen vergleichbar, mit denen ein Computer ausgestattet ist, wenn er die Fabrik verläßt. Die Veränderung dieser Programme ist nicht Sache einer routinemäßigen nächtlichen Inganghaltung und Wartung, sondern des Bestrebens nach einer Neuprogrammierung, die sich über mehrere Tage, Wochen, Monate oder sogar Jahre hinziehen kann.

Der erste Schritt zur Aufdeckung und Änderung solcher überholter Kindheitsprogramme ist, sich ihrer erst einmal bewußt zu werden und zu erkennen, wie sie unser Verhalten bestimmen. Wie ich noch zeigen werde, glaube ich unwiderlegliche Beweise dafür zu haben, daß *erinnerte* Träume uns dabei helfen können. Auch geben sie uns manchmal Hinweise auf mögliche neue Verhaltensmuster, die unserer gegenwärtigen Situation angemessener sind. Diese enthüllende Rolle des Träumens mag vom Gesichtspunkt der biologischen Hirnprozesse aus nur ein Nebenprodukt sein, aber ich bin überzeugt, daß ihr positiver Wert bei weitem geringfügige schädliche Effekte wettmacht, die vielleicht eines Tages infolge unterbrochenen Schlafs entdeckt werden mögen. Die Computer-Theoretiker scheinen mir insofern eine falsche Schlußfolgerung zu ziehen, als sie ihre Analogie unnötig eng begreifen. Ich streite nicht ab, daß an der volkstümlichen Weisheit, das »Überschlafen« von Problemen trage zu ihrer Lösung bei, *etwas* Wahres sein kann. Das

Nacherleben unseres Alltagstuns und des damit verbundenen Hintergrundgeschwätzes mag eine ähnliche kathartische Wirkung haben, wie wir sie erzielen, wenn wir zu einem passiven Zuhörer über unsere Probleme sprechen. Aber auch hier scheint es mir wahrscheinlicher, daß wir die Lösung eines Problems, die uns scheinbar der Traum eingab, bereits während des Tages gefunden hatten; wir nahmen sie nur nicht wahr, weil uns alle möglichen Ablenkungen daran hinderten. Viele große Entdeckungen und Erfindungen dürften weniger einem Traum zu verdanken sein (obwohl es auch hierin Ausnahmen gab), sondern einer geistigen Entspannung, in der das Hintergrundgeschwätz hörbar wurde. Ich glaube, dieses Geschwätz ist der Ursprung vieler schöpferischer Betätigung, weil sich dabei Assoziationen und Ideen im Geist verbreiten und mit neuen Vorstellungen und Gefühlen verbinden. Auf diese Weise entstehen unerwartete gedankliche Verknüpfungen, die alten Ideen einen neuen Sinn geben. Metaphern, Slang, Wortspiele, einander überschneidende Bedeutungen und Redewendungen sind die Sprache, deren sich das schwatzende Hirn bedient, um neue Formen des geistigen Lebens zu schaffen, von denen der Traum nur eine unter vielen ist.

Nur die zukünftige Forschung kann die Frage beantworten, welche Funktionen das Träumen vollzieht, wenn wir es ungestört lassen. Ich bin jedoch davon überzeugt, daß uns die erinnerten Träume wertvolle Auskunft über uns selbst geben können. Schließlich ist es weniger hilfreich, Probleme vor einem völlig passiven Zuhörer auszubreiten als vor jemand, der ihnen seine bewußte Intelligenz widmet. In ähnlicher Weise bedarf es unseres wachen Geistes, um das Beste aus unseren Träumen zu machen: Indem wir sie uns zu Bewußtsein bringen und sie verstehen lernen, können wir zu einer Neuorientierung in unserem gesamten Lebensstil gelangen.

## 6   Im Sprechzimmer

Freuds Pionierarbeit auf dem Gebiet der Traumforschung ergab sich aus seiner psychotherapeutischen Tätigkeit im Sprechzimmer. Das führte jedoch dazu, daß seine Methode der Traumdeutung zu einer höchst spezialisierten Angelegenheit wurde. Denn wenn, wie er glaubte, der Traum hauptsächlich ein *getarnter* Ausdruck dessen ist, was sich unter der Schwelle des Bewußtseins abspielt, so wäre der Träumer selbst ja der letzte, der seine Bedeutung verstehen könnte. Laut Freud bedient sich das schlafende Hirn eines ganzen Arsenals psychischer Mechanismen, um die unbewußten Wünsche so zu verhüllen, daß der Träumer ihre wahre Natur nicht erkennen kann. Um die Bedeutung eines Traums zu enträtseln, brauchte es deshalb nicht nur eine große Vertrautheit mit all diesen Mechanismen, sondern auch einen vom Träumer unabhängigen Psychoanalytiker, der den psychischen Widerstand des Träumers gegen die Erkenntnis der Wahrheit überwinden konnte.

Daß Träume sich in einer seltsamen, geheimnisvollen Sprache zu äußern pflegen, steht fest, doch gibt es, wie wir später noch sehen werden, keine triftigen Gründe, diese Transformationen als Tarnungen zu betrachten. Obwohl Freuds ganzes Bestreben auf strengste Wissenschaftlichkeit gerichtet war, führt seine Tarnungstheorie oft zu Interpretationen, die mehr nach Okkultismus als nach Wissenschaft aussehen. Dennoch soll seine Traumdeutungstheorie hier in einiger Ausführlichkeit untersucht werden, weil manche daraus hervorgegangenen Ideen heute Allgemeingut geworden sind. Außerdem kommen einige der von ihm beschriebenen Mechanismen der »Traum-Transformation« tatsächlich vor und geben uns manchen nützlichen Einblick in die Bildersprache der Träume.

### Freuds Theorie der Traumstellung

Laut Freud wird der *latente Traum,* der aus unterdrückten, unbewußten Wünschen besteht, auf viererlei Weise in den *manifesten Traum* umgewandelt, an den wir uns dann beim Aufwachen erinnern. Er nannte diese Prozesse *Kompression* oder *Verdichtung, Verschiebung, sekundäre Bearbeitung* und *Symbolisierung.* Ich will versuchen, diese vier Begriffe an dem nachfolgenden Beispiel aus meiner eigenen Freudschen Analyse zu erklären.

Auf der Couch meines Analytikers erzählte ich folgenden Traum: Ich schwebe vergnügt durch die Galerien eines Theaters, Hand in Hand mit einem Mann, der einem Kollegen von mir, einem Hypnotiseur, ähnlich sieht. Mit einiger Überraschung bemerke ich, daß er eine Fliege trägt, was er sonst nie tut. Ich habe den Eindruck, daß ihm das Theater gehört und daß er mich darin herumführt. Die Plätze sind von Gestalten besetzt, die mich an Wachsfiguren erinnern, aber als ich näher herankomme, erkenne ich viele mir aus meiner Kindheit vertraute Gesichter. Wir grüßen sie alle im Vorüberschweben. Obwohl ich so hoch über dem Erdboden schwebe, empfinde ich nicht die geringste Angst um mich selbst, um so mehr aber um die Leute auf den Balkonplätzen, denn ich habe festgestellt, daß die ganze innere Struktur des Theaterraums äußerst baufällig und unsicher aussieht.

Mein Analytiker hört geduldig zu, ist aber verhältnismäßig uninteressiert an meiner Schilderung der Theaterszene und völlig unbeeindruckt von meiner Fähigkeit zu fliegen. Die Geschichte ist, so wie ich sie erzählt habe, für ihn nur der *manifeste Trauminhalt,* eine harmlose Verkleidung für die siedenden unterdrückten Wünsche, die den *latenten Inhalt* darstellen. Seine Aufgabe, wie er sie sieht, ist es, die Geheimschrift zu entziffern und die darin enthaltene Botschaft meines Unbewußten aufzudecken. Also fordert er mich auf, zu jedem Element in meinem Traum Assoziationen zu finden, das heißt, mich zu entspannen und meinen Geist um Theater, Hypnotiseur, Krawatten und so weiter kreisen zu lassen und dabei alles auszusprechen, was mir in den Sinn kommt, auch wenn es noch so bizarr erscheint.

Während er mir zuhört, hat der Analytiker vielleicht einige allgemeine Ideen zum Thema Schweben, die er aus Erfahrungen mit anderen Patienten bezogen hat, aber gleichzeitig versucht er auch, sich auf meinen speziellen Fall einzustimmen. Um die Rolle des Analytikers in dieser Situation zu beschreiben, gebraucht Freud das folgende Bild: Der Analytiker muß sein Unterbewußtsein wie einen Empfänger auf den unterbewußten Sender des Patienten einstellen. Er muß sich dem Patienten anpassen wie ein Telefonhörer dem empfangenden Mikrofon angepaßt ist. So wie der Empfänger die durch Schallwellen entstandenen elektrischen Schwingungen in der Telefonleitung wieder in Schallwellen zurückverwandelt, muß das Unterbewußtsein des Arztes fähig sein, das Unterbewußtsein des Patienten zu rekonstruieren. Mit anderen Worten, der Interpretierungsprozeß ist intuitiv und wird oft auch als »Lauschen mit dem dritten Ohr« bezeichnet. (Leider haben viele Psychoanalytiker diese Gabe nie entwickelt und verlassen sich für ihre Interpretationen auf vorgefaßte Meinungen und im Laufe ihres analytischen Studiums erlernte Theorien.)

Meine Assoziationen zu dem geschilderten Traum, in dem ich durch Theatergalerien schwebte, ließen mich zunächst an die *Rogues' Gallery* [auf Englisch bedeutet das »Verbrecheralbum«] denken; die Figuren aus meiner Kindheit erinnerten mich an die analytische Situation, die einem viele langvergessene Kindheitserlebnisse in die Erinnerung zurückruft. Mit dem Gefühl des Schwebens verbanden sich mir Bruchstücke eines alten deutschen Schlagers: »Ich tanze mit dir in den Himmel hinein, in den siebenten Himmel der Liebe.« Als ich an diesem Punkt angelangt war, stockte ich verlegen, da mir plötzlich aufging, daß mein Gefährte in der Luft der Analytiker selbst war und daß ich ihn sowohl als Verbrecher wie als Liebhaber sah. Auch war ich recht erschüttert, zu entdecken, daß mein normalerweise nüchternes, unsentimentales Hirn insgeheim einen so romantischen Blödsinn sang!

Meine weiteren Assoziationen brachten mir in Erinnerung, daß ich in einer früheren Sitzung meinen Analytiker beschuldigt hatte, mir seine eigenen Vorstellungen und Wertmaßstäbe durch Hypnose aufzudrängen – eine weitere Bestätigung dafür, daß der Hypnotiseur-Gefährte in meinem Traum mit meinem Analytiker identisch war. Da aber weder der eine noch der andere Fliegen zu tragen pflegte, verweilte ich mit meinen Spekulationen bei diesem Punkt, bis plötzlich wie ein Blitz das Bild eines alten Freundes namens Jim Wilder vor mir auftauchte, der immer wegen seiner Vorliebe für auffällige Schmetterlingsbilder gehänselt wurde. Gleichzeitig erinnerte ich mich, daß auch sein Name stets Anlaß zu Spöttereien gegeben hatte, da »Wilder« so gar nicht zu seiner sanften, höflichen Art paßte. Das Wort »Wilder« nun beschwor bei mir den Gedanken an wilde, primitive Sexualität, was meinem Analytiker einen weiteren Schlüssel zu der tieferen Bedeutung meines Traums lieferte. Es sei ganz klar, so behauptete er, daß ich ihn (den Analytiker) als einen Bösewicht sähe, der mich durch

Hypnose dazu bringen wolle, sexuelle Beziehungen zu ihm aufzunehmen – mit anderen Worten: mein Traum zeige meinen unbewußten Wunsch an, daß er mich vergewaltigen solle.

Für meinen Analytiker aber war das nur der erste Schritt in der Deutung des Traums, denn was er in Wirklichkeit suchte, war weniger ein *gegenwärtiger* unbewußter Wunsch als einer aus meiner frühesten Kindheit. Eine von Freuds wichtigsten Entdeckungen war ja, daß Träume, die sich auf den Analytiker beziehen, oft Wiederbelebungen viel älterer Wünsche sind, die nun von irgendeiner wichtigen Kindheitsfigur auf die des Analytikers übertragen werden. Er nannte das »Übertragung« und sah darin eine wertvolle Hilfe zur Aufdeckung neurotischer Verhaltensmuster, die in der Kindheit entstanden waren.

Mein Analytiker folgerte also an diesem Punkt meiner freien Assoziationen, daß sich meine sexuellen Gefühle für ihn in Wirklichkeit auf jemanden aus meiner Vergangenheit bezogen, vielleicht auf den Vater, einen Bruder oder irgendeine andere mir nahestehende Person. Tatsächlich führten meine Assoziationen mich dann auch von der schwebenden Traum-Episode zurück zu einem Spiel, das mein Bruder und ich als Kinder spielten. Von zwei Stühlen aus, die zu beiden Seiten eines großen Bettes standen, sprangen wir aufeinander zu, klammerten uns in der Luft aneinander, fielen gemeinsam aufs Bett und rollten dort eine Weile miteinander herum. Wahrscheinlich erregte das in uns beiden sexuelle Empfindungen. Die endgültige Interpretation meines Traums lautete also, daß er – sorgfältig getarnt – einem frühen Wunsch nach kindlicher sexueller Betätigung mit meinem Bruder (den ich als einen kleinen Bösewicht und Wilden betrachtet haben müsse) Ausdruck gegeben habe. Um aber allen ängstlichen Schuldgefühlen über einen so schändlichen Wunsch auszuweichen, müsse ich mir nachträglich eingebildet haben, mein Bruder habe mich durch Hypnose zu solch verbotenem Tun verleitet, wodurch ich natürlich jede Verantwortlichkeit für meinen »Fall« loswurde.

Nach Freud wäre dieser »latente« Wunsch, durch meinen Bruder vergewaltigt zu werden, die wichtigste treibende Kraft für meinen Traum. Das aber müßte für mein Bewußtsein so schrecklich sein, daß mich der Schock geweckt haben würde, hätte der Wunsch sich unverhüllt geäußert. Also verkleidet das schlafende Hirn einen solchen Wunsch auf verschiedenste Arten, um so seine wahre Bedeutung zu verscheiern.

Zuerst einmal gibt der Traum keinen direkten Hinweis auf den Analytiker oder meinen Bruder. Statt dessen ist mein Traum-Gefährte Besitzer einer *Rogues' Gallery* und ähnelt einem Hypnotiseur-Kollegen, der eine Fliege trägt. Diese dreifache Figur von »rogue« (Bösewicht), Hypnotiseur und Wildem, die sich mittels freier Assoziation als mein Analytiker/Bruder herausstellt, ist das Ergebnis jenes besonderen Mechanismus, den Freud *Verdichtung* nannte, weil er zwei oder mehrere latente Traumgedanken zu einer einzigen Vorstellung oder Idee im manifesten Traum verdichtet. Kein Zweifel, daß solch ein Mechanismus existiert, und zwar sowohl im Traum- als auch im Wachzustand, aber nach meiner Ansicht dient er nicht dazu, unbewußte Wünsche zu verschleiern, sondern sie auf denkbar ökonomische Weise zu offenbaren. Die ganze Traumtarnungsfrage soll später noch ausgiebig erörtert werden – hier genüge die Feststellung, daß das zusammengesetzte Bild meines Traumgefährten mir auf sehr prägnante Weise *enthüllte* (nicht verschleierte), was ich für meinen Analytiker bzw. Bruder empfand.

Einen anderen Entstellungs-Mechanismus, der in verschiedenen Formen auftreten kann, nannte Freud *Verschiebung*. Zum Beispiel kann eine Empfindung, die mit einer bestimmten Situation verbunden ist, auf eine andere Situation verschoben werden, um so die Aufmerksamkeit des Träumers vom eigentlichen Objekt seiner Gefühle abzulenken. Nach Meinung meines Analytikers hatte ich in meinem Schwebetraum die Angstgefühle über meine sexuellen Wünsche, die mir als »Fall« in die Sünde vorkommen mußten, auf die Leute in den Theaterrängen verschoben. Ich glaubte, sie würden »fallen«, weil das Theater baufällig war.

Freud führt einen Traum an, in dem die Verschiebung schließlich einer völligen Umkehrung gleichkam. Einer seiner Patienten berichtete ihm, er sei lachend aufgewacht, dann aber den ganzen Tag elend und deprimiert gewesen. Seine Assoziationen zu dem Traum brachten latente Gedanken an Impotenz und Tod zutage. Freud folgerte daraus, das Gelächter im Traum sei eine Umkehrung des Weinens und Schluchzens, nach dem dem Patienten eigentlich zumute gewesen war. Freud vertrat auch die Meinung, daß es eine völlige Gefühlsunterdrückung im Traum geben könne – zum Beispiel, wenn wir gleichgültig zusehen, wie einem geliebten Menschen etwas Schreckliches zustößt. Freud glaubte, daß sowohl Umkehrung als auch Unterdrückung von Gefühlen in einem Traum Tarnungsmechanismen seien, die den Träumer verwirren und eventuelle Deutungsversuche erschweren sollen.

In einem anderen meiner Träume glaubte mein Analytiker, diesen Umkehrungsmechanismus deutlich zu entdecken. In diesem Traum wurde ich von meiner Vorgesetzten wegen Unsorgfältigkeit kritisiert, obwohl im Wachleben kein Grund dafür bestand. Meine Assoziationen führten mich zu der Erkenntnis, daß *ich sie kritisierte,* weil sie mich nicht genug beachtete. Der Analytiker deutete an, daß sich dieser Traum in Wirklichkeit auf meine Mutter bezog, die mich, meiner Meinung nach, nicht gerade mit Liebe verwöhnt hatte.

Freud glaubte ferner, daß wir manchmal Besorgnisse über die Genitalregion auf andere, mehr oberhalb gelegene Körperorgane verschieben. Zum Beispiel könne ein Mann Kastrationsängste in Befürchtungen um seine Nase oder Ohren umwandeln, oder von einem Bart träumen, wenn seine Gedanken eigentlich um Schamhaar kreisen. Als ich einmal von einem Fisch träumte, der in mein Ohr schwamm, deutete mein Analytiker dies als Wunsch nach Geschlechtsverkehr, obwohl meine Assoziationen mich zu »Hamlet« führten. In diesem Schauspiel wird der König bekanntlich durch ins Ohr geträufeltes Gift getötet. Meine eigene Ansicht, daß ich mich durch die befremdlichen Interpretationen meines Analytikers, die mir ins Ohr geträufelt wurden, vergiftet fühlte, wurde nicht einmal einer Beachtung gewürdigt.

Freud sagt, die übliche Entstellungstechnik des Traums äußere sich so, daß das Ende eines Gedankengangs am Beginn und der Anfang am Ende des Traumes stehe. Und es lohne sich immer, bestimmte Elemente eines Traumes, die sich hartnäckig weigerten, ihre Bedeutung preiszugeben, in ihrem manifesten Gehalt umzudrehen. Angenommen, ich träume, mein Chef sei zu festlich angezogen, dann kann dies den Wunsch verbergen, ihn nackt zu sehen, und wenn ich träume, daß mein Vater zärtlich zu meiner Mutter ist, könnte das bedeuten, daß ich im Grunde wünsche, er möge sie zurückweisen.

Hier wird die ganze Verschiebungsangelegenheit, so wie Freud sie sah, schließlich absurd, denn auf diese Weise können wir einem Traum jede uns passende Bedeutung geben. Die Annahme, eine Sache könne sowohl etwas ganz Bestimmtes wie auch das genaue Gegenteil bedeuten, wäre in jedem anderen Wissenschaftsbereich undenkbar. Dennoch versuchen Psychoanalytiker auch heute noch, die Behauptung aufrechtzuerhalten, diese Lottophilosophie sei Wissenschaft. Zwar glaube ich, daß gewisse Arten von Verschiebungen in Träumen genauso vorkommen wie im Wachleben, doch bin ich ganz und gar nicht einverstanden mit Freuds Theorie, wonach Verschiebung im Traum eine schlaue Erfindung unseres schlafenden Hirns sei, um uns irrezuführen. Wir alle kennen den Mann, der nach einem zermürbenden Tag im Büro seinem Hund einen Fußtritt versetzt, und es gibt keinen Grund, warum eine solche Emotionsverschiebung nicht auch in einem Traum passieren könnte. Ähnlich verhält es sich, wenn meine kleine Tochter ihren Teddybär in Windeln wickelt, nachdem. sie aus Versehen ihr Höschen naßgemacht hat. Vermutlich ist das ein Versuch, die Befürchtung abzuwehren, ich könnte das gleiche mit ihr tun.

Mein Analytiker könnte also recht gehabt haben, als er meine Besorgnis über die Leute auf den baufälligen Rängen in meinem Schwebetraum einer Verschiebung zuschrieb, nur scheint es mir hier eine viel einfachere, vernünftigere Erklärung zu geben. Für mich repräsentierte das Theater das Sprechzimmer, in dem Gestalten aus meiner frühen Kindheit wiedererweckt wurden. Daß ich es als baufällig, ja sogar gefährlich ansah, verrät, daß mir die Analyse als eine riskante Angelegenheit erscheint, in der Kindheitsidole von ihren Podesten gestürzt und im unbarmherzigen Licht der Realität gesehen werden. Bei dieser Deutung hat die Ängstlichkeit ihren Platz genau dort, wo sie hingehört, und es besteht kein Grund, das Konzept der Verschiebung zu beschwören.

In ähnlicher Weise glaube ich, daß der Traum, in dem meine Vorgesetzte meine Arbeit kritisierte, genau das bedeutete, was er sagte – daß ich an krankhaften Unsicherheitsgefühlen über meine Fähigkeit leide, was dazu führt, daß ich alles, was ich tue, nicht gut genug finde. Daß meine Assoziationen mir kritische Gefühle ihr gegenüber zum Bewußtsein brachten, war nicht weiter verwunderlich, da ich mich wirklich von Zeit zu Zeit vernachlässigt fühlte. Ob dieses Gefühl gerechtfertigt war oder nicht, wäre Sache einer Analyse; auf jeden Fall hat es wohl kaum etwas mit Verschiebung zu tun.

Wenn Verschiebungen in Träumen vorkämen, sagte Freud, sei das Wachbewußtsein darüber oft verwirrt und versuche sich einen Reim darauf zu machen, indem es den Prozeß der sogenannten *sekundären Bearbeitung* durchführe. Jeder Träumer habe eine natürliche Neigung, in seinem Traum einen Sinn zu suchen. In meinem Schwebetraum zum Beispiel, so glaubte mein Analytiker, hätte ich die Besorgnis über meinen eigenen »Fall« auf die in den Rängen sitzende Leute übertragen, und mein Hirn hätte dies zu begründen versucht, indem es das Gebäude als alt und baufällig sah. Das ist ein gutes Beispiel dafür, was Freud meinte, als er schrieb, es liege in der Natur unserer Wachgedanken, Ordnung in Material dieser Art zu bringen, Beziehungen darin aufzustellen und es unseren Vorstellungen von einem verständlichen Ganzen anzupassen. Havelock Ellis, ein britischer Traumenthusiast und Zeitgenosse Freuds, schilderte den Prozeß der sekundären Bearbeitung anschaulicher: »Man könnte sich vorstellen, daß das Schlafbewußtsein etwa folgendes zu sich selber sagt: ›Hier kommt das Wachbewußtsein, unser Meister, der so großen Wert auf Vernunft und Logik und so weiter legt. Rasch! Suche alles zusammen und bring irgendeine Ordnung hinein, bevor er kommt und Besitz ergreift!‹« Bestimmt spielt die sekundäre Bearbeitung eine gewisse Rolle in Träumen, doch kann ich nicht einsehen, daß sie eine Tarnungsfunktion haben soll – ebensowenig wie Verdichtung und Verschiebung.

Die vierte und wichtigste Methode der Tarnung latenter Wünsche in Träumen aber ist nach Freud die *Symbolisierung,* ein Prozeß, bei dem ein Objekt oder eine Idee im manifesten Traum vertreten wird. Zum Beispiel ersetzte ich den Prozeß der Analyse durch ein mit Kindheitsfiguren angefülltes Theater und die erotischen Regungen, die ich als Kind empfunden hatte, durch Schweben. Außerdem wurde ein Analytiker/Bruder durch einen Hypnotiseur symbolisiert, obwohl in diesem Fall der Ersatz durch Verdichtung überlagert war. Freud schrieb, die Symbolisierung sei vielleicht das bemerkenswerteste Kapitel in der Traumtheorie. In der psychoanalytischen Literatur spielt sie eine große Rolle.

## Die Traumsymbolik, wie Freud sie sah

Freud betrachtete vergrabene infantile Sexualität als eine der wichtigsten Motivationen für Träume. Er befaßte sich deshalb in der Hauptsache mit der Fähigkeit des Hirns, Ersatzbilder für die Darstellung sexueller Organe und Betätigungen zu finden. Anhand der Assoziationen seiner Patienten gelangte er zu dem Schluß, daß fast jedes lange, spitze Objekt in Träumen einen Ersatz für den Penis bedeuten kann: Stöcke, Schirme, Pfosten, Türme, Bäume,

84

Bananen und vieles andere. Die gleiche Art phallischer Symbolik sah er bei Gegenständen, die eine Funktion des Eindringens haben: Dolche, Messer, Speere, Feuerwaffen, aber auch in Objekten, aus denen Wasser fließt: Brunnen, Gießkannen, Wasserhähne.

Er fand, daß die weiblichen Geschlechtsorgane oft durch runde Objekte und Gefäße wie Gruben, Höhlen, Töpfe, Kästen, Koffer, Taschen und so weiter, und auch durch Türen oder Pforten dargestellt würden, während Schränke, Zimmer und Öfen den Mutterleib symbolisierten. Träumen von vibrierender oder vergnüglicher Bewegung jeglicher Art – Reiten, Schaukeln auf einer Wippe, Emporsteigen auf einer Leiter oder Treppe, Fliegen und Schweben – verband sich nach seiner Ansicht mit erotischen Aktivitäten wie Masturbation oder Geschlechtsverkehr.

Weil die Assoziationen seiner Patienten so außerordentlich häufig von derartigen Traumobjekten und -aktivitäten zu unterschwelligen sexuellen Vorstellungen und Situationen zurückführten, folgerte Freud, diese Art des Sexualsymbolismus müsse praktisch universal sein. Das aber bedeutete, daß ein Analytiker die Bedeutung eines Traums erraten könne, bevor noch irgendwelche Assoziationen dazu gemacht worden wären. In seiner *Traumdeutung* räumte Freud ein, daß diese Schlußfolgerungen bei vielen Lesern Ungläubigkeit hervorrufen würden. Im Geiste hörte er seine Leser fragen: »Lebe ich wirklich in einem Dickicht von Sexualsymbolen? Sind denn alle Gegenstände um mich herum, alles was ich anziehe, alles was ich anfasse, nichts als Sexualsymbole?« Seine Antwort war die Aufforderung an seine Leser, sich einmal in Volksbräuchen, Sagen, Märchen (aber in ihrer Original-, nicht in der Kindergartenfassung) und in der Vulgärsprache umzusehen, wo sie eine Fülle von Beispielen ziemlich offenherziger Sex-Symbolik finden würden. So würde in der Vulgärsprache der Penis zum Beispiel als Piephahn, Hammer, Flinte und so weiter bezeichnet, der die Frau vögelt, bumst und dergleichen, und eine schwangere Frau hat »ein Brot im Ofen«. Deshalb, so sagte Freud, brauchten wir uns nicht zu wundern, wenn solche Symbole, die zum Teil so alt seien wie die Sprache selbst, in Träumen auftauchten und immer wieder neue dazukämen. Das gebräuchlichste moderne Symbol für den Geschlechtstrieb oder den Penis ist heute das Auto oder das Flugzeug. Früher war es das Pferd.

Freud fand, daß auch andere Symbole immer wieder in Träumen auftauchen, Könige oder Königinnen zum Beispiel führten auf die

Eltern zurück, Prinzen und Prinzessinnen auf die Geschwister und Polizisten auf Autoritätsfiguren oder Tabus aus der Kindheit. Auch gab es ganze Situationen, die sich so häufig wiederholten, daß Freud zu dem Schluß kam, gewisse Traumthemen seien »typisch« und hätten daher stets die gleiche Bedeutung, wann immer sie vorkämen. So haben die meisten von uns schon einmal geträumt, sie befänden sich nackt in der Öffentlichkeit. Für Freud bedeutete das den Wunsch, die Kindheitserfahrung ungenierter Nacktheit wieder zu erleben, die Freiheit des Paradieses vor dem Sündenfall. Träume vom Tod eines geliebten Menschen deutete er als den versteckten Kindheitswunsch nach Beseitigung eines Rivalen, und Träume von verpaßten Zügen waren für ihn »Tröstungs«-Träume: da der abfahrende Zug ein Todessymbol ist, tröstet sich der Träumer mit der Versicherung, daß er nicht sterben werde. Träume von ausgefallenen Zähnen bedeuten Kastrationsängste, behauptete Freud, Schwimmen und Wasserträume sind Phantasien von Empfängnis, Mutterleib und Geburt – den Zeiten größter Geborgenheit. Träume von Räubern, Dieben und Gespenstern sind infantile Erinnerungen an Eltern, die an das Bett des schlafenden Kindes traten. Der Räuber steht dabei für den Vater, das Gespenst für weibliche Figuren in weißen Nachtgewändern.

Trotzdem aber betonte Freud immer wieder, daß die Assoziationen des Patienten zu seinem eigenen Traum für die endgültige Deutung unbedingt erforderlich seien. Nicht allein deshalb, weil die Assoziationen zur Entdeckung sehr viel persönlicherer Symbole führen könnten, sondern auch, weil selbst universelle Symbole und Themen verschiedene spezifische Bedeutung für den einzelnen Träumer haben könnten. So brauchte mein Analytiker zum Beispiel meine spezifischen Assoziationen und Erinnerungen, um bis zu dem Springspiel mit meinem Bruder zurückgehen zu können.

Ein anderer meiner Träume zeigt sehr schön diesen Symbolisierungsprozeß: Ich wartete am rückwärtigen Eingang des Buckingham-Palasts auf die Rückkehr der Königin. In dem Traum war ich mit wachsender Aufregung erfüllt, bis ich es kaum noch ertragen konnte, und als der Wecker mich mitten drin weckte, fühlte ich mich nach all der Spannung schrecklich enttäuscht und betrogen. Nun habe ich im Wachleben noch nie auch nur den geringsten Sinn für den mit der Monarchie verbundenen Glanz gehabt, nicht einmal als Kind, und in meinem Berufsalltag habe ich mich völlig an den Anblick des Wagens der Königin gewöhnt, da sie in meiner Nachbarschaft wohnt. So schien mir die Vermutung durchaus gerechtfertigt, daß die Queen in meinem Traum einen Ersatz für jemand anders darstellte. Da ich Freud gelesen hatte, lag der Gedanke nahe, daß das meine Mutter sei. Doch damit war noch nicht die Aufregung erklärt, die ich im Traum empfunden hatte, obwohl gemäß Freud zu erraten war, daß der Wagen – ein wohlbekanntes Sexsymbol in der psychoanalytischen Literatur – einen weiteren Hinweis auf eine infantile sexuelle Erfahrung bedeutete, die in diesem Fall mit meiner Mutter zusammenhing. Die Erklärung ergab sich aus meinen Assoziationen zu dem Umstand, daß der Wagen der Königin sich dem Hintereingang des Palasts genährt hatte. Die schwarze Motorhaube erinnerte mich an die schwarze Tülle der Klistierspritze, die meine Mutter mir zu verabfolgen pflegte, obwohl das medizinisch gar nicht notwendig gewesen wäre. Offenbar bezog sich meine Aufregung also nicht auf die Ankunft des königlichen Wagens, sondern auf die in meinen »Hintereingang« eindringende Klistierspritze. Bewußt hatte ich diesem Vorgang als Kind mit größtem Unbehagen entgegengesehen, aber der Traum verriet, daß er mich in Wirklichkeit außerordentlich erregt hatte, bis ich es kaum noch ertragen konnte. Gemäß Freud entlarvte der Traum also eine tiefverwurzelnde Gefühlsverwirrung über meine Mutter. Heute bin ich nicht mehr erstaunt über spätere Träume, in denen ich von Mutter, die einen Penis (das Klistier) besaß, sexuell attackiert wurde, und akzeptiere die Ansicht meines Analytikers, daß ein sexueller Höhepunkt bei mir irgendwie mit einem Gefühl der Darmentleerung verbunden sei.

Das einzige, worin ich mit meinem Analytiker nicht übereinstimmte, war sein hartnäckiges Beharren darauf, daß der Traum eine *Tarnung* für die Kindheitserinnerung gewesen sei; ich betrachte ihn im Gegenteil als eine interessante Offenbarung der komplizierten assoziativen Prozesse im Hirn. Ich hatte nicht die geringsten Schwierigkeiten, die Freudsche Interpretation ganz allein auszuarbeiten, und mein Analytiker brauchte mir bei der Überwindung irgendwelcher innerer Widerstände keinerlei Hilfestellung zu leisten. Tatsächlich war mir der ganze Traum bereits klar, bevor ich mich überhaupt beim Analytiker einfand. Deshalb konnte ich auch nicht einsehen, daß mein schlafendes Hirn durch die unverblümte Darstellung eines Kindheitserlebnisses wachgeschockt worden wäre.

Wie ich bereits erwähnte, habe ich später Träume gehabt, in denen mein Bruder sich mir ganz offen sexuell von hinten näherte (vermutlich besteht auch hier ein Zusammenhang mit dem ursprünglichen Klistiererlebnis), also völlig »ungetarnte« Träume, durch die ich bestimmt seelenruhig weitergeschlafen haben würde, wenn mein Wecker mich nicht mitten drin geweckt hätte. Da mein Wachbewußtsein durch solche Perversionen absolut nicht schockiert wird, sehe ich keinen Grund, warum mein schlafendes Hirn sich bemühen sollte, die wahre Bedeutung des Traums vor mir zu verbergen.

Diese Meinungsverschiedenheit, die bei der Interpretation des Traums von der Queen ziemlich belanglos war, erhielt bei anderen Gelegenheiten ein um so größeres Gewicht. Immer wieder erlebte ich, daß mir »Freudsche« Interpretationen aufgenötigt wurden, obwohl meine eigenen Assoziationen nicht im geringsten auf sexuelle Wünsche hindeuteten, die meinem Analytiker oder Figuren aus meiner Kindheit galten. Inzwischen habe ich festgestellt, daß Patienten, die sich einer Freudschen Analyse unterziehen, sehr oft diese Erfahrung machen. Ich glaube, das ist weniger auf die Unzulänglichkeiten der jeweiligen Analytiker zurückzuführen als auf den unwissenschaftlichen Charakter der »Tarnungs«-Theorie selbst, die einfach zu an den Haaren herbeigezogenen Interpretationen verleitet. Daher gehen heute schon viele Analytiker sehr vorsichtig mit den orthodoxen Freudschen Anschauungen um oder haben sich auch von ihnen gelöst.

*Vergewaltigung durch Interpretation*

In mancher Hinsicht war Freud selber kein orthodoxer Freudianer, und Kritiker haben darauf hingewiesen, daß die Berichte, die er in seinen Schriften von seinen eigenen Träumen und von Träumen seiner Patienten gibt, selten bis auf infantile sexuelle Erlebnisse zurückgehen. Viele von ihnen hören bei einem unbewußten Wunsch im Erwachsenenstadium auf, und obwohl Freud dies in einigen Fällen der Diskretion zuschrieb, räumte er doch ein, daß Interpretationen aus verschiedener Sicht möglich seien. Träume könnten häufig mehr als nur eine Bedeutung haben, schrieb er, denn sie enthielten nicht nur mehrere Wunscherfüllungen nebeneinander, sondern es könnte auch eine Folge von Bedeutungen oder Wunscherfüllungen übereinander gelagert sein, wobei zuunterst die Erfüllung eines Wunsches aus der frühesten Kindheit läge.

Freud bestand jedoch darauf, daß Träume immer bis zu einem *objektiven* Vorgang im Leben des Träumers zurückinterpretiert werden müßten, obgleich er nicht ausschloß, daß dieses objektive Ereignis ebensogut in der Phantasie wie in der Wirklichkeit habe stattfinden können. (Zum Beispiel war die sexuelle Attacke meiner Mutter auf mich ein Phantasiegespinst, das Klistiererlebnis aber Wirklichkeit.) Wenn irgend möglich, versuchte er, seine Patienten dazu zu bewegen, durch Assoziationen selber die Zusammenhänge mit der objektiven Basis ihrer Träume herauszufinden. Falls das nicht klappte, war er immer noch fest davon überzeugt, daß irgendwo in den Tiefen des Bewußtseins die Erinnerung vergraben sei und zutage gefördert werden könne, wenn es nur gelänge, die Tarnung zu durchschauen. Sein Glaube, daß ein Traum Verdichtung, Verschiebung, Symbolisierung und sekundäre Bearbeitung bemühe, um seine wahre Bedeutung zu verschleiern, ermöglichte es ihm, an dieser Überzeugung festzuhalten, ganz gleich, wie unwahrscheinlich die Deutung oder wie unüberzeugt der Patient war. Er behauptete sogar, daß Versuche, den manifesten Traumgehalt zu deuten, völlig verfehlt seien.

Die Folge war, daß Freudsche Traumdeutung in die gleiche Kategorie wie die Astrologie geriet, bei der jedes Horoskop mit den Tatsachen in Übereinstimmung gebracht werden kann; sollte es einmal ganz offensichtlich nicht stimmen, dann liegt sein Wahrheitsgehalt eben auf einer tieferen, verborgenen Ebene, die Uneingeweihte nicht zu erkennen vermögen. Ergibt ein Horoskop zum Beispiel, jemand sei verschlossen, wird es als korrekt gepriesen, sofern der Betreffende wirklich ein verschlossener Mensch ist; ist er das aber ganz und gar nicht, dann heißt es, das Horoskop habe etwas von seiner tiefinnersten Natur verraten, was weder ihm selbst noch sonst jemand bisher aufgefallen war.

Genauso verhält es sich mit der Freudschen Interpretation. Kommt sie beim Patienten an, wird sie als unfehlbar korrekt bezeichnet. Tut sie das nicht, so verschließt sich der Patient eben der Wahrheit, und die Tarnung des Traums ist ganz besonders gut gelungen. Wie wir bereits gesehen haben, ist der Verschiebungsmechanismus für den Analytiker besonders nützlich. Er kann einen Traum deuten als das, was er ist – aber auch genau als das Gegenteil!

Diese Erkenntnis war es, die einige von Freuds ergebensten Schülern in der Anfangszeit der Psychoanalyse bewogen hat, von den Traumdeutungsmethoden ihres Meisters abzuweichen. Der bedeutendste von ihnen war der Schweizer Psychiater C. G. Jung*, der, lange bevor die moderne Traumforschung einsetzte, die Meinung vertrat, daß es absurd sei, alle Träume auf Wünsche zurückzuführen zu wollen.

Dieses Bemühen, die Ursache aller Träume in infantilen Wünschen und Konflikten zu suchen, war in Jungs Augen nicht nur ein höchst unwissenschaftliches, sondern auch ein gefährliches Verfahren, weil es die Integrität des Patienten verletzen kann. Außerdem könnte es sowohl den Analytiker als auch den Patienten daran hindern, zu sehen, daß manche Träume mehrere ganz verschiedene Beziehungen haben können. Eine der von Jung vorgeschlagenen Methoden besteht darin, Traumelemente und -gestalten mehr als Aspekte der Persönlichkeit des Träumers zu betrachten und weniger als Erinnerungen an tatsächliche Begebenheiten.

Im Verlauf meiner eigenen Analyse habe ich häufig die Erfahrung gemacht, daß meine Traumassoziationen sehr viel öfter zu dieser *subjektiven* Art der Interpretation führten als zu der objektiven Freudschen, der sich mein Analytiker verschrieben hatte. Ich werde später noch eine Anzahl solcher Fälle beschreiben; hier will ich zur Illustrierung nur zwei besonders anschauliche Beispiele anführen.

Den ersten dieser Träume hatte ich kurz nach meiner Verheiratung. Ich sah mich darin in einer langen Prozession schwangerer Frauen auf die Geburt eines Babys warten, die nach freimaurerischem Ritual vor sich gehen sollte. Die Frauen bestiegen eine nach der anderen einen Geburtsstuhl und wurden durch weißgekleidete Logenbrüder von ihrem Baby entbunden. (Zu dieser Zeit gehörten mein erster Mann und ich einer Freimaurerloge an.) Das Mädchen, das vor mir an der Reihe war, hatte eine besonders schwere Geburt. Trotz meiner Besorgnis kam ich selbst ohne Schwierigkeiten nieder. Bevor ich das Baby, ein Mädchen, dem Ehrwürdigen Meister über-

---

* Wenn ich hier Jung hervorhebe, möchte ich keinesfalls andere bedeutende »Häretiker« der frühen psychoanalytischen Schule übergehen, wie zum Beispiel Alfred Adler, Wilhelm Stekel, Otto Rank und weitere, die über Therapie im allgemeinen und Träume im besonderen neue Ideen entwickelt haben. Nur hat Jung meiner Ansicht nach gerade über das Gebiet der Träume besonders wichtige Erkenntnisse gehabt. Ich habe indessen nicht die Absicht, in diesem Buch die zahllosen verschiedenen Traumtheorien berühmter Leute zu beschreiben und zu vergleichen, sondern die Ideen aufzugreifen, die ich für eine einfache Do-it-yourself-Traumdeutung für zweckdienlich halte.

gab, tastete ich seinen Kopf nach einer kleinen Beule ab, die vorhanden sein mußte, das wußte ich. Als ich sie gefunden hatte, wachte ich mit einem Gefühl großer Erleichterung und Beglückung auf.

Ich interpretierte den Traum als eine »Eröffnung« (in manchen religiösen Kreisen eine Art Initiation in das spirituelle Leben), aus der ein neues Leben entsprungen war. Das Baby war ein »wiedergeborener« Teil meiner selbst, den ich Gott weihte. (Im Freimaurer-Ritual symbolisiert der Ehrwürdige Meister einen Aspekt Gottes.) Die Beule auf seinem Köpfchen erinnerte mich an den Chakra auf dem Kopf Buddhas, ein weiteres sehr bedeutungsvolles religiöses Symbol, welches das kosmische Bewußtsein repräsentiert. Ich hatte das Gefühl, daß der Traum etwas mit der spirituellen Bedeutung meiner neuen Lebensphase, der Ehe, zu tun hatte, obwohl ich in der Wirklichkeit jede Art äußere Feier, wie etwa eine kirchliche Trauung, abgelehnt hatte. Der Traum zeigte mir, daß ich unser neues gemeinsames Leben als eine sehr bedeutsame Form religiöser Hingabe sah – nicht im üblichen Sinne der Gründung einer glücklichen kleinen Familie, sondern im weiter gefaßten Sinne emotionaler und intellektueller Reife. Tatsächlich hatten mein Mann und ich zu der Zeit gerade ein Studium begonnen, das mehrere Jahre dauern sollte, uns aber später ermöglichen würde, gemeinsam zu arbeiten. Der Traum schien mir sagen zu wollen, daß dieses ganze neue Unternehmen eine Art Wiedergeburt für mich bedeute, oder die Geburt irgendeines unerfüllten Aspekts meiner Persönlichkeit.

Man kann sich daher meine Überraschung vorstellen, als mein Analytiker erklärte, das Traummotiv sei der Wunsch nach einer schmerzlosen Geburt, und ich hätte meine Furcht vor Schmerzen auf das Mädchen vor mir in der Reihe verschoben. Die Beule auf dem Kopf des Babys hingegen sei durch meinen Wunsch nach einem Penis motiviert (Verschiebung von unten nach oben), und der Ehrwürdige Meister sei die Kinderfrau, der ich das Kind nach der Geburt überlassen würde. (Er lehnte Kinderfrauen aufs entschiedenste ab; eine »richtige Frau« würde ihre Kinder selber großziehen!) Mein Glücksgefühl beim Aufwachen, so sagte er, bedeute die Umkehrung der Furcht und Besorgnis, die ich bei der Aussicht, ein Kind zu bekommen, empfände.

Meiner Meinung nach waren sowohl mein Traum als auch meine Psyche, die ihn hervorgebracht hatte, durch diese Interpretation vergewaltigt worden. Ich hatte das Gefühl, daß mein Analytiker mir überhaupt nicht zugehört, sondern den ganzen Traum nach irgendwelchen vorgefaßten Meinungen über Frauen und Freudsche Traumtheorie gedeutet hatte. Der religiöse Aspekt des Traumes wurde vollkommen ignoriert und mein Gefühl der Freude darüber, eine Erfüllung erreicht zu haben, zu einer Banalität reduziert. Selbstverständlich hätte ich eine schmerzlose Geburt einer schwierigen vorgezogen (wer würde das nicht?), und ich hätte auch eine Kinderfrau engagiert, aber diese sinnlose objektive Interpretation sagte mir gar nichts.

Einige Jahre später hatte ich einen anderen bedeutungsvollen Traum, der auf gewisse Weise mit dem ersten zusammenzuhängen schien und der ebenfalls einer subjektiven Interpretation bedurfte. Ich war darin ein Mann, der gemeinsam mit seiner Geliebten, einer Frau mit harten Augen, deren Ehemann umgebracht hatte. Sie saß neben dem Sarg in einer Untergrundstation, umgeben von Soldaten in blauen Uniformen, die der weinenden Witwe Beileidsworte zumurmelten. Plötzlich verschwand sie, die Soldaten klappten den Deckel hoch und schauten in den Sarg. Während ich entsetzt davonlief, hörte ich sie sagen: »Dieses Biest!«, und in größter Erregung wachte ich auf mit dem Schrei: »In einer Frauenwelt würde ich mich umbringen!«

Auch das war ein sehr lebendiger und erschütternder Traum, und ich hatte das Gefühl, alle Figuren darin seien Aspekte meiner eigenen Persönlichkeit; die harte, kalte weibliche Seite, die gemeinsam mit der schwachen, schwankenden männlichen Seite »mein wahres Ich« umbrachte, dessen Reste nun in dem Sarg lagen. Die Soldaten, die wie Typen aus der Französischen Revolution aussahen, verkörperten den »revolutionären« Aspekt meines Charakters, der über diesen Mord außer sich war. Der Grund, warum ich diesen Traum subjektiv interpretierte, war einfach: Mein Mann, inzwischen in seinem Beruf erfolgreich etabliert, drohte, mich zu verlassen, falls ich meine eigene Arbeit nicht aufgäbe, um nur für ihn und den Haushalt da zu sein. Nach all den langen Jahren des Studiums kam mir das wie die Zerstörung eines Teils meiner selbst vor, aber eine Trennung wollte ich auch nicht. Ich grübelte also darüber nach, ob ich seinen Wunsch erfüllen könnte, ohne mir selbst allzuviel Schaden zuzufügen. Der Traum sagte mir ganz deutlich, daß ich das nicht könnte, daß das Ergebnis Mord und Totschlag sein würde, daß es besser für uns wäre, auseinanderzugehen.

Ich brauchte wohl nicht zu sagen, daß mein Analytiker nichts von diesem subjektiven Unsinn hören wollte, den er als eine Flucht vor viel wichtigeren Dingen bezeichnete. Er bestand darauf, daß der Traum auf eine Abtreibung zurückginge, die ich ziemlich früh in meiner Ehe gehabt hatte, obwohl weder in meinen Assoziationen noch in meiner gegenwärtigen Lebenssituation auch nur das Geringste auf dieses halbvergessene Ereignis zurückdeutete. Er behauptete, daß ich die Abtreibung als Mord empfunden hätte, obwohl ich weder damals noch jetzt irgendwelche Schuldgefühle deswegen hatte. Ich habe den Verdacht, daß *er* eine Abtreibung als Mord ansah und nicht ich.

Wenn ich heute auf die beiden Träume und die Behandlung, die sie erfuhren, zurückblicke, ärgere ich mich, daß ich mich durch Deutungen, die lediglich meinen Analytiker befriedigten, von meinen eigenen Gedankengängen hatte abbringen lassen. Die Träume spiegelten deutlich eine Situation wider, in welcher der während meiner ersten Ehejahre entstandene und entwickelte Teil meiner Persönlichkeit in Gefahr war, gemordet zu werden. Hätte ich die Botschaft beachtet, so wäre der Bruch meiner Ehe schon damals erfolgt und ich hätte mir zwei weitere Jahre der Quälerei und Selbstzerfleischung erspart.

Diese Art der »Vergewaltigung durch Interpretation« brachte einige Kritiker der Psychoanalyse dazu, deren Praktiker als »Traumtöter« zu bezeichnen, und in den letzten Jahren haben sich viele Psychoanalytiker selbst dieser Kritik angeschlossen. So schreiben Thomas French und Erika Fromm in ihrem Buch *Dream Interpretation* (Traumdeutung):

> »Jeder von uns hat seine charakteristischen Klischees und Voreingenommenheiten. Diese sind gewöhnlich eng verbunden mit den von uns akzeptierten Theorien. Um ihnen entgegenzuwirken, raten wir dem Analytiker, während seiner Interpretation seine eigenen Theorien zu vergessen. Er sollte seine Aufmerksamkeit vielmehr darauf konzentrieren, das, was in seinem Patienten vor sich geht, auf einfühlsame Weise nachzuempfinden.«

Dr. Walter Bonime erzählt in seinem Buch *The Clinical Use of Dreams* (Die klinische Nutzung von Träumen) eine Geschichte, die meinen Erfahrungen sehr ähnlich ist. Eine seiner Patientinnen berichtete ihm, wie ihr vorheriger Analytiker mit einem sehr bedeutsamen Traum kurzen Prozeß gemacht hatte – mit verheerenden Folgen. Im Traum sah sie sich einen langen Korridor mit mehreren geschlossenen Türen zu beiden Seiten entlangwandern. Während sie im Dämmerlicht auf dem abgewetzten Teppich den Gang hinunterging, hörte sie hinter den Türen Gelächter und fröhliches Geschwätz und fühlte sich verzweifelt einsam und ausgeschlossen. Ihr Freudscher Analytiker deutete den langen Korridor als ihre Vagina und erklärte, daß sie sich in ihrem Geschlechtsleben vernachlässigt fühle.

Bonime gibt die Reaktion der Patientin auf diese Deutung wörtlich wieder:

»Seine Interpretation war ein Schock für mich. Sie fand in mir nicht das geringste Echo. Gar nichts daran leuchtete mir ein, und ich empfand nicht die Spur der vertrauten Aufregung, die sonst in mir aufstieg, wenn eine Deutung mich überzeugte und mir etwas gab. Statt dessen war ich nur schockiert und traurig; ich fühlte, daß etwas in der Deutung fehlte, daß an dem Traum mehr dran war und daß sein Wert mir irgendwie verlorenging.«

Der Traum lag bereits neun Jahre zurück, als sie Bonime davon berichtete, und sie fügte hinzu:

»Immer noch sehe ich den Korridor mit den vielen geschlossenen Türen deutlich vor mir. Heute bin ich überzeugt, daß mir der Traum zeigte, wie ich damals über mein Leben dachte. Ich hatte das Gefühl, alle Türen seien für mich verschlossen und mein ganzes weiteres Leben würde eine lange, trübe und freudlose Reise sein . . . Hätte ich den Traum verstanden und bewußt erkannt, wie hoffnungslos ich mich in meiner Ehe fühlte, so würde ich gleich damals Schritte unternommen haben, mich zu befreien, statt fünf weitere lange, qualvolle Jahre auszuharren.«

Bonime gehört zu der wachsenden Zahl von Analytikern, die Freuds dogmatische Traumdeutungsmethode ablehnen; sie sehen den Traum als ein existentielles Geschehen, das für sich selbst spricht, und nicht als eine aufwendig getarnte Geheimbotschaft, die erst entziffert werden muß. Vieles in Bonimes Auffassung geht auf Jung zurück (dem er sich verpflichtet fühlt), der sich in der Anfangszeit der Psychoanalyse von Freud loslöste, um flexiblere therapeutische Verfahren, vor allem bei der Traumdeutung, zu entwickeln. Als erfahrenem Psychiater war Jung nicht entgangen, daß Träume bisweilen unangenehme Fakten ans Licht bringen, die der Träumer nicht wahrhaben will. Er machte es sich aber zum Prinzip, niemals auf einer Deutung zu bestehen, die beim Patienten auf Ablehnung stieß. Auch dann nicht, wenn er selbst von ihrer Richtigkeit überzeugt war. Solange der Patient selbst nicht mit der Deutung einverstanden sei, wäre das zwecklos. Mir scheint, daß die moderne Traumforschung mit ihrer Erkenntnis der Vieldeutigkeit der Träume Jungs Vorsicht in diesem Punkte voll und ganz bestätigt.

## Jungs Methode der Traumdeutung

Während Freuds Theorie, alle Träume seien auf Wunscherfüllungen zurückzuführen, das Thema übersimplifiziere, behauptete Jung, sei seine »Entstellungs-Theorie« geradezu an den Haaren herbeigezogen. Jung stellte Freud eine andere jüdische Autorität gegenüber, den Talmud, in dem es heißt, daß »der Traum seine eigene Deutung« sei. Er selbst, erklärte Jung, nehme den Traum so, wie er sei, als ein natürliches Ereignis und nicht als eine listige Erfindung, die uns irreführen wolle. Die gleiche Ansicht drückte einer von Jungs Anhängern, Dr. H. G. Baynes, sehr hübsch aus, als er Freuds Argument über die Entstellungsfunktion von Träumen mit einem englischen Touristen in Paris verglich, der behauptete, die Pariser hätten Kauderwelsch geredet, nur um ihn zum Narren zu halten.

Jung konzentrierte sich infolgedessen auf den manifesten Trauminhalt und das, was dieser ihm verriet – nicht, was er ihm vielleicht verbarg. Manchmal könne der Traum einen verborgenen Konflikt oder ein Problem zum Ausdruck bringen. Viele Male aber zeige er einen Weg in die Zukunft und decke bisher nicht erkannte Möglichkeiten im Leben oder in der psychologischen Entwicklung auf. Der seltsame, symbolische Charakter der Träume, so glaubte Jung, sei einfach die natürliche Bildersprache des Hirns, wenn es sich außerhalb der enggezogenen Grenzen rationalen Denkens ausdrücke. Zwar akzeptierte er Freuds generelles Vorgehen bei der Deutung dieser symbolischen Sprache, doch war er gar nicht einverstanden mit Freuds Beharrlichkeit, diese Symbolik auf infantile sexuelle Erfahrung zurückzuführen. So könne zum Beispiel die Schlange in manchen Träumen wohl ein phallisches Symbol sein, in anderen aber Heilkraft, Weisheit oder das Böse schlechthin bedeuten, wie in der griechischen, orientalischen oder christlichen Mythologie. Wenn das Wachbewußtsein solche Symbole benutzt, warum sollte das Traumbewußtsein es dann nicht tun? Ebenso könne das Zeichen des Kreises, das in der östlichen Mythologie oft Ganzheit und Ausgeglichenheit symbolisiert (das Mandala), in Träumen eine Integration der Persönlichkeit bedeuten und müsse ganz und gar nichts mit den weiblichen Fortpflanzungsorganen zu tun haben.

Jung war der Auffassung, Träume sollten so gedeutet werden, wie es am nützlichsten für den Träumer sei. Wenn man von einer Person träume, die man gut kenne, lasse sie sich sehr wohl mit der gleichen Person im wirklichen Leben identifizieren. Wenn man also von seinem Vater, seiner Mutter oder einem nahen Freund träume, dann beziehe sich der Traum höchstwahrscheinlich direkt auf diese Personen und behandle eine wichtige Beziehung zwischen dem Träumer und ihnen. Historische, erdachte und mythische Figuren hingegen interpretiert man wahrscheinlich besser als Teilaspekte der eigenen Persönlichkeit. Für Jung gab es keine sogenannte »korrekte« Interpretation; ein Traum war erfolgreich gedeutet, wenn der Träumer mit der Deutung etwas anfangen konnte.

In einem Punkt jedoch war Jung dogmatisch. Er bestand darauf, daß sich jeder Traum in erster Linie auf eine *gegenwärtige* Situation im Leben des Träumers beziehen müsse und nicht auf längst vergangene infantile Wünsche oder Phantasien, wie Freud glaubte. Jung nahm damit die Erkenntnisse moderner Traumforschung vorweg, die zeigen, daß der vorherrschende Bestimmungsfaktor für Traumgehalte die gegenwärtige Situation des Träumers ist. Dabei *könne* es sich sehr wohl um infantile Wünsche handeln, die eben zu dieser bestimmten Zeit im Leben des Träumers an die Oberfläche drängen. Dann würden sie in einem Traum reflektiert. Andererseits könne der Traum gegenwärtige unbewußte Vorurteile, Unschlüssigkeiten und Konflikte erhellen. Im 4. Kapitel zum Beispiel habe ich einen Traum beschrieben, in dem sich eine meiner Versuchspersonen mit einem Tier schwanger glaubte und in eine Klinik ging, um eine Abtreibung zu erreichen. Obwohl dieser Traum natürlich einen unterdrückten infantilen Wunsch nach

Sodomie ausgedrückt haben könnte, scheint mir eine Erklärung nach Jungschen Richtlinien doch einleuchtender zu sein. Zur Zeit ihres Traums war dieses außerordentlich liberal eingestellte Mädchen mit einem Neger-Studenten befreundet und unschlüssig, ob sie mit ihm schlafen sollte oder nicht. Ihr Traum zeigte deutlich, daß sie Angst hatte, durch dieses »Tier« schwanger zu werden, was unbewußte rassistische Vorurteile in ihr aufdeckte, die ihrem emanzipierten Verstand höchst widerwärtig waren.

In anderen Fällen, so sagte Jung, könne der Traum als ein Kompensationsmechanismus fungieren, der einseitige Gefühle über eine Person oder ein Geschehen ausgleiche. In seiner Autobiographie *Erinnerungen, Träume, Gedanken* beschreibt Jung eine eigene kompensatorische Traum-Erfahrung. Zu jener Zeit war er ein überzeugter Schüler Freuds, den er sehr bewunderte und hochschätzte. Zu seiner Überraschung hatte er dann plötzlich einen Traum, in dem er Freud als einen grämlichen Beamten der österreichischen Monarchie, als ein schon lange überholtes, aber immer noch umherwandelndes Gespenst eines Zollinspektors sah. Jung deutete diesen Traum als ein Korrektiv, eine Kompensation oder ein Gegenmittel für seine bewußte hohe Meinung von Freud. Etwas in seinem tiefsten Innern wußte, daß er den Meister mit mehr Vorsicht und Skepsis betrachten müsse.

Jung sagte, der Traum stelle eine Art inneren Gleichgewichts zwischen bewußter und unbewußter Einstellung her. Wenn immer wir uns mit einem obskuren Traum auseinanderzusetzen hätten, sollten wir fragen: »Welche bewußte Einstellung kompensiert dieser Traum?« In meinem eigenen Fall erinnere ich mich lebhaft an einen Wiederholungstraum des Geköpftwerdens, den ich zu einer Zeit träumte, als ich meinen Intellekt auf Kosten meines Gefühlslebens entwickelte. Als meine Einstellung zum Leben ausgeglichener wurde, hörten diese Träume auf.

Jung war überzeugt, daß Träume in jedem von uns unvermutete Kraftquellen und unbewußte Weisheit enthüllen. Auch Freud scheint diese Möglichkeit in einigen seiner Schriften angedeutet zu haben; dennoch tendiert die Freudsche Analyse in der Hauptsache dazu, das Unbewußte fast völlig als eine Sphäre infantiler Impulse und Instinkte zu behandeln und die Last der Verantwortung für psychische Heilung und »Integration« gänzlich dem rationalen Bewußtsein aufzuerlegen. Jung gelangte zu der Überzeugung, daß der menschliche Organismus eine natürliche Neigung zu psychischer

Gesundheit besitze, vergleichbar mit der natürlichen Fähigkeit des Körpers, Wunden abheilen zu lassen oder sich von Krankheiten zu erholen. Träume, stellte er häufig fest, schienen diesen Drang nach Gesundheit und Reife zu reflektieren und so das Wachbewußtsein darin zu unterstützen.

Diese Überzeugung war es auch, die Jung dazu führte, bei seiner Suche nach den bedeutsamsten Symbolen menschlichen Geistes – den Mythen und Legenden der Weltreligionen – besondere Aufmerksamkeit zu schenken. Während Freud Mythen und Träume über Gottheiten als reine Reflexionen frühkindlicher Erfahrungen mit den Eltern behandelt hatte, sah Jung sie als Ausdruck menschlichen Bewußtwerdens des inneren Triebes nach Selbstverwirklichung. Besonders beeindruckte ihn, wie viele seiner Patienten ohne bewußte religiöse Überzeugungen und mit nur geringer religiöser Erziehung Träume von untergehenden und wiederauferstehenden Göttern, von Kämpfen zwischen Engeln und Teufeln, göttlichen, drachenbesiegenden Helden und so weiter produzierten. Derartige große universale Themen nannte er »Archetypen«, die enthüllten, daß in jedem menschlichen Wesen eine Bewußtseinsschicht existiere, die der ganzen menschlichen Rasse gemeinsam sein müsse. Er nannte sie das »kollektive Unbewußte«, dessen archetypischen Themen und Bildern jedes Individuum seinen eigenen besonderen Stempel aufdrücke. Wenn ein Patient keinerlei persönliche Assoziationen zu einem Traumthema oder -bild finden konnte, schlug Jung eine Deutung mit Hilfe der Archetypen vor.

Das Gott-Bild nannte Jung den »Archetypus des Selbst«, die Möglichkeit zur Ganzheit in jedem Individuum. Den Einfluß eines anderen archetypischen Bildes glaubte Jung in Traumthemen von dem »dunklen Doppelgänger« oder persönlichen Teufel zu entdecken, der in zahllosen Sagen und Legenden den Helden verfolgt und versucht, ihn zu Fall zu bringen oder ihn zu zerstören. Er nannte ihn den »Schatten«-Komplex und sah ihn als Symbol für die dunklen, unterdrückten Seiten der Persönlichkeit, die in jedem Menschen ständig nach Anerkennung und Ausdruck drängen, wenn auch ihr spezifischer Charakter bei jedermann verschieden ist. Eine meiner Versuchspersonen, eine äußerst respektable, ziemlich verkrampfte junge Frau, erzählte einen Wiederholungstraum, in dem ein wildes Zigeunermädchen sie unablässig verfolgte und der Anlaß war, daß sie in Abgründe oder Flüsse fiel. Da sie keine persönlichen Assoziationen zu dieser Traumfigur finden konnte, vermutete ich, daß sie ihren »Schatten« repräsentierte, die unterdrückte wildere, sexuelle Seite ihres Wesens, die ständig ihren »Fall« herbeizuführen suchte. Jung glaubte, daß Ganzheit nicht durch die Flucht vor dem Schatten erreicht werden könne (was unmöglich ist), sondern durch Integrierung dieses unterdrückten Teils der Persönlichkeit in einen weniger verkrampften Lebensstil.

Im Traum meiner Versuchsperson hatte die Schattenfigur rein personalen Charakter und ließ viel eher an Geschichten wie *Dr. Jekyll und Mr. Hyde* als an alte Mythen denken. Ein weit auffallenderes und »archetypischeres« Beispiel fand sich in meinen eigenen Träumen während meiner zweiten Schwangerschaft, als ich mich Nacht für Nacht von wilden Katzen, Hunden und Wölfen verfolgt sah. Manchmal versuchte ich einfach, vor ihnen davonzulaufen, aber oft stellte ich mich ihnen entgegen, um sie mit Stöcken zu vertreiben oder gar mit einem Messer zu erstechen. Nun werden solche Tiere nach der Freudschen Theorie oft als Penis-Symbole betrachtet, und mein Freudscher Analytiker interpretierte den Traum als einen Wunsch, mein ungeborenes Kind (welches ich seiner Meinung nach mit einem Penis gleichsetze) zu unterdrücken oder zu zerstören. Wenn das vielleicht auch in irgendwelchen mir unzugänglichen Tiefen meines Unbewußten zutreffen mochte, fand diese Interpretation bei mir jedoch keinen Widerhall; die Träume schienen mir ein ziemlich vordergründiges Beispiel für Schattenfiguren zu sein, die meine bewußte Entschlossenheit, mich nicht von der Mutterschaft verzehren zu lassen, ausgleichen sollten. Die Tatsache, daß diese Träume nur wenige Tage nach der Empfängnis des Babys begonnen hatten, beeindruckte mich nicht wenig, schien das doch anzudeuten, daß mein Körper auf irgendeine Weise den bevorstehenden Ansturm der »animalischen Natur« erkannt hatte, bevor mein Bewußtsein noch irgend etwas davon ahnte.

Gegen Ende meiner Schwangerschaft nahm dieser Wiederholungstraum plötzlich eine unerwartete Wendung. Ich träumte, daß ich einem wolfsartigen Hund auf der Straße begegnete, und als er mich angriff, schlug ich mit einem Stock auf ihn los, bis er sich nicht mehr bewegte. Ich wußte, ich hatte ihn so weit erledigt, daß er mir nichts mehr antun konnte, aber ich drosch weiter auf ihn ein, bis ich merkte, daß er starb. Im Sterben wurden seine Augen golden und gefährlich, und sein Gesicht verwandelte sich in das Antlitz einer Frau. Mit Entsetzen wurde mir klar, daß diese Frau dazu bestimmt war, den Tod des Hundes zu rächen, und ich erwachte mit einem Schrei, der sich anhörte wie »Ecube, Ecube«. Im gleichen Moment erinnerte ich mich an die Namen Hekuba und Hekate, aber ich wußte nicht mehr, wer diese Figuren waren, außer daß sie mit der griechischen Antike zusammenhingen. Doch war ich so beeindruckt von dem Traum, daß ich zur Universitätsbibliothek ging, um nachzuschlagen. Meine Neugier verwandelte sich entschieden in Unbehagen, als ich herausfand, daß Hekuba die Gattin des besiegten Königs Priamus von Troja war, die dem siegreichen Odysseus als Siegesbeute zufiel. Sie hatte ihn so lange gequält, bis er sie in eine Hündin verzauberte und ins Meer warf. Hekate hingegen war eine Titanin, die große Mutter, die über die vegetative Natur und die Geburten herrschte und drei Tierköpfe hatte, wovon einer der eines Hundes war.

Ich bin diesen mythologischen Anspielungen nie bis in alle Einzelheiten nachgegangen, aber es schien mir, daß meine Träume irgendwie in eine Bewußtseinsschicht eingeblendet worden waren, die mich in mythologischen Begriffen warnte, daß die Instinktseite meines Ich, über die ich mich zu erheben versuchte, viel mächtiger war, als ich ahnte. Es schien tatsächlich, daß ich meine Kraft der ganzen Urgewalt mütterlicher Natur entgegenzusetzen versucht hatte, was sich rächen würde, wenn ich zu weit ging. Es wurde mir deutlich gemacht, daß ich lernen mußte, mit Kräften in mir zu leben und sie zu akzeptieren, die weit älter und machtvoller waren als meine persönlichen intellektuellen Ambitionen. Ich nehme an, daß ich von den Hund-Assoziationen im Zusammenhang mit Hekuba und Hekate in der Schule gehört hatte, obwohl ich zur Zeit meines Traumes bestimmt keine bewußte Erinnerung mehr daran hatte. Immerhin scheint es mir bedeutungsvoll, daß mein träumendes Hirn eine säuberliche Verdichtung dieser beiden außerordentlich eindrucksvollen alten Bilder benutzte, um mir klar zu machen, daß es sich bei den Schatten-Kräften, die ich lernen mußte, in mein Leben zu integrieren, nicht nur um gewisse persönliche Charakterzüge handelte, die ich bisher ignoriert hatte, sondern um etwas viel Stärkeres.

Ein anderes archetypisches Thema, dem nach Jungs Überzeugung die Freudsche Analyse nicht gerecht werden kann, ist der Mythos vom dämonischen Liebhaber/Märchenprinzen und der Sirene/Liebesgöttin. Immer wieder fand er diese Bilder in den Träumen seiner Patienten, jedesmal mit emotionalen Obertönen, die viel Tieferes anzudeuten schienen als reine sexuelle Wunscherfüllung. Er nannte sie den Animus- bzw. Anima-Komplex, eine andere Art von Kompensationsprinzip, das für die Ganzheit der Persönlichkeit wesentlich sei: das Bedürfnis, mit der Tatsache zurechtzukommen, daß wir alle in unserem Innern Charaktereigenschaften des entgegengesetzten Geschlechts besitzen, die unsere Kultur uns zu ignorieren gelehrt hat. So sollte eine Frau »maskuline« Eigenschaften wie Initiative und Intellekt pflegen und damit ihrer Persönlichkeit zur Ganzheit verhelfen, während ein Mann »feminine« Eigenschaften wie Zärtlichkeit und Intuition in seine Persönlichkeit integrieren müßte. Andererseits wird eine Frau leicht hart und zu selbstbewußt, wenn sie von ihrem Animus besessen ist, während ein Anima-beherrschter Mann ein launischer Umstandskrämer werden kann – die Art Mann, die wir mit »altes Weib« bezeichnen. Jung sagte, wir müßten auf unsere Träume achten, um zu entdecken, was der Mann oder die Frau in uns uns zu sagen hat, damit wir das Gleichgewicht unserer Psyche herstellen können.

Jungs Theorie von Archetypen und dem kollektiven Unbewußten ist viel zu komplex, als daß sie hier in allen Details erörtert werden könnte. Ich kann auch nicht sämliche Aspekte von Freuds und Jungs Traumdeutungstheorien aufzeigen (das würde mehrere Bände füllen), sondern nur die, die zum Verständnis meiner Methode der Trauminterpretation wichtig sind. Ich bin auf Jungs Archetypen-Theorie deshalb eingegangen, weil er – ebenso wie ich – die Notwendigkeit erkannt hat, daß gewisse immer wiederkehrende angsterregende Träume besonders behandelt werden müssen. Während Freud fest davon überzeugt war, das Geheimnis der Träume entdeckt zu haben, blieb Jung gegenüber dem, was er als ein den menschlichen Verstand überschreitendes Phänomen betrachtete, demütig. Er habe keine Theorien über Träume, schrieb er, und wisse auch nicht, wie diese entstehen. Er bezweifle sehr, daß seine Art, Träume zu behandeln, überhaupt die Bezeichnung »Methode« verdiene. Zwar teile er das Vorurteil gegen die Traumdeutung als Quintessenz von Ungewißheit und Willkür, doch wisse er andererseits, daß bei genügend langem und intensivem Nachdenken über einen Traum immer irgend etwas herauskomme. Auch wenn dieses Etwas nicht gerade als wissenschaftlich gelten oder mit dem Verstand erklärt werden könne, enthalte es für den Patienten doch praktische und wichtige Hinweise, in welche Richtung ihn sein Unbewußtes führt.

Weil Jung glaubte, daß das Unbewußte eine »prospektive« oder vorausschauende Funktion habe, versuchte er immer, eher mit Traumserien als mit Einzelträumen zu arbeiten. Einmal, weil ein Traum oft einen weiteren unklaren erhellt, zum zweiten weil sich die Entwicklung eines Patienten aus Veränderungen in seinen Träumen ablesen läßt. Besonders interessant sind Traumserien, die sich über mehrere Jahre hinziehen.

Eines der wohl bedeutungsvollsten Ergebnisse von Jungs Arbeit war, daß nun auch Nicht-Fachleute Möglichkeiten zur Trauminterpretation erhielten. Jung riet all seinen Patienten und Lesern, über ihre Träume nachzudenken, bis sie eine Deutung gefunden hätten. Er schlug dafür eine Spezialmethode vor, die er »inneren Dialog« nannte. Der Träumer unterhält sich dabei mit einer seiner Traumfiguren. Nach meiner Erfahrung kann diese Technik manchmal bemerkenswerte Resultate zeitigen. Zuerst mag einem eine solche Konversation steif und gekünstelt erscheinen, aber gewöhnlich kommt dann der Moment, wo die Traumfigur plötzlich ein eigenes Leben zu entwickeln scheint und überraschende Dinge sagt, bei denen unterdrückte oder verdrängte Aspekte der Persönlichkeit zum Vorschein kommen.

Darin besteht auch im wesentlichen die Methode von Frederick Perls, der ebenso wie Calvin Hall, ein weiterer moderner Traumforscher, Jungs Anregung, die Traumdeutung aus dem Sprechzimmer in die Öffentlichkeit zu bringen, folgte. Davon soll im nächsten Kapitel die Rede sein.


7  Traumdeutung für alle

Seit der Mitte des zwanzigsten Jahrhunderts zeigen immer mehr Menschen Interesse daran, ihre Träume selbst, ohne psychotherapeutische Hilfe, deuten zu lernen. Dieser Trend begann mit Jung, der nachwies, daß Träume nicht nur Tarnungen für anstößige unterdrückte Wünsche und Gelüste sein müssen. Infolgedessen war es nicht mehr nötig, einen unvoreingenommenen Interpreten beizuziehen, damit der Widerstand des Träumers gegen die Erkenntnis der Wahrheit gebrochen wurde. Andererseits aber ist Jungs System der Trauminterpretation sehr kompliziert und ziemlich mystisch; es setzt allerhand Kenntnis der antiken Mythologie und auch ein ungewöhnliches Einfühlungsvermögen voraus.

Seit dem Zweiten Weltkrieg nun haben zwei amerikanische

Psychologen – Calvin Hall, ein experimenteller Traumforscher, und Frederick Perls, ein etwas exzentrischer Psychotherapeut – das ganze Thema aus dem Sprechzimmer an die Öffentlichkeit geholt und eine Trauminterpretation für alle in greifbare Nähe gerückt. Obwohl sie das Thema von unterschiedlichen Gesichtspunkten aus angingen und auch sehr unterschiedliche Theorien über die Verwendbarkeit oder den Nutzen von Träumen entwickelt haben, betrachte ich ihre Methoden als sich gegenseitig ergänzend. In späteren Kapiteln werde ich zeigen, wie einige Träume sich für beide Methoden eignen, andere nur für eine von beiden.

## Halls »Inhaltsanalyse« und Traumdeutung

Calvin Hall, Direktor des Traumforschungsinstituts in Santa Cruz (Kalifornien), betrachtete das Problem der Traumforschung in erster Line aus naturwissenschaftlicher Sicht. Ihm mißfiel, daß sich die Traumtheorien der Psychoanalytiker hauptsächlich auf atypische Beispiele aus Kliniken und Sprechzimmern, also von *Patienten,* stützten. So begann er in den vierziger Jahren eine große Sammlung von Träumen »normaler« Leute anzulegen. Sie wurden gebeten, ihre Träume in einen Fragebogen einzutragen, der auch spezifische Fragen darüber enthielt, wo die Träume spielten und welche Figuren, Gefühle und Handlungen darin vorkamen. Anschließend wurden diese Traum-Einzelheiten mit objektiv bestätigten Informationen über Alter, Geschlecht, Beschäftigung usw. des Träumers in Beziehung gebracht und so zum erstenmal ein umfassender Bericht darüber geschaffen, was die verschiedenen Menschen träumen.

Mit dieser ersten größeren Studie wurde ein bedeutungsvoller neuer Trend in der Traumpsychologie eingeleitet, den man heute Trauminhaltsanalyse nennt (nicht zu verwechseln mit Trauminterpretation). Hall sammelte und analysierte nicht weniger als 10 000 Träume normaler Durchschnittspersonen. Die Resultate seiner Analyse veröffentlichte er in seinem Buch *The Meaning of Dreams* (Die Bedeutung der Träume), das 1953 erschien, im selben Jahr also, in dem mit der Entdeckung der REM-Periode als »objektivem Indikator« des Träumens der große Durchbruch in der Traumforschung gelang. Ich betrachte dies als einen glücklichen Zufall, der unsere Vorstellungen sowohl vom Traumprozeß selbst als auch von seinem psychologischen Äquivalent, dem Traum, revolutionierte.

Hall fand, daß Traum-Schauplätze im großen und ganzen ziemlich prosaisch sind: ein Haus, ein Wagen, eine Straße, ein Laden. Selten träumten Leute über ihren Arbeitsplatz, über Büros und Fabriken. Hall schloß daraus, daß wir lieber von erholsamen und kreativen Dingen als von Arbeit und Mühe träumen. Gleichzeitig überwogen jedoch aggressive Handlungen und negative Emotionen wie Besorgnis, Zorn und Traurigkeit die freundlichen Betätigungen und positiven, glücklichen Gefühle. Die meisten Traumfiguren waren Personen, zu denen der Träumer in engeren Beziehungen stand; Persönlichkeiten des öffentlichen Lebens kamen nur vereinzelt vor. Hall folgerte daraus, daß sich Träume selten mit öffentlichen Angelegenheiten befassen.

»Ein Traum ist ein persönliches Dokument, ein Brief an sich selbst«, schrieb Hall. »Er ist weder ein Zeitungsbericht noch ein Zeitschriftenartikel.« Diese Feststellung entspricht dem Ausspruch Alfred Adlers, daß der Traum »eine Botschaft an sich selbst« sei, die Aufschlüsse über persönliche Probleme und ungelöste Konflikte gebe. Halls Schlußfolgerungen deckten sich auch mit der Ansicht Jungs, daß Träumen die Sprache des schlafenden Hirns ist, bei der Gedanken in Bilder umgewandelt werden, ohne daß der Träumende dabei getäuscht oder irregeführt werden soll. Er stimmte mit Jung ferner darin überein, daß der Traum auf die klarste und ökonomischste Weise den *gegenwärtigen* Zustand des Innenlebens enthüllt und durchaus nicht in erster Linie unterdrückte Kindheitstraumata, obwohl sich solche gelegentlich in einem Traum widerspiegeln können. Tatsächlich gebe der Traum einen sehr klaren und präzisen Bericht darüber, was der Träumer während des Schlafs denkt. Im allgemeinen befaßt er sich mit sich selbst, mit ihm nahestehenden Personen, mit seinen Konflikten und Ängsten. Man könnte sagen, daß sich der Träumer einen Großteil der Zeit während des Schlafens mit seinen Sorgen herumschlägt – Sorgen, die damit verbunden sind, wie er sich selbst sieht, was andere von ihm halten, wie er andere sieht und was das Leben ihm vielleicht noch antun wird.

Wie sich der Träumer selbst sieht, wird durch die Rollen gekennzeichnet, die er sich im Traum gibt. Ist er das Opfer oder der Angreifer, stark oder schwach, feige oder tapfer? Wie er andere sieht, drückt sich auf ähnliche Weise aus; so wird zum Beispiel jemand, der seinen Vater als streng oder autokratisch empfindet, diesen im

Traum in einen Polizisten oder Offizier verwandeln. Wenn Fremde oder Persönlichkeiten des öffentlichen Lebens im Traum vorkommen, sagt Hall, so bedeuten sie fast immer die Personifikation unserer Vorstellung von Leuten, die wir kennen. Diese Vorstellungen variieren, so daß man in der einen Nacht seine Mutter vielleicht als Hexe, in einer anderen als Königin sieht.

In ähnlicher Weise scheint die Traumszene die Gefühle des Träumers über die Welt widerzuspiegeln. Sie übersetzt seine Gedanken in Bildersprache. Wenn er ständig von überfüllten Plätzen oder Räumen träumt, leidet er unter einem Gefühl des Bedrängtseins; wenn er von tobender See, Luftangriffen, Gewitterstürmen und dergleichen träumt, sieht er die Welt als bedrohlich und unheilvoll. (Heute, da die Vorstellung einer nuklearen Bedrohung sozusagen Bestandteil unseres geistigen Mobiliars geworden ist, träumen viele Menschen von Atombomben, doch die damit verbundenen Assoziationen zeigen fast immer, daß die Traum-Bombe eine persönliche Art von Angst symbolisiert und nicht die Angst vor dem Krieg als solchem.)

Der schlafende Mensch kann seine intimsten persönlichen Gedanken in Gestalt von Bildern sehen, sagt Hall, und wir studieren Träume, um herauszufinden, was wir während des Schlafes denken. Traumgedanken sind oft erschreckender und aufschlußreicher als Wachgedanken, die vom Bewußtsein kontrolliert werden und daher weniger mit unserem wahren Ich übereinstimmen denn mit dem Bild, das wir von uns selbst haben.

Wie Jung steht auch Hall unerschütterlich auf dem Standpunkt, daß der Traum Gedanken nicht tarnt oder entstellt, und er belegt dies mit überzeugenden Argumenten. Zunächst fand er, ebenso wie ich, daß viele Träume mit Leichtigkeit vom Träumer selbst ohne die Hilfe eines Berufsanalytikers identifiziert werden können, und zwar auch solche, die sexuelle Anspielungen enthalten. Wozu also eine Verschleierung, wenn man sie sofort beim Aufwachen durchschaut? Unter anderem können wir unsere Träume darum sofort »übersetzen«, weil die darin vorkommenden Symbole genau die gleichen sind, wie wir sie in unserer Umgangssprache benutzen: Hammer, Stift, Flinte, Piephahn für Penis und so weiter. Hall behauptet, daß Freuds Hinweis auf den überall in der Sprache enthaltenen Sexsymbolismus im Grunde gegen seine Entstellungstheorie spricht: Der Traum würde wohl kaum das Bild eines Revolvers oder Hammers verwenden, um den Gedanken an einen

Penis zu tarnen, wenn der Träumer von seinem Penis gewöhnlich als Waffe oder Hammer spricht.

Auch entdeckte Hall, ebenso wie ich, daß man in der einen Nacht einen symbolischen Traum von sexueller Betätigung haben kann und einen vollkommen »unsymbolischen« in der nächsten. Ist es plausibel, fragte Hall, anzunehmen, daß sich das schlafende Hirn in der einen Nacht eine sorgfältig ausgearbeitete Tarnung ausdenkt, nur um sie in der folgenden über Bord zu werfen? (Die Frage, warum einige Träume symbolisch und andere »offen« sein sollen, beantwortet er nicht; aber ich vermute, daß dabei die Schlaftiefe oder die Verfassung des Gehirns zur Zeit des Traums eine Rolle spielt – möglicherweise also Bedingungen, die sich bis jetzt noch nicht auf dem EEG feststellen lassen.)

Schließlich behauptet Hall, daß schon die Vielfalt von Sexsymbolen in der Psychoanalyse die Tarnungstheorie ziemlich absurd erscheinen lasse. In der psychoanalytischen Literatur fand er allein 102 verschiedene Traumsymbole, die als Tarnungen für den Penis angegeben waren, 95 für die Vagina und 55 für den Geschlechtsverkehr. Wenn sie alle nur Maskierungen für verbotene sexuelle Gedanken wäre, würde die Trauminterpretation auf die langweilige Entdeckung reduziert, daß wir alle sexbesessen sind, was uns kaum weiterhelfen würde, selbst wenn es stimmte. Da erscheint es doch vernünftiger, eine Verbindung zwischen spitzen Gegenständen und Penissen als gegeben hinzunehmen und zu fragen, warum eine Person die eine Art von Sexualitätssymbol bevorzugt – etwa ein aggressives Symbol wie den Revolver oder einen Speer –, während die andere (oder die gleiche, aber bei einer anderen Gelegenheit) eine ganz andere Art von Symbol wählt, vielleicht eine Quelle. Hall zog aus seinen eigenen Untersuchungen den Schluß, daß geträumte Sexsymbole einen direkten Hinweis auf die jeweilige Einstellung des Träumers zur Sexualität geben, das heißt, daß einige sie als aggressiv, andere als lebensspendend usw. empfinden.

Hall stimmt mit Jung darin überein, daß uns die Symbolsprache der Träume in bemerkenswert verdichteter Ausdrucksform viele Aspekte unseres Denkens zeigen kann, die uns im Wachzustand nicht zum Bewußtsein kommen, weil wir zu sehr mit den Anforderungen des Tages beschäftigt sind. Wir müssen nur lernen, sie zu verstehen. Hall zitiert den russischen Schriftsteller Turgenjew, der bemerkte: »Ein Bild vermag in einem Augenblick mehr zu erzählen als ein Buch auf hundert Seiten.«

Hall ist überzeugt, daß jeder seine eigenen Träume deuten kann, wenn er ein paar einfache Regeln befolgt. Träume, so sagt er, sind zu Bildern gewordene Gedanken, und »jeder, der bei der Betrachtung eines Bildes sagen kann, was es bedeutet, müßte in der Lage sein, zu erklären, was seine Traum-Bilder bedeuten. Die Bedeutung eines Traumes kann nicht in irgendeiner Theorie über Träume gefunden werden, sondern nur in dem Traum selbst.« Hall stellte vier Grundregeln der Trauminterpretation auf:

1. Der Traum ist eine Schöpfung des Hirns des Träumers und sagt ihm, wie er sich selbst, die anderen, die Welt, seine Impulse usw. sieht. Träume sollten niemals als Führer zur objektiven Realität betrachtet werden – das heißt, sie zeigen uns nicht die Wahrheit über die Dinge, sondern nur, wie diese uns *erscheinen*.

2. Der Träumer ist für alles, was in seinem Traum erscheint, verantwortlich. Was auch immer er träumt, wie schrecklich oder dumm es auch sein mag, er muß es zuerst gedacht haben.

3. Ein Träumer hat gewöhnlich mehr als eine Vorstellung von sich selbst, den anderen, der Welt und seinen Impulsen, und diese vielfachen Vorstellungen tauchen in seinen Träumen auf. Sie sagen ihm, wie er etwas zu einer bestimmten Zeit in seinem Leben ansieht.

4. Jungs Vorschlag folgend, rät Hall, Träume in Serien zu deuten und nicht in Einzelfällen. Einen Traum sollte man niemals interpretieren, ohne auch die anderen Träume einer Serie einzubeziehen, damit man sieht, wie die Gedanken einer Person zusammenspielen. Sehr oft liegt der Sinn eines Traumes offen da, und solche Träume erhellen dann die komplexeren Träume einer Serie. Die Assoziationen des Träumers sollten immer dazu benutzt werden, gezogene Schlußfolgerungen zu erhärten.

Psychisch Gestörten rät Hall von Selbstdeutungsversuchen ab; sie sollten sich in fachmännische Behandlung begeben.

Meine eigene Arbeit hat mich vom Wert der sehr nüchternen und vernünftigen Hallschen Auffassung der Traumdeutung überzeugt. Im folgenden einige charakteristische Beispiele aus meiner eigenen Praxis. Sie zeigen:

a) *Wie ich mich selbst sehe*

Die Frau eines Geschäftsmannes, die einen großen Teil ihrer Zeit damit verbrachte, für ihren Mann zu repräsentieren, träumte wie-

derholt von Mißgeschicken bei gesellschaftlichen Anlässen. In einem
dieser Träume goß das Serviermädchen die Suppe über den ganzen
Tisch; in einem anderen hörte sie sich zu ihrem Entsetzen in einem
breiten Provinz-Dialekt reden, obwohl sie normalerweise sehr kul-
tiviert sprach; in wieder einem anderen Traum entdeckte sie, daß
sie statt eines repräsentativen Essens nur Pellkartoffeln mit Quark
anbot.

Als sie diese Träume schließlich im Sinne der Hallschen Richtlinien zu deuten begann, wurde ihr klar, daß sie sich unter ihrer
nach außen hin zur Schau getragenen Selbstsicherheit noch immer
unsicher fühlte. Sie kam aus einem Arbeitermilieu, und obwohl sie
bewußt nie daran gezweifelt hatte, sich der Umgebung ihres Mannes anpassen zu können, hatte sich ein Teil von ihr doch ständig vor
Demütigungen gefürchtet. Weitere Assoziationen zeigten, daß sie
die Repräsentationspflichten, die ihr Mann ihr als selbstverständlich auferlegte, innerlich ablehnte.

Eine Wissenschaftlerin berichtete über einen lebhaften Traum, in
dem sie in einem von Negeraufständen bedrohten Gebiet eine Prüfung in englischer Literatur machen mußte. Beim Betreten des Prü-
fungsraums wurde ihr mit Schrecken bewußt, daß sie sich überhaupt nicht vorbereitet hatte und keine einzige Frage beantworten
konnte. Durchs Fenster sah sie, wie sich die Eingeborenen mit Spee-
ren und Äxten bewaffneten. Sie beschloß auszureißen und rannte
weg.

Da sie im wirklichen Leben keinerlei Examen zu erwarten hatte,
bat ich sie um Assoziationen zu diesem Teil ihres Traums. Es kam
heraus, daß sie den Examenstraum mit dem Versagen in englischer
Literatur schon oft geträumt hatte. Das wunderte sie, weil sie nach
außen hin alles, was mit Literatur zusammenhing, im Verlauf ihres
naturwissenschaftlichen Studiums völlig vernachlässigt und sogar
abgelehnt hatte. Die Träume aber redeten eine andere Sprache,
indem sie die Unsicherheit dieser Frau offenbarten, in entscheidenden Lebenssituationen »die Prüfung bestehen« zu können. Durch
diesen speziellen Traum wurde sie an einen Abendkursus erinnert,
den sie seit kurzem besuchte. Der Dozent, obgleich selber Naturwis-
senschaftler, zitierte häufig Shakespeare und andere Dichter. Der
Rest des Traums zeigte ihr deutlich, warum sie so besorgt war, in
dem Kurs und damit in den Augen des Kursleiters zu versagen. Der
Negeraufstand ließ sie an ein »Aufwallen« sexueller Impulse denken, und schließlich gab sie zögernd zu, daß ihre Gefühle für den

Dozenten rapide mehr als freundschaftlich wurden. Der Traum zeigte, daß sie mit der Situation, die sie als gefährlich und bedrohlich empfand, fertig zu werden versuchte, indem sie weglief – und damit ihre sexuellen Gefühle verleugnete. Es stellte sich heraus, daß sie schon häufiger im Traum von Männern oder Tieren gejagt worden war, was wahrscheinlich auf eine tiefsitzende geheime Furcht vor Sexualität hindeutete.

Dies sind nur zwei Beispiele, die Halls Behauptung bestätigen, daß jeder, der die eigene Rolle in seinen Träumen überprüft, zum Schluß eine ganze Abhandlung mit der Überschrift »Was ich von mir selber halte« schreiben könnte.

### b) Wie ich andere sehe

Eine meiner Kolleginnen träumte von einem Mann, der in einem Kettenpanzer die Straße heraufgerannt kam. Er prallte mit ihr zusammen, sie fiel hin und verletzte sich geringfügig. Er aber rannte, als ob nichts geschehen wäre. Sie war wütend über seine Roheit und Gleichgültigkeit und beschloß, eine viel größere Verletzung vorzutäuschen, als sie tatsächlich erlitten hatte, um von dem Mann einen gehörigen Schadenersatz zu erhalten.

Sie erzählte mir dann, daß im wirklichen Leben ihr Mann sie gerade über eine Affäre mit einer anderen Frau informiert hätte, die er heiraten wollte. Meine Kollegin fühlte sich sehr verletzt und war vor allem über seine offensichtliche Rücksichtslosigkeit höchst aufgebracht. Sie identifizierte die Traumfigur sehr schnell mit ihrem Mann und äußerte sich ziemlich erstaunt darüber, daß sie von ihm als einem »Mann in Ketten« geträumt habe. Sie war entsetzt, als ihr klarwurde, daß sie sich weit weniger verletzt als rachsüchtig fühlte und daß sie entschlossen war, den Mann für sein Benehmen bezahlen zu lassen. Widerwillig mußte sie dem Traum auch darin recht geben, daß sie einfach nicht erwartet hatte, der »Mann in Ketten« würde ihr entrinnen, um von ihr unabhängig zu werden. Schließlich beschloß sie ernsthaft, ihr eigenes Benehmen auf destruktive und rachsüchtige Tendenzen hin zu überprüfen, die ihre Situation nur verschlimmern konnten.

Ich selbst hatte einen amüsanten Traum, in dem ich mit einem Bekannten zu der Zollstation an der Grenze zwischen zwei Ländern fuhr. Kurz bevor wir ankamen, verlangte mein Begleiter, daß ich vor einem Süßwarenladen anhielt, in dem er etwas einkaufen wollte. Er kam mit einer großen Schokoladenkanone heraus, und als ich ihn fragte, was er damit beabsichtigte, winkte er mir, ihm in ein Feld zu folgen, in dem ein Zaun die Grenze zwischen den beiden Ländern markierte. Vorsichtig baute er die Kanone vor dem Zaun auf, zündete die Lunte und stellte sich vor die Kanonenmündung mit der Bemerkung, man könne nur über die Grenze kommen, indem man sich hinüberschieße. Ich versicherte ihm, daß unsere Pässe doch völlig in Ordnung seien und wir nicht das geringste zu verzollen hätten. Er ließ sich nicht überzeugen, und als die Kanone schließlich losging, wurde er auf den Zaun geschleudert, fiel hinunter und landete in wenig würdevoller Haltung auf der anderen Seite.

Meine Assoziationen führten mich zu einer Kindheitserinnerung (oder -phantasie) an einen Clown, der aus einem Kanonenrohr geschossen wurde. Das zeigte mir, daß ich meinen Freund als einen Clown sah, der einfache Aufgaben so kompliziert wie nur möglich anging. Das Traumbild mit der Kanone hätte mein Urteil über ihn nicht treffender und ökonomischer ausdrücken können.

Dieses zweite Beispiel beleuchtet einen Punkt, den ich im nächsten Kapitel eingehend untersuchen werde: Träume enthüllen manchmal objektive Wahrheiten, denen der Träumende selbst oder die Figuren in seinem Traum im Wachleben aus dem Wege gehen. Als ich meinem Bekannten diesen Traum erzählte, war er so belustigt darüber, daß er schließlich zugab, aus einer Tendenz zu irrationalem Verfolgungswahn heraus oft ausgedehnte und umständliche Ausweichmanöver zu inszenieren, die anderen lächerlich erscheinen mußten.

## c) Wie ich die Welt sehe

Einer meiner Versuchsteilnehmer träumte, daß man ihm vor einer Operation den Blutdruck maß. Der Meßapparat bestand aus einem großen hölzernen Kreuz, an das er mit den Handgelenken festgeschnallt wurde. Die Krankenschwester, die neben seinem einen Arm stand, erkannte er als seine Frau, den Arzt neben seinem anderen Arm als seinen Chef. Beim Aufwachen hörte er eine Stimme sagen: »Wir müssen sofort operieren, oder der Druck zerreißt sein Herz.«

In Wirklichkeit war dieser Mann in bester gesundheitlicher Verfassung. Er hatte gerade eine Kontrolluntersuchung hinter sich, die vermutlich sogar seinen Traum veranlaßt hatte. Der Traum machte ihm klar, daß seine geistige Verfassung nicht ganz so gut war wie seine körperliche. Er hatte zuvor von sich geglaubt, ein ganz normales Leben zu führen, aber der Traum zeigte ihm deutlich, daß er sich durch die Spannungen zwischen Arbeit und Häuslichkeit »gekreuzigt« fühlte. Die Worte, die er beim Aufwachen zu hören meinte, machten ihn darauf aufmerksam, daß er seinen Lebensstil radikal ändern mußte, bevor es zu spät war.

Ein anderer Teilnehmer träumte, daß er vergnügt, Hand in Hand mit seinem Mädchen, durch ein friedliches Tal wanderte, als sich plötzlich vor ihnen ein Spalt im Erdboden öffnete. Der Spalt wurde größer und größer, und der junge Mann versuchte, darüber hinwegzuspringen und das Mädchen mit sich zu ziehen. Doch sie hatte Angst und sträubte sich. Er ließ sie los, und sie stürzte in den mittlerweile weit gähnenden Abgrund. Während er vom jenseitigen Rand zusah, wie sie unter einer Steinlawine verschwand, begann sich plötzlich die ganze Landschaft aufzulösen, und er fürchtete, von herabstürzenden Felsblöcken erschlagen zu werden.

Assoziativ führte er den Traum auf sein Verhältnis zu seiner Freundin zurück, das zwei Jahre lang sehr glücklich und sorglos gewesen war, bis sie ihm vor kurzem mitgeteilt hatte, daß sie ein Baby erwarte. Er hatte ihr eine Abtreibung vorgeschlagen, die sie ablehnte, weil sie ihn heiraten und das Kind haben wollte. Obwohl er zu diesem Zeitpunkt noch nicht an Heirat denken konnte, willigte er schließlich ein, da er das Mädchen gern hatte. Der Traum zeigte deutlich, wie verzweifelt er über die ganze Situation war: Er sah die Welt um sich herum zusammenstürzen und sie beide verschlingen.

Wenn wir die Interpretation weiterführen und Halls Behauptung akzeptieren, der Träumer allein sei der Autor seines Traums und für dessen Inhalt verantwortlich, dann wünschte mein Versuchsteilnehmer offensichtlich die Vernichtung des Mädchens, weil es sich seinem Wunsch nach einer Abtreibung nicht fügen wollte: Er verursachte ihren Sturz in den Abgrund. Als Selbstbestrafung für einen solchen Wunsch beschwor er seinen eigenen Untergang herauf. Ich weiß nicht, ob er das Mädchen geheiratet hat, aber der Traum zeigte in aller Deutlichkeit, daß diese Heirat unklug gewesen wäre.

### d) Wie ich meine Triebe sehe

Freud hatte mit seiner Ansicht, daß viele Träume Ausdruck sexueller und aggressiver Triebe seien, zweifellos recht. Doch brauchen die meisten von uns nicht erst ihre Träume zu befragen, um festzustellen, daß sie solche Triebe haben. Wir können uns jedoch mit der Hilfe von Träumen eine klare Vorstellung von diesen Trieben und von der Art machen, wie wir sie zu befriedigen hoffen.

Einer meiner Versuchsteilnehmer, ein äußerst sanfter Mann, hatte wiederholt Träume, in denen er Torturen und Brutalitäten mitansehen mußte, gegen die er erfolglos protestierte. Er war sehr beunruhigt und bat mich, ihm diese Träume verstehen zu helfen. Ich riet ihm, über Halls Behauptung nachzudenken, daß wir selbst die Urheber all dessen sind, was in unserer Traumwelt geschieht. Daraufhin wurde ihm schlagartig bewußt, daß zumindest ein Teil von ihm gerne sah, wie andere gequält und gedemütigt wurden. Seine Träume zeigten, daß er diese »finstere Seite« seiner Natur befriedigte, indem er eben Situationen ersann, in denen andere die aggressiven Handlungen ausführten, die er selbst »nicht einmal im Traum begehen würde«.

Eine junge Frau träumte, daß sie sich bei einer Ski-Abfahrt plötzlich auf einen Abgrund zugleiten sah. Im Moment, als sie glaubte, ihre letzte Stunde sei gekommen, rutschten ihre Skier zur Seite, und sie war gerettet. Ihre Assoziationen ergaben, daß Skifahren sie an vergnügliche Nervenkitzel und diese wiederum an den Geschlechtsverkehr mit ihrem neuen Freund denken ließ. Sie sagte mir, daß sie sich in ihn verliebt hätte, daß er aber ihre Gefühle nicht zu erwidern scheine. Ihre Beziehung sei von einer gewissen Kälte geprägt – im Traum versinnbildlicht durch die Schneelandschaft. Der Traum verriet ferner, daß sie zögerte, sich ganz »gehenzulassen«, weil sie fürchtete, daß sie verletzt werden könnte. Also ließ sie ihren Gefühlen nicht die Zügel schießen und hielt sich auch im Bett zurück – mit dem Ergebnis, daß sie sich sexuell unbefriedigt fühlte.

### e) Wie ich meine Konflikte sehe

Aus der Analyse Tausender von Träumen kam Hall zu dem Ergebnis, daß sich jedes menschliche Wesen ständig mit fünf grundlegenden Konflikten herumschlägt. Er charakterisiert sie als die Konflikte zwischen Freiheit und Sicherheit, Recht und Unrecht, Männlichkeit und Weiblichkeit, Leben und Tod und schließlich Liebe und Haß in der Eltern/Kind-Beziehung. Wie er sagt, geben Träume uns oft wertvolle Informationen über die Konflikte, die wir gerade durchmachen und auch über unsere Einstellung zu diesen Konflikten. Ich möchte hierzu zwei Beispiele aus meiner eigenen Erfahrung anführen.

Ich träumte eine Zeitlang wiederholt den gleichen Traum. Darin hatte ich die Wahl zwischen einem modernen, fast ganz aus Glas gebauten Haus hoch oben auf einem Hügel und einem kleinen gemütlichen Häuschen am Strand, gegen das bei stürmischem Wetter die Brandung tobte. Meine Assoziationen offenbarten mir einen Konflikt zwischen der Entscheidung für eine »öffentliche« Karriere (das gläserne Haus) in der akademischen Welt (Hügelgipfel) und einem gemütlichen, häuslichen Leben an den emotionalen, primitiven Wurzeln des Seins (das Meer). Der Anstoß für diesen Traum lag auf der Hand. Mein damaliger Mann drohte mir, mich zu verlassen, wenn ich nicht meine Karriere aufgäbe, um mich voll und ganz der Familie zu widmen. Der Traum zeigte deutlich, wie ich diese Zwangslage empfand: Ich konnte nur um den Preis von Einsamkeit und Isolierung frei und unabhängig werden (Karriere). Wenn ich mich aber für Sicherheit und Bequemlichkeit (Heim) entschied, würde ich von Emotionalität überwältigt. Der Traum schien ein deutliches Beispiel für den Konflikt zwischen Freiheit und Sicherheit. Mein Analytiker bestand darauf, daß es sich viel eher um einen Konflikt zwischen Männlichkeit und Weiblichkeit handle: Die Karriere dokumentiere den Wunsch nach einem Penis, das mit Gefühlsbezügen erfüllte Heim die Sehnsucht, eine »richtige Frau« zu sein.

Als meine Ehe dann schließlich in die Brüche ging, träumte ich wiederholt, daß mir die Zähne ausfielen, daß ich in eine schäbige Decke gehüllt bei reichen Freunden auftauchte und graue Straßen entlangwanderte, die von alten schwankenden Gestalten wimmelten. Morgens erwachte ich mit einem dumpfen, drückenden Gefühl des Zerfalls und konnte kaum aufstehen. Meine Assoziationen zeigten mir klar, daß ich mich alt, unansehnlich und verbraucht fühlte, obwohl ich in Wirklichkeit noch jung und kerngesund war. Mit der Zeit erschienen neue Elemente in meinen Träumen, so als wollten sie mich aus meiner Apathie aufrütteln. In einem Traum zum Beispiel schlurfte ich barfüßig durch die Dämmerung; plötzlich hielt ein Auto neben mir an, und der Fahrer fragte, ob ich mit ins Theater wollte. Als ich erklärte, daß ich keine Schuhe und auch keine passende Kleidung anhätte, sagte er, das würde ich alles in seinem Wagen finden. Nach einigem Zögern stieg ich ein – erwachte und fühlte mich wie Aschenbrödel auf dem Ball. Ganz allmählich wandelte sich dann meine Vorstellung von mir selbst, was sich auch in weiteren Träumen spiegelte. Solche Träume fallen unter den Begriff des Konflikts zwischen Leben und Tod, auch wenn es sich in meinem Fall nur um einen symbolischen Tod handelte. Diese Art Konflikt spielt oft eine Rolle in den Träumen älterer Menschen, die sich tatsächlich mit dem Problem des nahenden Todes konfrontiert sehen. In meinem Falle lag die gegebene Lösung darin, eine neue Lebensrichtung einzuschlagen, während bei älteren Menschen ein allmähliches Akzeptieren des Unvermeidlichen der beste Weg sein dürfte.

Im Laufe meiner Arbeit habe ich entdeckt, daß Träume oft außerordentlich nützlichen Aufschluß über Dinge geben können, die wir bei Tage beiseite geschoben haben, weil wir entweder keine Lust hatten, sie zur Kenntnis zu nehmen, oder weil wir zu beschäftigt waren. Mit solchen Träumen werde ich mich im nächsten Kapitel, »Der Blick nach draußen«, befassen. Nur wenn ich fest davon überzeugt bin, daß ein Traum nicht irgendeine objektive Wahrheit enthält, lasse ich mich von Halls Methode leiten; meiner Ansicht nach ist sie in ihrer geraden, ehrlichen Art ideal für die Erforschung der subjektiven Realität.

Hall verwendet für die Traumergründung jedoch nur eine Methode: die Ideen-Assoziation. Diese ist zwar in den meisten Fällen richtig, doch es gibt weitere Verfahren, die wertvolle Information beisteuern können. Eines davon ist Jungs »innerer Dialog«, den Hall überhaupt nicht berücksichtigt. Er ist Kernstück der Gestalt-Methode, die von Frederick Perls entwickelt wurde und die ich besonders nützlich finde, wenn sich ein Traum der freien Assoziation nicht erschließt oder wenn eine tiefergehende Interpretation erforderlich ist.

*Perls' »Gestalt«-Methode*

Frederick Perls (bekannt als Fritz) starb im März 1970. Von Geburt Österreicher, hatte er sich in Wien in Freudscher Psychoanalyse ausgebildet und war dann in den vierziger Jahren nach Amerika gekommen. Er gewann die Überzeugung, daß sich die professionelle analytische Psychotherapie in einer falschen Richtung entwickelt hatte, da sie sich hauptsächlich mit neurotischen Patienten befaßt, die jahrelange intensive Analyse dazu bringen soll, sich den

Normen einer Gesellschaft anzupassen, die selbst nicht gesund ist. Er fand, daß die individuelle Therapie unrealistisch sei und daß die Arbeit an sich selbst, genauso wie alle anderen Aktivitäten im Leben, in Gruppen durchgeführt werden sollte. So entwickelte er für solche Menschen, die nach einem erfüllteren Leben suchten, intensivere Kurzzeit-Therapien in Gruppen. »Es ist immer eine herzbewegende Erfahrung für die Gruppe und für mich selbst«, sagte er, »die vorher so roboterhaften Figuren zum Leben zurückkehren zu sehen.«

Perls' Methode, heute als Gestalt-Therapie* bekannt, ist Teil einer größeren populären Bewegung in Amerika geworden, des *Human Potential Movement* (Bewegung zur Aktivierung sämtlicher Fähigkeiten, die ein Mensch besitzt). Diese Bewegung umfaßt Begegnungs-Gruppen, Arbeitskreise für Sinneswahrnehmung und so weiter, die alle zum Ziel haben, die Erweiterung der Persönlichkeit zu fördern. In den letzten Jahren vor seinem Tod leitete Perls Gestalt-Therapie-Arbeitskreise in dem berühmten Esalen-Institut in Kalifornien. Gegen Ende seines Lebens gelangte er zu dem Schluß, daß sich selbst die Gruppentherapie überlebt hätte. So gründete er 1970, kurz bevor er starb, eine Kommune in Britisch-Kolumbien, deren Mitglieder ihre gegenseitigen Beziehungen absolut offen und ehrlich gestalten konnten, entsprechend dem Leitsatz:

Ich tue das Meine, und du tust das Deine
Ich bin nicht auf der Welt, um deine Erwartungen zu erfüllen.
Und du nicht, um dich den meinen anzupassen.
Du bist du, und ich bin ich.
und wenn wir einander zufällig finden sollten,

ist das wunderbar.
Wenn nicht, kann man es nicht ändern.


Es heißt, daß jede ernstzunehmende Philosophie eine praktische Anwendbarkeit haben müsse; die Gestalt-Therapie ist als die aktive Komponente des Existenzialismus bekanntgeworden, die sich mit dem »Sein im Jetzt und Hier« befaßt. Perls gab sich nicht damit ab, Assoziationen zu irgendwelchen dubiosen Kindheits-

* Der Begriff Gestalt bedeutet bekanntlich eine organisierte sinnvolle Einheit oder Ganzheit, die mehr ist als die Summe ihrer Teile. Ziel der Gestalt-Methode ist es, dem Menschen zur »Ganzheit« seiner Person zu verhelfen. (Anm. d. Übers.)

traumata zurückzuverfolgen, sondern konzentrierte sich, wie Jung, auf die Hebung vergrabener Schätze der Persönlichkeit. Er glaubte, freie Assoziationen eines Patienten zu Träumen oder Ideen bedeuteten nichts als eine muntere Hetzjagd um das Problem herum, ohne es je zu erreichen. Er nannte diesen Prozeß »freie Dissoziation« – Ausweichmanöver, deren sich der Patient bediene, um eine Konfrontation mit seiner Neurose zu vermeiden. Statt dessen richtete er sein Augenmerk auf das tatsächliche Verhalten eines Menschen in einer Gruppensituation – auf Gesichtsausdruck, Stimmklang, Haltung, Gestik, Reaktion auf andere Gruppenmitglieder und so weiter –, um die »Löcher« in seiner Persönlichkeitsstruktur zu entdecken. Laut Perls entstehen diese Löcher, weil ein Mensch bestimmte Teile seiner Persönlichkeit ablehnt, um Schmerz zu vermeiden. Aufgabe des Therapeuten ist es also, sich auf das zu konzentrieren, was der Betreffende in seinem gegenwärtigen Leben zu umgehen sucht, und ihm zu helfen, schmerzliche Situationen auszuagieren und die entfremdeten Teile seiner Persönlichkeit zu reintegrieren.

Perls verwarf die Vorstellung von einem Unbewußten; er stellte sich die Persönlichkeit wie einen auf dem Wasser treibenden Gummiball vor, von dem immer nur ein Teil zu sehen ist. Der Gestalt-Therapeut befaßt sich mit dem jeweils sichtbaren Teil. Statt ein Symptom bis zu irgendeinem Kindheitstrauma zurückzuverfolgen, fragt er den Betreffenden zunächst, wozu ihm dieses Symptom im Hier und Jetzt nützlich sei. In einer Gestalt-Therapiegruppe stellte sich zum Beispiel heraus, daß ein Teilnehmer sein Stottern benützte, um Feindseligkeit gegenüber anderen auszudrücken, ohne dabei deren Rache fürchten zu müssen; denn wer wäre so unmenschlich, einen Mann mit einer solchen Behinderung anzugreifen? Ein anderer Teilnehmer benutzt seinen Hautausschlag als Vorwand, sexuellen Beziehungen auszuweichen, und eine Teilnehmerin hatte gelernt, Kopfschmerzen zu entwickeln, um der Anforderung gesellschaftlicher Verpflichtungen zu entgehen.

Perls sah den Traum als existentielle Botschaft, die uns genau sagt, welchen Standort wir im Augenblick uns selbst und der Welt gegenüber innehaben. Während Freud den Traum die »Via Regia ins Unbewußte« nannte, bezeichnete Perls ihn als »Königliche Straße zur Integration«, denn im Traum sah er die Möglichkeit, die verschütteten Teile einer Persönlichkeit aufzudecken, so daß sie wieder zu einer »Ganzheit« wird.

Perls betrachtete jedes Traumbild, ob es nun menschliche, tierische, pflanzliche oder mineralische Gestalt hat, als einen entfremdeten Teil des Ich, den wir auf das betreffende Bild projiziert haben. Der Träumer soll deshalb jedes Bild, das heißt jede Person und jeden Gegenstand seines Traums, der Reihe nach schauspielerisch darstellen, um die Traumereignisse aus der Sicht der einzelnen »Akteure« wiederzuerleben. Anschließend werden Begegnungen zwischen den Traumakteuren inszeniert, und wenn sich diese gegenseitig attackieren, wird dem Träumer klar, daß er eine wichtige Spur gefunden hat. Sollte sich sein Hirn dieser Prozedur verschließen oder schläfrig werden, so weiß er, daß dies ein Ausweichmanöver ist. Es braucht jedoch jemanden, der auf solche Dinge aufmerksam machen kann; deshalb ist es gut, die Traumarbeit in einer Gruppe durchzuführen. Das Ziel ist, die Fragmente der Persönlichkeit miteinander in Einklang zu bringen, so daß sie unser inneres Wachstum fördern, statt es zu behindern. Der beste Weg, einen Traum zu nutzen, ist laut Perls, ihn zum Leben zu erwecken und nachzuerleben, statt ihn für die Interpretation in Stücke zu schneiden.

Als erstes forderte Perls den Träumer auf, seinen Traum in der Gegenwartsform zu erzählen, damit er ins Hier und Jetzt gebracht werde und der Träumer die Gefühle oder Empfindungen wiedererlebe, die er im Traum hatte. Wenn dies in einer Gruppe stattfand, achtete Perls auf Mimik, Gestik und Körperhaltung des Erzählers, da diese oft einen Schlüssel zu besonders konfliktreichen Traumpassagen liefern. Ein Gestalt-Therapeut berichtete mir zum Beispiel, wie einer seiner Gruppenteilnehmer einen langen, weitschweifigen Traum erzählte, der damit begann, daß der Betreffende sein Bürogebäude betrat und den Lift bestieg. Der Therapeut merkte, daß sich die Augen des Erzählers gleich bei der ersten Erwähnung des Lifts schnell hin und her bewegten. Als er den Mann daraufhin fragte, ob er nicht etwas vergessen habe, wich er aus und erwähnte nebenbei, er habe neben dem Lift ein Kämmerchen bemerkt, das aber ganz ohne Bedeutung sei, denn es sei nur alter Müll darin gewesen. Der Therapeut forderte ihn natürlich sofort auf, die Rolle des Mülls in dem Kämmerchen zu spielen, und es ergaben sich daraus einige höchst interessante Enthüllungen über gewisse Einzelheiten im Leben des Träumers, die er zu ignorieren bemüht war, weil er sie für »faul« hielt.

Auch Freud hatte festgestellt, daß gerade die Teile eines Traums, die beim ersten Erzählen vergessen oder außer acht gelassen werden, oft die wichtigsten sind. Doch plazierte er seine Patienten auf einer Couch, wobei der Analytiker im Hintergrund blieb. Durch diese Methode werden die Chancen des Therapeuten, hilfreiche Hinweise für die Analyse zu entdecken, erheblich verringert. Jungs Behandlungsmethode, bei der Therapeut und Patient einander gegenüber sitzen, ermöglicht es dem Therapeuten, den Ausdruck von Gesicht und Körper zu beobachten und zu deuten. Die Gestalt-Methode gibt der ganzen Gruppe Gelegenheit, dies zu tun.

Viele Gestalt-Therapeuten finden es nützlich, dem Platz des agierenden Gruppenmitglieds einen leeren Stuhl, den sogenannten »heißen Platz«, gegenüberzustellen. Wenn zwei seiner Traumbilder einen Dialog miteinander führen, kann er von einem Stuhl zum andern wechseln. Bei diesem Manöver soll der Agierende eine körperliche Haltung oder Spannung, die sich durch das Darstellen einer Rolle entwickelt hat, ablegen, damit er auf dem anderen Stuhl mit der zweiten Rolle neu beginnen kann.

Um an einem Beispiel zu zeigen, wie die Gestalt-Methode funktioniert, möchte ich hier noch einmal auf meinen Traum von den zwei Häusern zurückkommen. Nach meiner Erfahrung ist das völlig subjektive Gestalt-Verfahren, bei dem alle Traumelemente als Aspekte der Persönlichkeit des Träumers angesehen werden, besonders wertvoll bei Wiederholungsträumen; denn diese spiegeln vielfach tief wurzelnde Konflikte, die von Zeit zu Zeit durch äußeren Anstoß wieder akut werden. Auch finde ich die Gestalt-Methode dann nützlich, wenn das direktere Verfahren der freien Assoziation nichts von Bedeutung gezeitigt oder den Träumer in irgendeiner Hinsicht nicht ganz überzeugt hat.

Im Falle meines Traumes mit den zwei Häusern sah ich deutlich genug, daß ich irgendwie zwischen Freiheit und Sicherheit hin und her gerissen war. Diese Erkenntnis sagte mir zwar, daß ich tunlichst vermeiden müsse, mich zu einem der beiden Extreme zwingen zu lassen. Doch hatte ich das deutliche Gefühl, daß es damit nicht getan sei; vor allem waren mir die Emotionen zu rätselhaft, die bei der häuslichen Alternative als so überwältigend hingestellt wurden. Für meinen Analytiker aus der Freudschen Schule gab es nicht den geringsten Zweifel, daß es sich dabei nur um die weiblichen Emotionen der Liebe und Zärtlichkeit handeln könne, denen ich aus dem neurotischen Wunsch widerstand, mit Männern zu konkurrieren. Aber ich konnte mich einfach nicht zu dem Glauben durchringen, daß ich wirklich eine tiefe Sehnsucht unterdrückte, völlig in Heim und Nestwärme aufzugehen. Ich versuchte es also mit der Gestalt-Technik und erzählte mir zunächst einmal den ganzen Traum in Gegenwartsform:

>Ich soll zwischen zwei Häusern wählen. Das eine ist fast ganz aus Glas und steht auf dem Gipfel eines Hügels; das andere steht dicht am Meer, ist aus Stein und hat ganz kleine Fenster. Ich neige eigentlich mehr zu dem ersteren, denn es ist hell und luftig und hat eine wunderbare Aussicht über das Tal und die See. Es wäre eine ideale Sommerwohnung, denn es sind keine anderen Häuser in der Nachbarschaft, aber im Winter könnte es kalt, exponiert und an stürmischen Tagen nicht sehr stabil sein. Das andere Haus ist viel zu nah am Meer, um gemütlich zu sein, und ich habe das unbehagliche Gefühl, daß das wütende Meer es bei einem heftigen Sturm trotz seines robusten Aussehens einfach fortspülen könnte.<

Schon als ich den Traum auf diese Weise erzählte, wurde mir schlagartig etwas klar, was mir vorher entgangen war – daß es nämlich ein >wütendes< Meer war, welches das kleine Haus am Strand zu zerstören drohte; mit anderen Worten: Die unterdrückten Emotionen, die ich in der Häuslichkeit fürchte, sind mit Bestimmtheit ebensogut solche des Zorns wie der Liebe. Um also etwas tiefer zu schürfen, lasse ich das Haus am Meer, und anschließend auch das Meer selbst, zu Wort kommen. Das Haus sagt:

>Ich bin das Haus am Strand. Ich bin sehr alt und fest gebaut. Ich habe dicke, solide Mauern, doch obwohl ich dem Ansturm der See bis jetzt widerstanden habe, hat sich in meinen Grundmauern Fäulnis angesiedelt, und ich laufe Gefahr einzustürzen. Ich tue mein Bestes, die zu beschützen, die in mir wohnen. Ja, innerhalb meiner Mauern lebt eine Familie – eine Art erweiterte Familie, eine ganze Menge Menschen. Wenn die Brandung gegen meine Mauern schlägt, ziehen sie die Vorhänge zu, machen sich eine Tasse Tee und singen Lieder am Kaminfeuer. So übertönen sie den Lärm der Wogen und vergessen die Gefahr.<

Das Meer sagt:

»Ich bin das Meer. Wenn ich ruhig bin, rollt meine Dünung sanft den Strand hinauf, und ich bedrohe das kleine Haus nicht. Aber wenn sich ein Sturm erhebt und der Wind meine Wogen aufpeitscht, dann wäre mir lieber, wenn das Haus nicht da wäre, weil ich mich nicht so austoben kann, wie ich möchte, ohne es zu gefährden. Das Haus hat an meinem Strand überhaupt nichts zu suchen: Es ist mein Strand, und ich brauche ihn, um darauf zu tollen. Ich möchte das Haus und seine Bewohner nicht zerstören, aber sie haben sich widerrechtlich meines Gebiets bemächtigt, nicht ich mich des ihren. Mit Rücksicht auf sie versuche ich, mich zurückzuhalten, aber das ist nicht gut für mich. Ich muß tanzen und herumtoben können, das liegt in meiner Natur. Ich muß manchmal tosen. Ein Meer kann nicht immer ruhig sein, und wenn ich aufgewühlt bin, brauche ich vor allem Platz.«

Schon ist ein wichtiger neuer Punkt zum Vorschein gekommen. Es ist durchaus kein neurotisches, karrieresüchtiges Ich, das fürchtet, von Emotionen überwältigt zu werden; in Wahrheit fürchte ich, daß sich *meine* Emotionen als zu stark für jeden (mich selbst eingeschlossen) erweisen könnten, der sie in einer heimeligen, beschränkten häuslichen Situation im Zaum zu halten versuchte. Der Traum enthält eine direkte »existentielle Botschaft«, wie Perls es nannte: Ich sehe das häusliche Leben als eine Domäne, in der Emotionen nicht offen und ehrlich zum Ausdruck gebracht werden dürfen, obwohl dies eine wesentliche Voraussetzung meines Wohlbefindens ist. Die Leute in dem Haus am Meer lieben das angenehm gruselige Gefühl, das sie beim Toben der Brandung ergreift, möchten aber nicht wirklich mit ihr in Berührung kommen. Ich empfinde die ganze häusliche Lebensweise überhaupt als eine Scheinwelt, eine Selbsttäuschung, die nur dadurch aufrechterhalten werden kann, daß man dem Meer zumutet, seine Natur zu verleugnen und stets ruhig zu bleiben. Dies zeigte mir, daß ich das meiste der sogenannten »warmen, häuslichen Gefühle«, auf die mein Mann und zuvor meine Eltern solchen Wert legten, im Grund für Schwindel halte; jeder Mißklang, der das Spiel »Glückliche Familie« bedroht, wird schnell durch eine Zurschaustellung künstlicher Fröhlichkeit (Singen am Kaminfeuer) im Keim erstickt. Mißklänge werden übrigens nicht nur durch Zornausbrüche hervorgerufen – die der gemütliche

Familienkreis automatisch als böse und destruktiv erklärt –, sondern ebenso durch jede wirklich lebensvolle Äußerung von Freude, sexuellen Gefühlen oder sogar Trauer. Dies wurde noch deutlicher in einem Dialog zwischen dem Meer und der Familie, die in dem Häuschen lebte. Als ich die Rolle der Familie übernahm, veränderte sich meine Stimme von selbst, und ich begann in dem hochmoralisierenden Ton, der mich so sehr an meine Eltern und meinen Mann erinnert, dem Meer Vorwürfe zu machen, daß es »so wild« wurde. Was sie wünschten, war ein Meer, das immer zahm an den Strand plätschert und mit den Gezeiten ruhig steigt und fällt und ihr Haus gar nicht berührt. Offensichtlich fürchtet ein Teil von mir, den ich wahrscheinlich von meinen Eltern übernommen habe, starke Gefühle, doch auch das Meer ist ein Teil von mir, der in dem Dialog zum Ausdruck brachte, daß er einfach tanzen, toben und im Wind schäumen müsse:

> »Ich bin nicht destruktiv; ich brauche nur Platz. Ihr deutet meine Bewegung als zerstörerisch, weil ich gegen euer Haus brande, aber wenn euer Haus etwas oberhalb des Strandes wäre, würdet ihr erkennen, daß ich tanze. Ich habe Todesängste ausgestanden bei dem ständigen Versuch, mich zurückzuhalten, um euer Haus nicht zu zerstören; auf die Dauer kann ich das nicht mehr ertragen.«

Perls schrieb: »Emotionen sind kein lästiges Übel, von dem man sich befreien muß. Die Emotionen sind die wichtigsten Antriebe für unser Verhalten.« Wenn ihnen die physische Ausdrucksmöglichkeit verweigert wird, dann führen sie laut Perls zu einem Zustand der Beklemmung, in dem der Mensch empfindungslos wird: Sein sinnliches Wahrnehmungsvermögen – Sehen, Hören, Schmecken, Riechen und Berühren – wird stumpf. Das Ziel der Gestalt-Therapie ist die Wiedererweckung solch eines »lebenden Leichnams«.

Ein Gestalt-Therapeut hätte die Stimmen meiner Eltern und meines Mannes, die in so verurteilendem, moralistischem Ton sprachen, sobald sich meine Gefühle ausdrückten, sogleich als »Topdog« meiner Persönlichkeit identifiziert. Der »Topdog« (im Englischen »Oberhund«) ist immer selbstgerecht und autoritär; er weiß alles am besten. Seine Lieblingsworte sind: »Du solltest – »Du müßtest« – »Du darfst nie« und so weiter. Er operiert mit Katastrophenandrohungen – in meinem »Zwei-Häuser-Konflikt« etwa folgendermaßen: »Wenn du deinen Gefühlen und Emotionen freien Lauf läßt, wird dich niemand gern haben oder überhaupt in deiner Nähe sein wollen«, oder: »Du wirst dich selbst und alle, die du liebhast, zerstören«. Diese Stimmen, die schon Teil von mir geworden sind, quengeln ständig: »Beruhige dich, beherrsche dich, mach niemandem Ärger, bewahre Frieden«, und sie kritisieren mich als »destruktiv, Unruhestifterin, ein Monstrum, das sich schämen sollte«.

Der Empfänger von soviel innerer Kritik ist der Persönlichkeitsteil, den die Gestalt-Therapie »Underdog« (»Unterhund«) nennt. Er protestiert zwar gegen die Nörgelei, scheint aber nie ganz überzeugt, ob er nicht doch all das wirklich ist, was der »Topdog« ihn nennt. Gewöhnlich ist er reumütig gestimmt, auf Selbstverteidigung bedacht, schmeichlerisch und manipulierbar, aber er hat keine Macht. Er sagt »Ja, ja, ich weiß, daß du recht hast, und will versuchen, mich zu bessern, aber ich kann nichts dafür, wenn ich versage«. In meinem eigenen Fall bemühe ich mich dann, meine Emotionen zu zügeln – mit dem Ergebnis, daß sie später unweigerlich mit verstärkter Heftigkeit hervorbrechen und jeden, einschließlich mich selbst, überzeugen, daß ich wirklich ein Monstrum bin.

Perls nennt Topdog und Underdog die beiden Clowns der Persönlichkeit, die ihre Tortur unterhalb der Ebene bewußter Wahrnehmung betreiben. Wir haben einen Topdog und einen Underdog für jeden spezifischen Konflikt – wann immer eine Schwierigkeit im Leben auftaucht, erscheinen die beiden Clowns und beginnen ihr quälendes Spiel. Beide ringen um die Vorherrschaft, und es ist ein Kampf »bis aufs Messer«, der all die Kräfte aufzehrt, die für ein konstruktives Leben benötigt würden.

Beim Ausagieren meines Traums war mein Underdog-Meer bereits im Begriff, sich aufzulehnen. Hätte ich mit einer Gruppe gearbeitet, so hätte mich der Leiter wahrscheinlich aufgefordert, zu jedem einzelnen Teilnehmer hinzugehen und mit größtmöglicher Überzeugung zu sagen: »Ich bin nicht destruktiv, ich habe ein Recht zum Selbstausdruck«, bis die Gruppe den Eindruck gewonnen hätte, daß ich es wirklich so meinte. Vielleicht hätte er die Gruppe auch gebeten, einen engen Kreis um mich zu bilden und immer näher auf mich zuzukommen, bis ich schließlich hätte schreien müssen: »Sperrt mich nicht ein, zerquetscht mich nicht!«, und versucht hätte, aus der Umzingelung auszubrechen. Die Absicht dieses Verfahrens ist, die Macht des Topdogs zu brechen und dem Underdog zu erlauben, offen seine Bedürfnisse auszudrücken. In meinem Fall hieß das, mich nicht in eine beschränkte Lebensform zwängen zu lassen, nur weil sie »normalen« Menschen begehrenswert erschien.

Perls sagte, es sei nicht notwendig, jedes Element oder Ereignis in einem Traum durchzuarbeiten, solange der Träumer wenigstens *eine* existentielle Botschaft erhalte. Ich hätte also mit gutem Gewissen an diesem Punkt abbrechen können, wäre mir nicht aufgefallen, daß in dem Dialog zwischen dem Meer und den Hausbewohnern ein bisher unbeachteter Dritter erwähnt wurde: der Wind, ohne den das Meer das stille und beschauliche Wesen geblieben wäre, das sich die Bewohner wünschten. Also ließ ich auch noch den Wind zur Sprache kommen. Das Ergebnis war einigermaßen überraschend. Der Wind sagte:

»Ich bin der Wind. Ich glaube, ich bin Gottes Atem, der Adam aus einem Stück Lehm zu einem lebenden Wesen verwandelte. Ich hauche den Menschen Leben ein und wehe Samen über die ganze Erde. Zugegeben, manchmal bin ich wie ein Wirbelsturm; doch die Leute sind töricht, die mich dieser Eigenschaft wegen destruktiv nennen oder sich ärgern, wenn ich die Hüte vom Kopf blase oder an Fensterläden rüttele. Wenn die Menschen ihre Häuser direkt am Meeresufer errichten, so ist dies ihre Schuld. Und jener, der sein Glashaus oben auf den Hügel setzen ließ, ist genauso dumm, weil er nicht bedacht hat, wie stark und elementar ich bin. Ich wünschte, die Menschen würden mich mehr beachten, denn ich bringe Botschaften von Gott. Doch sie sollten mir von vernünftiger Warte aus zuhören, denn ich bin außerordentlich stark und unberechenbar. Ein Haus auf halber Höhe des Berges wäre ein guter Platz zum Wohnen, denn hier könnten mir die Menschen ungefährdet lauschen; sie könnten sogar eine Windmühle bauen, um meine Kraft zu nutzen. Aber niemals wären Menschen fähig, mich zu zähmen oder zu beherrschen, denn ich bin größer als sie.«

Hier ist eine weitere existentielle Botschaft zu erkennen: Die Kraft meiner Emotionen (der Wind auf dem Meer) ist identisch mit der lebenspendenden Kraft, die die ganze Natur durchdrängt und den Menschen zu schöpferischem Denken inspiriert. Es wäre also genauso töricht von mir, völlig in akademischem Intellektualismus aufzugehen (das Glashaus auf dem Hügel), als mein Leben ungeistiger Häuslichkeit zu verschreiben (das Haus am Strand). In beiden Fällen wäre der Wind alles andere als eine Quelle schöpferischer Energie, sondern vielmehr ein Störfaktor in meinem starr abgegrenzten Lebensstil.

Ich hoffe, ich habe an diesem Beispiel deutlich gemacht, wie ein Traum zu Hause genutzt werden kann, ohne daß eine Gruppe dabei hilft. Die Vorteile der Mitarbeit anderer – zumal eines erfahrenen Gruppenleiters, der beim Ausagieren eines Traums fast unmerkliche Gefühlsnuancen zu entdecken vermag – liegen auf der Hand, sind aber nicht unabdingbar. In seinem Buch *Gestalt Therapy Verbatim* gibt Perls viele Tips, wie sich der Träumer seiner eigenen Sperren bewußt werden kann. Wenn man zum Beispiel Schwierigkeiten hat, die Rolle einer bestimmten Figur in seinem Traum zu spielen, so kann man sicher sein, daß sie einen entfremdeten Persönlichkeitsteil verkörpert, den man ignorieren möchte. Man sagt sich einfach: »Das bin nicht ich.« Je zersplitterter eine Persönlichkeit jedoch ist, desto mehr Alpträume (bzw. unangenehme Träume) pflegt sie zu haben, und je weiter ihre Wiederherstellung fortschreitet, desto geringer wird die Zahl von schlechten Träumen sein.

Im großen und ganzen arbeitete Perls lieber mit kurzen denn mit langen Träumen, weil sie weniger verwirrend sind; er betonte, daß selbst ein halberinnertes Traum-Bruchstück genügen könne, um den schöpferischen Prozeß der Persönlichkeitserschließung in Gang zu bringen. Hier ein Beispiel: Ein ziemlich selbstbewußter, steifer Geschäftsmann trug unserer Gruppe folgendes Traum-Fragment vor und sagte gleich dazu, daß wir daraus unmöglich etwas Brauchbares entnehmen könnten. »Ich kann mich nur noch daran erinnern, daß ich auf den Teppich uriniert habe«, sagte er. Da er ein wenig in Freudschen Theorien bewandert war, sah er darin den Wunsch, in den Zustand ungehemmter kindlicher Freiheit zurückzukehren, in der jeder Trieb sofort seine Befriedigung findet. Er fügte aber hinzu, daß dies wohl keine sehr aufschlußreiche Erklärung sei.

Der Gruppenleiter bat ihn, einen Dialog mit dem Teppich zu agieren, indem er beim jeweiligen Rollenwechsel die Stühle tauschte, die sich gegenüber standen. Der Dialog enthüllte sehr schnell das »Topdog«- und »Underdog«-Element in seiner Persönlichkeit. Er lautete etwa folgendermaßen:

TEPPICH: Warum pinkelst du auf mich?

MANN: Du lieber Himmel, ich habe dich nicht einmal bemerkt. Aber jetzt, wenn ich dich so betrachte, kann ich nur finden, daß du sowieso alt und abgenützt bist – auch schmutzig –, zu nicht viel mehr nütze als darauf zu pinkeln, würde ich meinen.
TEPPICH: Also das ist ungerecht. Ich protestiere . . .

An diesem Punkt schaltete sich der Gruppenleiter ein, um den »Teppich« aufzufordern, mit mehr Überzeugung zu protestieren, als ob er wirklich tief empört sei. Der Geschäftsmann ging darauf von einem Gruppenmitglied zum anderen und wiederholte mit erhobener Stimme »Hör auf, mich zu bepinkeln« – zuerst noch zögernd, dann aber mit zunehmender Lautstärke, bis er zum Schluß vor Wut förmlich platzte, seine Fäuste schüttelte und aus vollem Halse schrie. Der Leiter forderte ihn auf, sich wieder auf den Stuhl zu setzen und die Teppichrolle weiterzuspielen.

TEPPICH: Ich bin vielleicht alt und ein bißchen abgetreten, aber ich will nicht, daß Leute mich bepinkeln. Ich bin aus gutem Material. Ich bin nützlich und schön warm. Tatsächlich bin ich sogar ein wirklich guter Teppich.

Die existentielle Botschaft war klar: In seinem Geschäftsleben litt der Mann unter einem ständigen Gefühl der Zurücksetzung; er forderte aber Erniedrigungen selbst heraus, weil er tiefinnerlich glaubte, daß er es nicht anders verdiente. Dieses Traumfragment brachte ein großes »Loch« in seiner Persönlichkeit ans Licht und ermutigte ihn, den »verborgenen Schatz« seines fehlenden Selbstvertrauens zu heben.

Wenn sich jemand selten an vollständige Träume erinnern kann, rät Perls zur Frage: »Träume, warum kommt ihr immer nur in Bruchstücken zu mir?« Ein Gruppenmitglied erhielt von sich selbst folgende Antwort: »Weil wir dich ein bißchen foppen und auf die Folter spannen wollen. Wir möchten dein Interesse erregen. Würden wir dir gleich alles verraten, könntest du uns vielleicht langweilig finden.« In ähnlicher Weise sollten wir bei schlechten Träumen fragen: »Träume, warum versucht ihr, mich zu ängstigen?« Ein anderes Gruppenmitglied gab sich darauf folgende Antwort: »Weil dein Leben nicht immer nur angenehm sein soll. Wenn du einen glücklichen, erfolgreichen Tag hattest, ist es nicht mehr als recht und billig, daß du nachts ein bißchen leidest. Wenn du einen schlechten Tag hattest, werden wir dich nachts etwas aufmuntern.« Etwas Ähnliches meinte Jung wohl mit den Kompensationsträumen, in denen sich das tiefinnere Gefühl ausdrückt, allzuviel Glück stehe uns nicht zu, aber wir sollten auch nicht mehr als einen gerechten Teil an Unglück erleiden.

Perls wandte diese Technik auch bei Leuten an, die sich selten oder gar nicht an Träume zu erinnern vermögen. Er vertrat die Ansicht, daß das Vergessen von Träumen eine List sei, um die Auseinandersetzung mit Unannehmlichkeiten zu vermeiden, und gewöhnlich von Leuten angewandt würde, die mit dem Leben vermeintlich ganz gut zurecht kämen. Er forderte sie auf, mit ihren vergessenen Träumen zu reden: »Träume, wo seid ihr?« Die Antwort ist immer interessant. Während ich dies niederschreibe, fällt mir ein, daß ich schon mehrere Wochen keinen einzigen wirklichen Traum im Gedächtnis behalten habe, was für mich ganz ungewöhnlich ist. Ich frage also meine Träume, was passiert sei, und sie antworten: »Wir möchten dich in diesem Stadium nicht mit noch mehr Material verwirren, deswegen halten wir uns eine Weile zurück. Wir werden wiederkommen, wenn das Buch fertig ist. Du hast ausreichend Stoff für deine Arbeit. Wenn wir jetzt erscheinen, wirst du deine Zeit damit verbringen, uns zu deuten, und dich womöglich von neuen Ideen durcheinanderbringen lassen.« Man kann sich leicht vorstellen, daß ein Mensch, der sich chronisch nicht an seine Träume erinnert, eine ähnliche Antwort in bezug auf sein Leben als Ganzes erhalten könnte.

Gestalt-Techniken sagen uns nicht viel über den Traum an sich – seinen Ursprung, seine Natur und seinen Zweck –, aber es kann keinen Zweifel daran geben, daß sie uns oft eine Menge über uns selbst erzählen können. Nach meiner Erfahrung läßt sich diese Methode nicht bei jedem anwenden, vor allem nicht bei solchen Menschen, die mit ihrer inneren Vorstellungswelt nur schwer in Kontakt kommen; in diesen Fällen würde ich Halls Traumarbeitsverfahren empfehlen. Doch bin ich überzeugt, daß Perls' Behauptung, er könne mit Hilfe der Gestalt-Methode in einer halben Stunde zum Kern der Persönlichkeit vordringen, richtig ist; ein Psychoanalytiker dagegen braucht oft Monate, um Ergebnisse zu erhalten. Wie ich bereits sagte, werden die besten Resultate bei der Arbeit in der Gruppe erzielt, die ein erfahrener Leiter führt. Doch auch zu Hause können Gestalt-Techniken mit großem Nutzen angewendet werden.

Während sich Hall und Perls ziemlich unterschiedlicher Methoden der Trauminterpretation bedienen (Perls möchte sogar das Wort »Interpretation« vermeiden), haben ihre Traumtheorien manches gemeinsam.

1. Beide bestätigen, daß Träume eine symbolische Bildersprache verwenden, und befassen sich mit der Frage, was diese über den Träumer und seine Probleme *verrät,* statt sie wie Freud als Tarnmechanismus zu behandeln, der den Träumer täuschen will.

2. Beide betonen wie Jung, daß sich jeder einzelne Traum auf die *gegenwärtige* Lebenssituation des Träumers sowie auf die Grundstruktur seines Charakters bezieht, die durch Kindheitserfahrungen geformt wurde. Beide forschen nach der »existentiellen Botschaft« des Traums im Jetzt und Hier und führen Bezüge auf frühe charakterbildende Erfahrungen selbst nur beiläufig an.

3. Beide stimmen mit Jung darin überein, daß der Traum so gedeutet werden solle, wie es für den Träumer am nützlichsten ist. Wenn der Traum etwas an die Oberfläche bringt, was wie ein unbewußter infantiler Wunsch aussieht, sollte er daraufhin untersucht werden, wie dieser Wunsch das jetzige Leben des Betreffenden beeinflußt. Andererseits enthalten Träume sehr viel mehr als nur Wünsche, und wir sollten immer nach ihrer wichtigsten Botschaft Ausschau halten, was immer sie besagen mag.

4. Weil beide Methoden einfach und direkt sind, kann sie jedermann zu Hause praktizieren, um persönliche Probleme und Konflikte zu erkennen. Es handelt sich nicht um hochspezialisierte Disziplinen, die nur von Experten im Behandlungszimmer angewandt werden können. Auch befassen sie sich nicht mit der Behandlung geistiger Erkrankungen.

Alle diese Punkte scheinen mir durch die Erkenntnisse moderner Traumforschung bestätigt worden zu sein, aber ich möchte nicht abstreiten, daß Träume auch bei der professionellen Behandlung von Geisteskrankheiten von Nutzen sein können. Ich empfehle sogar jedem, den seine Träume ernstlich beunruhigen, fachmännischen Rat zu suchen, zumal dann, wenn er vermutet, daß solche Träume mit geistiger Unstabilität zusammenhängen. Ich rate vor allem jenen, die mit dem in der Folge erörterten Experiment nicht zurechtkommen, es aufzugeben oder Hilfe zu suchen – besonders wenn sie das Gefühl haben, in irgendeiner Weise davon überwältigt zu werden. In einem solchen Fall würden die Träume gemäß Perls sagen: »Wir wachsen dir über den Kopf. Geh und hole Hilfe.«

Ich möchte keineswegs den Eindruck erwecken, daß die orthodoxe Freudsche Psychoanalyse nichts zu bieten hätte. Ich glaube durchaus, daß eine ernsthaft gestörte Person in psychoanalytischer Behandlung von der Freudschen Traumdeutungsmethode profitieren kann. Voraussetzung dafür ist, daß die Kindheitskonflikte aufgedeckt werden, die für die Neurose verantwortlich sind. Im allgemeinen aber, so glaube ich, fühlen sich »Normale« durch das Freudsche Verfahren gehemmt, zumal wenn seine Anwendung durch Theorien beeinflußt wird, die in heutiger Sicht überlebt und irrig sind.

Zu Freuds großen Verdiensten gehört es, daß er uns ein so einfallsreiches Repertoire an handlichen Begriffen hinterließ, von denen viele in die Alltagssprache eingegangen sind. Jedermann sind heute Wörter wie »Ödipuskomplex«, »Penisneid« und »Kastrationsangst« geläufig, wenn wir auch nicht alle mit der strikten Freudschen Begriffsbestimmung einverstanden sind.

So nützlich die Freudsche Traumdeutung in der medizinischen Praxis sein mag, für den Hausgebrauch ist sie nicht geeignet. Ich möchte zeigen, wie Träume gewöhnlichen, »normalen« Menschen im täglichen Leben helfen können, sich selbst besser kennen und verstehen zu lernen. Ich werde mich dabei im großen ganzen auf die Verfahren von Hall und Perls beschränken, die beide Jung viel verdanken, und zeigen, wie diese Verfahren mit größtmöglichem Gewinn zu Hause angewandt werden können. Jung hat mich auf eine kleine Anzahl ziemlich spezieller Träume aufmerksam gemacht, die wiederum eine ganz andere Interpretationsweise erfordern. Sie werde ich im 10. Kapitel erörtern. Bei der Trauminterpretation darf man sich nicht fragen »Welche Methode ist die korrekte?« sondern »Wann muß ich einer bestimmten Methode den Vorzug vor einer anderen geben?«

Im Verlauf meiner langjährigen Traumforschung habe ich festgestellt, daß es nützlich ist, drei Arten von Traumerkenntnissen zu unterscheiden:

a) Erkenntnisse über Tatsachen in der Außenwelt, die im Laufe des Tages unbewußt wahrgenommen wurden, aber nicht ins Bewußtsein gedrungen sind. Deshalb lautet meine erste Frage immer »Enthält der Traum irgendeine objektive Wahrheit«? – das heißt, reflektiert er irgendeine tatsächliche Information über gegenwärtiges Geschehen und nicht nur einen subjektiven Eindruck? Ich nenne diesen ersten Schritt den »Blick nach draußen«.

b) Finde ich in einem Traum keine Spuren einer objektiven Wahrheit, wende ich Halls »Bilderbetrachtungs«-Methode an, um die Lebensauffassung des Träumers herauszufinden. In diesem Fall benütze ich den Traum als einen Vexierspiegel, der die äußere Realität verzerrt widerspiegelt, aber der inneren Einstellung des Träumers entspricht. Diesen zweiten Schritt nenne ich den Blick in die »Spiegelwelt«.

c) Schließlich können Träume Einblick in das tiefste innere Ich des Träumers gewähren. Dies kann bei Träumen vorkommen, die bereits Erkenntnisse in anderen Schichten vermittelt haben, wie es etwa in meinem »Zwei-Häuser«-Traum der Fall war. Es gibt aber auch Träume, die diese tiefe Interpretation von vornherein erfordern, da sie aus bizarren magischen oder mythischen Bildern und Themen bestehen, die unmittelbar aus einer tiefen Schicht der Persönlichkeit heraufgestiegen zu sein scheinen. Aber auch solche Träume werden, wie alle anderen, in erster Linie durch Ereignisse im Wachzustand hervorgerufen; letzten Endes kreisen sie jedoch mehr um einen inneren, psychischen Zustand als um die äußere Realität. Interpretation auf dieser Ebene nenne ich »Blick nach innen«; für sie finde ich Perls' und Jungs Methoden besonders geeignet. Während die »Spiegel«-Interpretation uns verrät, wie wir uns selbst, andere und die Welt sehen, kann uns der »Blick nach innen« oft erzählen, warum wir solche Anschauungen überhaupt entwickelt haben.

Ich glaube, wenn wir Träume von jedem dieser drei Standpunkte aus untersuchen und dabei die adäquateste Interpretationsmethode anwenden, kann man so etwas wie eine umfassende Deutungsmethode erreichen. Eine Anleitung wird in den nächsten drei Kapiteln gegeben. Die wichtigste Regel aber ist immer, niemals einem Traum eine Bedeutung aufzuzwingen, sondern ihn immer »für sich selbst sprechen« zu lassen.

## 8  Blick nach draußen

Wir alle haben die Neigung, eigene Ängste, Hoffnungen und Wünsche auf die Außenwelt zu projizieren. Aus diesem Grund warnen die meisten Psychologen davor, in Träumen über Verwandte, Freunde und Lebenssituationen nach einer objektiven Wahrheit zu suchen. Calvin Halls Ausspruch ist dafür typisch: »Der Traum ist kein Abbild der objektiven Wirklichkeit und sollte niemals als solches behandelt werden. Wohl ist er genaues Abbild einer Wirklichkeit, jedoch einer subjektiven Wirklichkeit, so wie sie aus der Sicht des Träumers erscheint. Oft entspricht eine subjektive der objektiven Wirklichkeit, aber aus den Träumen allein ist das Ausmaß dieser Entsprechung nicht zu erkennen.«

Obwohl ich mit Halls Feststellung im Prinzip übereinstimme, scheint mir doch die Gefahr zu bestehen, daß wissenschaftliche und psychologische Vorsicht das Kind mit dem Bade ausschütten. Moderne Traumforschung hat ergeben, daß Trauminhalte in der Hauptsache aus aktueller Wacherfahrung stammen. Meine eigene Arbeit hat mir viele Beispiele dafür geliefert, daß Träume Informationen zum Vorschein bringen können, die das Wachbewußtsein beiseite gewischt hat, weil es mit unmittelbaren Problemen beschäftigt ist oder weil ihm diese Informationen unangenehm sind. In solchen Fällen kann der Traum uns sogar sehr wertvolle Aufschlüsse über die äußere Welt liefern, und aus diesem Grund glaube ich, daß wir alle Träume auf Elemente einer objektiven Wirklichkeit hin prüfen sollten. Sie können als Mahnungen, Warnungen und sogar Voraussagungen fungieren, und ich halte es für ebenso töricht, diese Möglichkeit zu ignorieren, wie alle Träume als genau zutreffende Enthüllungen über wirkliche Personen oder Situationen anzusehen.

Das vernünftigste ist meiner Meinung nach, jeden Traum als erstes daraufhin zu prüfen, ob er eine echte Information über äußere Ereignisse enthält, die im Wachleben nicht vom Bewußtsein aufgenommen worden sind. Dies schließt keineswegs aus, daß derselbe Traum auf anderer Ebene noch weitere Einsichten vermitteln kann, und oft wird es notwendig sein, die objektiven Anspielungen sorgfältig aus dem Gesamttraum herauszulesen. Im allgemeinen aber bieten sie sich direkt an, wenn sie auch manchmal in symbolischer Form erscheinen, die man erst übersetzen muß. Wo solche »unterschwelligen Wahrnehmungen« in Träumen auftauchen, können sie meiner Erfahrung nach für den Träumer oft von größerem unmittelbaren Nutzen sein als ihre komplexeren, subjektiveren Gegenstücke.

Ich will mit ein paar ganz einfachen Beispielen beginnen und allmählich zu vielschichtigeren übergehen.

## »Mahn«-Träume

Vor einigen Nächten hatte ich einen Traum, der mich auf ganz einfache, direkte Weise an etwas erinnerte, das ich vergessen hatte. Ich träumte, daß die Gartentür offengeblieben wäre und im Wind klapperte. Ich wachte auf, hörte tatsächlich Türenschlagen, aber als ich hinunterkam, fand ich die Gartentür fest verschlossen. Außerdem war die Nacht windstill und alle anderen Türen zu. Aber die Haustür war nicht abgeschlossen. Irgend etwas in mir muß das gewußt und einen Alarm-Mechanismus in meinem Hirn ausgelöst haben, der die Türen schlagen ließ, damit ich wach würde und die Tür abschlösse.

Einen etwas komplizierteren Mahn-Traum hatte ich einige Jahre früher. Ich träumte, daß ich zu einer psychoanalytischen Gruppensitzung kam und sah, daß sich die Teilnehmer mitten in einer munteren Party befanden. Ich ärgerte mich, weil schon fast alles aufgegessen und der Höhepunkt bereits überschritten war. Vom anderen Ende der Tafel richtete der Gruppenleiter höchst mißbilligende Blicke auf mich. Ich fragte meine Nachbarin, warum sie so früh und ohne mich begonnen hätten, und sie antwortete: »Haben Sie vergessen? Wir sollten diese Woche doch alle etwas früher kommen.« Ich wachte auf und erinnerte mich, daß meine wöchentliche Gruppensitzung am gleichen Tag stattfinden sollte und der Leiter uns tatsächlich gebeten hatte, eine Stunde früher als sonst zu kommen, was ich völlig vergessen hatte.

Einen ähnlichen »Verabredungs«-Traum hatte ich vor kurzem. Ich träumte, wir spielten Strip-Poker (Auszieh-Poker), und als der Augenblick für mich gekommen war, die Strumpfhose auszuziehen, stellte ich mit Entsetzen fest, daß meine Beine mit dicken schwarzen Haaren bewachsen waren. Beim Aufwachen sah ich meine Beine an: Der Traum hatte zwar sehr übertrieben, aber immerhin war eine Wachsbehandlung fällig, die ich gewöhnlich alle sechs Wochen durchführen lasse. Da man sich dafür normalerweise vierzehn Tage vorher anmelden muß, rief ich sofort bei dem Schönheitssalon an und erfuhr, daß ich mich tatsächlich für den gleichen Nachmittag hatte vormerken lassen.

In einem Fall wie diesem fällt es mir besonders schwer, an den Wert der psychoanalytischen oder selbst der Hallschen Interpretation zu glauben – die eine hätte den Traum als »Penisneid« gedeutet, und die andere hätte gesagt, daß ich mich »als Mann« sehe. Weit sinnvoller scheint mir die Annahme, daß mein Hirn die Tatsache der Verabredung irgendwie registrierte und mir im Traum eine kleine Mahnung zukommen ließ, weil mein Wachbewußtsein zu überlastet war. Warum passiert so etwas nicht öfter? Die Antwort darauf ist, daß es wahrscheinlich viel häufiger vorkommt, als wir annehmen; wir erinnern uns ja immer nur an Bruchteile unserer Träume. Möglicherweise träumen wir nur dann von Verabredungen, wenn das Hirn im Laufe des Tages bei irgendeiner Gelegenheit eine Diskrepanz zwischen unseren Plänen für den nächsten Tag und unseren aufgespeicherten Informationen wahrgenommen hat. Dadurch entsteht eine Art ungelöstes Rätsel, das im Laufe der Nacht in unserem Kopf rumort.

In diesen letzten beiden »Mahn«-Träumen scheint mein Hirn die rätselhafte Diskrepanz in eine »Geschichte« eingesponnen zu haben, die hätte passieren können, wenn ich die Verabredung vergessen hätte. Eine unserer Gruppenteilnehmerinnen erlebte ein noch eindringlicheres Beispiel dieser Art. Im Traum befand sie sich in der Klinik und bekam ein Baby. Sie erwachte und grübelte darüber nach, ob der Traum den »Freudschen« Wunsch nach einem Kind oder den »Jungschen« Eintritt in eine neue Lebensphase anzeige. Dabei fiel ihr plötzlich ein, daß sie vergessen hatte, die Pille zu nehmen. Sie stand sofort auf, um das Unterlassene nachzuholen. Dieser Traum war ganz offensichtlich das Ergebnis der Erwägungen, die ihr Hirn über die Konsequenzen dieses Versäumnisses angestellt hatte.

Ähnlich war der Traum einer anderen Gruppenteilnehmerin. Sie bemerkte beim Überschreiten einer Landesgrenze, daß sie keinen Paß bei sich hatte. Als sie aufwachte, suchte sie sofort ihren Paß heraus, da sie eine Woche später in die Ferien fahren wollte. Zu ihrer Erleichterung befand sich der Paß genau dort, wo er sein sollte. Sie wollte den Traum bereits als Überschreiten der Grenzen zum Unbewußten interpretieren, als sie feststellte, daß der Paß während ihrer geplanten Ferien, einer Europareise, ablaufen würde, was höchst unangenehm hätte werden können. Meiner Ansicht nach war dieser Traum eine Mahnung, den Paß erneuern zu lassen.

Ich habe festgestellt, daß solche Traumhinweise ziemlich häufig vorkommen, aber zumeist handelt es sich nicht um bestimmte Begebenheiten, die vergessen, sondern um bewußte Beunruhigungen, die nicht beachtet werden. In solchen Fällen scheint der Traum die Besorgnisse noch zu verstärken, indem er ausmalt, was passieren kann, wenn wir sie nicht beachten. Ich nenne solche Träume deshalb »Warn«- statt »Mahn«-Träume. Doch will ich damit nicht behaupten, daß der Traummechanismus exakte Unterscheidungen macht.

## »Warn«-Träume

Dr. William Dement, der bereits erwähnte moderne Traum-Pionier, wachte eines Morgens sehr besorgt auf: Man hatte ihm in seinem Traum die Diagnose Lungenkrebs gestellt. Der Traum und die damit verbundenen Angstgefühle beeindruckten ihn dermaßen, daß er für zwei Jahre das Rauchen aufgab.

Einem Freudschen Analytiker würde es schwerfallen, solche Träume als »Wünsche« zu deuten, und das war auch einer der Punkte, warum Alfred Adler darauf bestand, in solchen Fällen mehr gesunden Menschenverstand walten zu lassen. Dr. Rudolf Dreikurs illustrierte den Adlerschen Gesichtspunkt mit der Geschichte von dem Patienten, der träumte, daß er im Gefängnis säße. Er hatte gerade seine Einkommensteuererklärung falsch ausgefüllt, doch machte er sich nicht klar, daß der Traum etwas damit zu tun haben könnte, bis er ihn ein paar Tage später zur Analyse mitbrachte. Er erinnerte sich dann auch, daß er beim Wachwerden beschlossen hatte, die falsche Erklärung nicht abzugeben. Dieser Traum scheint seine Warnung auf rein emotionaler Ebene abgegeben zu haben; der Träumer empfand zwar ein unbehagliches Gefühl darüber, gegen das Gesetz zu verstoßen, aber das Problem drang nicht richtig bis ins Bewußtsein. Adler beschäftigte sich vor allem mit dem Prinzip, daß der Traum die Sorgen des Träumers immer wieder zu rekapitulieren scheint und dadurch manchmal auf

Gefahren hinweist, die sonst leicht übersehen würden.

Als meine Tochter geboren wurde, hatte ich verschiedentlich Angstträume, daß ich sie wieder verlieren würde – so wie es vielen Müttern vor der Geburt ihres ersten Kindes ergeht. Psychoanalytisch werden diese Träume oft als Wunsch gedeutet, das Kind wieder loszuwerden, was ein Körnchen Wahrheit enthalten mag, da neugeborene Babys eine Menge Unannehmlichkeiten bereiten. In den meisten Fällen jedoch sind wir uns solcher flüchtigen Wünsche durchaus bewußt, so daß uns diese Interpretation nichts Neues sagt. Tatsächlich können uns aber Träume verraten, wie das Kind zu Schaden kommen könnte, und es lohnt sich oft, sie nach Hinweisen auf mögliche wirkliche Gefahren zu durchleuchten. Zum Beispiel träumte ich einmal, die Katze habe das Nachtlicht im Kinderzimmer umgestoßen und damit das Haus in Brand gesetzt. Das Ergebnis war, daß ich die Katze gleich am nächsten Tag zu Freunden brachte und auch das Nachtlicht nicht mehr benutzte. Der Traum erschien mir wie eine Verschmelzung von zwei möglichen echten Gefahren: der Katze, die auf das Baby in seinem Bettchen springen, und der Lampe, die aus verschiedensten Gründen umfallen konnte.

Später, als meine Tochter anfing zu laufen, träumte ich, daß sie durch das Geländer der Gartentreppe gefallen wäre, und sofort ergriff ich entsprechende Vorsichtsmaßnahmen. Auch träumte ich einmal, daß ich mit ihr auf den Armen die Treppe hinunterfiel, weil ich mit dem Fuß in einem Loch im Läufer hängengeblieben war. Tatsächlich war ich im Wachleben schon ein paarmal an der Stelle gestrauchelt und hatte mir vorgenommen, den Teppich sofort ausbessern zu lassen – wobei es bis zu diesem Traum geblieben war. In beiden Fällen waren mir meine Befürchtungen mehr oder weniger bewußt gewesen, doch hatte ich die Tragweite weiterer Nachlässigkeit ignoriert. Träume wie diese veranlassen uns viel eher als alle bewußten guten Vorsätze der Welt, für Abhilfe zu sorgen, indem sie schreckliche Dinge an die Wand malen und uns alle damit verbundenen Emotionen durchleben lassen. Doch verschlafen wir so viele unserer Träume, daß es auf die Dauer bestimmt sicherer ist, Unerledigtes zu notieren, statt es irgendwo in einem Winkel unseres Kopfes aufzubewahren, wo es zum Rohmaterial für Alpträume wird.

Einen amüsanten Traum erzählte mir einmal eine Freundin, die ich gebeten hatte, mir kurz ihren Kamm zu leihen. Sie gab mir den

Kamm und sagte: »Darauf habe ich nur noch gewartet. Jetzt wasche ich meine Haarbürste aber sofort.« Als ich sie völlig verwirrt ansah, erklärte sie: »Seit Wochen drücke ich mich darum herum, meine Haarbürste zu waschen. Dann träumte ich kürzlich, daß die Queen zu mir zum Tee käme. Gerade als wir uns hinsetzten, bemerkte ich mit Schrecken, daß meine schmutzige alte Haarbürste mitten auf dem Teetisch lag. Ich versuchte, sie schleunigst zu verstecken, und erwachte in höchster Aufregung.« Wenn ich auch nicht die Queen war und der Traum die möglichen Folgen eines solchen Versäumnisses stark übertrieben hatte, handelte es sich doch eindeutig um eine Warnung. Die Freudsche Interpretation der Queen als Muttersymbol würde dem praktischen Wert dieses Traums wenig oder gar nichts hinzufügen, da jeder weiß, daß unsere Mütter unsere schlampigen Gewohnheiten mißbilligen. In diesem Fall hatte das träumende Hirn einfach die berühmteste Figur gewählt, die ihm einfiel.

»Mahn«- und »Warn«-Träume beziehen sich auf Situationen oder Ereignisse, die uns irgendwann einmal bewußt geworden sind, die wir aber zunächst auf Eis gelegt haben. Es gibt aber auch Träume, die sich auf gegenwärtige Situationen beziehen, die wir nicht bewußt wahrgenommen haben. Ich nenne sie deshalb »hellseherische« Träume, obwohl sich gewöhnlich eine ganz natürliche Erklärung dafür findet, wie ich noch zeigen werde.

## »Hellseherische« Träume

Verschiedentlich sind mir Träume begegnet, die etwas aussagten, was das Hirn eigentlich nur auf übernatürliche Weise erfahren haben konnte. Solche Träume hinterlassen oft Gefühle größten Unbehagens. Eine meiner ersten Erfahrungen dieser Art machte ich in der Schule. Die Klassenlehrerin verkündete eines Tages, unsere Musiklehrerin, Miss R., habe Urlaub genommen, um ihre plötzlich erkrankte Mutter zu pflegen. In der Nacht träumte ich, Miss R. hätte den Schulgärtner geheiratet. Ich erzählte das am nächsten Morgen meinen Mitschülerinnen, und wir alle kicherten bei der Vorstellung, daß die ziemlich steife Miss R. den recht gut aussehenden Gärtner geheiratet hätte. Da wir ihn anschließend mehrere Wochen lang nicht sahen, stellten wir Erkundigungen an und entdeckten, daß mein Traum recht gehabt hatte. Wir waren schrecklich beeindruckt, und natürlich wurde ich aufgefordert, mit

Hilfe meiner Träume Examensfragen, die Zukunft meiner Kameradinnen etc. vorauszusagen. Die Ergebnisse waren meistens enttäuschend, aber hätte ich etwas Ausdauer gehabt, wäre ich vielleicht Hellseherin statt Psychologin geworden!

Als ich später über diese Erfahrung nachdachte, erinnerte ich mich, daß ich Miss R. tatsächlich ein- oder zweimal mit dem Gärtner im Gelände hatte umherwandern sehen, und ein paar Tage vor ihrer Abreise hatten einige Mädchen erwähnt, daß der Gärtner nicht mehr da zu sein scheine. Auch erinnerte ich mich, daß ich Miss R. leise eine Liebesmelodie hatte summen hören, als sie am Tag vor ihrer Abreise im Flur an mir vorbeikam. Das alles war mir aber nicht direkt bewußt geworden. Als die Klassenlehrerin ihre Neuigkeit verkündete, muß irgend etwas in meinem Kopf Verwunderung darüber registriert haben, daß Miss R. bei der Aussicht, eine kranke Mutter zu pflegen, so fröhlich war. In irgendwelchen Tiefen meines Bewußtseins muß ich dann nach einer möglichen Aufklärung herumgesucht haben und kam auf die Romanze mit dem Gärtner. Mein schlafendes Gehirn hatte dies bei seiner nächtlichen Verarbeitung des Tagesmaterials aufgegriffen und mir als eine Art Bildergeschichte präsentiert.

Ein erheblich unangenehmerer »hellsichtiger« Traum wurde mir von Joan, einem Mitglied meiner eigenen Traumforschungsgruppe, mitgeteilt. Sie erschien eines Abends in Tränen aufgelöst und erzählte, sie habe im Traum im Sportjackett ihres Mannes einen Brief gefunden. Sie war wach geworden, bevor sie den Brief lesen konnte. Als ihr Mann das Haus verlassen hatte, war sie tief beunruhigt und ziemlich schuldbewußt zum Kleiderschrank ihres Mannes gegangen. Zu ihrem Entsetzen fand sie tatsächlich einen Brief in der Brusttasche seiner Jacke. Er stammte von einem Mädchen, von dem sie noch nie gehört hatte, und bewies glasklar, daß es sich um eine seit längerem bestehende Affäre handelte.

Die Gruppe bestürmte Joan, sie solle versuchen, sich an mögliche unterbewußte Wahrnehmungen zu erinnern, die für den Traum verantwortlich sein könnten. Sie gab dann zu, daß ihr Mann in den letzten Monaten häufiger nachts nicht nach Hause oder später als sonst von der Arbeit gekommen sei. Ein- oder zweimal hätte er auch den Telefonhörer abrupt aufgelegt, als sie das Zimmer betrat. Er hatte etwas von Überstunden gefaselt, und sie hatte das akzeptiert. Wir folgerten daraus, daß sie diese kleineren Diskrepanzen zwar wahrgenommen, aber verdrängt haben müsse, weil sie der Möglichkeit, daß ihr Mann ihr untreu sei, nicht ins Auge sehen wollte. Vielleicht hatte sie den Brief sogar flüchtig gesehen, als er die Jacke auszog, was dann mit den verschiedenen Beunruhigungen zusammenfiel, die bereits in ihrem Kopf rumorten. Ihr träumendes Hirn führte ihr ihre Befürchtungen dann in einer Bildergeschichte vor. Andererseits kann das Auftauchen des Briefes in dem Traum ein echter Zufall gewesen sein; dann hatte ihr schlafendes Hirn ihre Ängste einfach in die Form des landläufigen Dramas gekleidet, in dem Frauen die Treulosigkeit ihrer Ehemänner durch Briefe entdecken.

In der Woche darauf berichtete David, ein anderes Gruppenmitglied, einen Traum, in dem seine Verlobte von ihrem Ex-Ehemann Geld erhalten hatte, obwohl sie David versprochen hatte, keines mehr anzunehmen. Diese Geldfrage war zu einem Zankapfel zwischen ihnen geworden; er wünschte, daß sie sich völlig von ihrem Mann löste, während sie fand, daß sie das Geld gut gebrauchen könnten bis zu ihrer Verheiratung. David war über den Traum sehr verstört. Er hatte das Gefühl, daß nichts Wahres daran sein könne und daß er ein ungerechtfertigtes Mißtrauen gegen seine Verlobte hege. Er besprach den Traum am nächsten Morgen mit ihr, und gemeinsam versuchten sie, mögliche Charakterschwächen in seiner Persönlichkeit aufzudecken. Als er am Abend nach Hause kam, fand er den Tisch bei Kerzenlicht für zwei gedeckt, und im Eisbehälter wartete eine Flasche Sekt. Nach dem ausgezeichneten Abendessen beichtete ihm seine Verlobte, daß sein Traum die Wahrheit verraten habe: sie hatte tatsächlich Geld von ihrem früheren Mann angenommen und hoffte nun, David würde ihr verzeihen, denn sie hatte es schon ausgegeben. Sie bekannte, daß sie von seiner offensichtlichen Fähigkeit, in Träumen »Gedanken zu lesen«, sehr beeindruckt sei und nie wieder den Versuch machen wolle, ihn zu täuschen.

Die Gruppe war geneigt, dies als eine glückliche Entwicklung in ihrer Beziehung zu betrachten, nicht aber, David irgendwelche übernatürlichen Kräfte zuzuerkennen. Für uns handelte es sich lediglich um ein weiteres Beispiel für das »Detektivspielen« des Hirns. Davids Gehirn hatte einfach gewisse Folgerungen aus den vielerlei kleinen Hinweisen gezogen, die er unterhalb seiner Bewußtseinsschwelle dem Verhalten seiner Verlobten entnahm – vielleicht kaufte sie irgend etwas, was sie sich eigentlich nicht leisten konnte, oder bat ihn lange Zeit nicht um Geld. Aber sein Bewußtsein hatte sich geweigert, die naheliegende Schlußfolgerung zu ziehen.

All diese Beispiele zeigen ganz direktes, mit der Wirklichkeit übereinstimmendes »Hellsehen«, aber mir sind auch Fälle begegnet, wo die Träume zwar das Wesentliche richtig darstellten, aber in Einzelheiten weit von der Wahrheit abwichen. Zum Beispiel träumte ich einmal, daß ich beim Frühstück die Morgenzeitung aufschlug und darin auf das große Foto eines ziemlich humorlosen psychoanalytischen Kollegen stieß. Er stand breit lächelnd zwischen Frank Sinatra und Tony Curtis, und der Bildtext pries ihn in fetten Buchstaben als »Der singende Psychoanalytiker« an. Wie der Bericht erklärte, war er aus Hunderten von Bewerbern ausgewählt worden, um mit den beiden berühmten Stars die romantische, männliche Hauptrolle in einem neuen Musical zu spielen. Ich erinnere mich deutlich an meine gemischten Gefühle bei diesem Anblick – ich war belustigt, daß ausgerechnet er diese Rolle spielen sollte, bewunderte seine Initiative und ärgerte mich zugleich, daß er sich in die Öffentlichkeit drängte und damit gewissermaßen mir ins Gehege kam. Denn ich betrachtete ihn als Prototyp des rein akademischen Psychoanalytikers und mich selbst als Popularisator psychologischer Fragen in Fernsehen, Radio und Zeitschriften. Ich fand seine Handlungsweise äußerst unfair, zumal er für mich und meine Aktivitäten leise Verachtung gezeigt hatte.

Natürlich überprüfte ich meinen Traum und fand heraus, daß dieser Kollege – weit davon entfernt, die männliche Hauptrolle in einem neuen Musical zu spielen – auch nicht das geringste in den Massenmedien veröffentlicht hatte. Ich grübelte darüber nach, warum in aller Welt mein Traum eine solche Geschichte zusammengebraut haben könnte, und erwog verschiedene psychologische Erklärungen im Sinne von »Wie ich meinen Analytiker-Freund sehe«, doch keine vermochte mich zu überzeugen. Ein paar Tage später aber erzählte mir eine Freundin, sie habe unter Chiffre an eine Zeitschrift für Gruppentherapie nach Gestalttechniken geschrieben und von eben diesem Analytiker eine Antwort erhalten. Darin teilte er ihr mit, daß er vor kurzem diese neue Therapieform aufgenommen habe und jetzt eigene Gruppen leite. Also war er mir doch ins Gehege gekommen, wenn auch etwas anders als in meinem Traum. Ich hatte nämlich seit einiger Zeit begonnen, nach derselben Technik mit meinen eigenen Begegnungsgruppen zu arbeiten. Und ich hatte genau mit diesem Kollegen darüber gesprochen. In seiner

138

gewohnten Art hatte er die ganze Sache in Grund und Boden ver-donnert und war auch bei späteren Unterhaltungen von der Idee scheinbar nicht zu überzeugen.

In der Rückschau fiel mir allerdings auf, daß er mich über alle einschlägigen Informationen in einer Weise ausgefragt hatte, die völlig im Widerspruch zu seinem so deutlich gezeigten Desinteresse stand. In einem Winkel meines Kopfes hatte ich diese Diskrepanz offenbar registriert, und mein Traum hatte um diese unterbewußte Wahrnehmung eine Geschichte gesponnen. Nebenbei verriet mir der Traum etwas über den Charakter dieses Mannes, das mir nicht be-wußt gewesen war. Unter seinem sturen und verkrampften Äußeren lauerte der Wunsch, aus der orthodoxen Psychologie aus-zubrechen und fachlich »in« zu sein, vielleicht zudem ein gewisser Neid auf meine eigene Position in der populärwissenschaftlichen Psychologie! Möglich ist auch, daß mein Traum bei ihm eine extrem ehrgeizige Ader aufgedeckt hatte, die ihn dazu verleitete, jedes Mittel zu ergreifen, das seiner Karriere dienen konnte.

Dieser Traum verriet mir mehr über den Analytiker als über seine tatsächlichen Aktivitäten; überhaupt habe ich festgestellt, daß viele Träume Elemente objektiver Wahrheit über eine Person ans Licht bringen, die dem Bewußtsein im Wachleben entgangen sind. Diese Träume sind im Ganzen weniger unheimlich als ihre »hell-seherische« Variante, aber nicht weniger nützlich. Im Laufe der Jahre habe ich gelernt, eine Traumfigur, so bizarr sie auch erscheinen mag, niemals von einer subjektiven Warte aus zu unter-suchen, ohne mich erst zu vergewissern, ob nicht wenigstens ein Körnchen objektiver Wahrheit dran ist.

## Menschen »durchschauen«

Eins der einfachsten Beispiele, die mir in den Sinn kommen, ist der Fall Mrs. B., die ich letztes Jahr in den Ferien traf. Wir unter-hielten uns über die Rolle der Rauschgifte, Pillen und Medika-mente in der modernen Gesellschaft und beklagten die psychische Abhängigkeit, die sie verursachen können. Mrs. B. stimmte mir aus voller Seele bei, daß es das beste wäre, sich auf solche Mittel gar nicht erst einzulassen, und betonte, daß sie nie welche nehme. In der Nacht träumte ich, Mrs. B. stehe in ihrem Badezimmer vor einem Medizinschränkchen und schlucke Dutzende von Pillen. Ich er-wachte mit der Überzeugung, daß sie Selbstmord begangen hätte und war sehr erleichtert, sowohl Mr. als auch Mrs. B. wie gewohnt beim Frühstück zu finden. Etwas später an dem Tag erzählte ich Mr. B. meinen Traum. Er lachte und sagte: »Komisch, daß Sie das geträumt haben. Ich sage ihr wieder und wieder, daß sie sich mit den vielen Pillen noch ganz krank macht, aber sie hört nicht darauf. Sie ist eine echte Hypochonderin – dauernd fehlt ihr was.« Ich weiß heute noch nicht, woher ich das gewußt hatte. Vielleicht wirkte irgend etwas an ihr nicht ganz echt, als sie mit mir sprach – ihr Ton, ein leichtes Gesichtszucken, eine gewisse Nervosität –, vielleicht hatte ich sie doch im Laufe des Tages irgend etwas einnehmen sehen. Wie dem auch sei – möglicherweise haben die beiden einander widersprechenden Informationsbruchstücke eine Art Rätsel entstehen lassen, das dann später in einem Traum in dramatisierter Form zum Vorschein kam.

Ähnlich war ein Traum, den ich hatte, als ich Mitglied einer psychodynamischen Gruppe war. In dem Traum befand ich mich mit der Gruppe auf irgendeiner Reise, und wir beschlossen, in einem ziemlich finsteren, billigen Hotel zu übernachten. Eins der Mädchen, Susanne, ziemlich bekannt als linke Aktivistin und mit einem Kommunisten verlobt, opponierte heftig und erklärte, sie wolle in dem sehr teuren Hotel gegenüber nächtigen. Wir diskutierten diesen Traum bei der nächsten Zusammenkunft. Susanne war nicht dabei, und jeder äußerte seine Verwunderung, daß ausgerechnet sie diese Rolle in meinem Traum gespielt hatte. Die Woche darauf nahm ich sie nach dem Gruppentreffen beiseite und erzählte ihr meinen Traum. Zuerst sah sie überrascht und ein wenig schokkiert aus, dann lachte sie und sagte: »Also haben Sie mich doch durchschaut. Genau das würde ich tatsächlich getan haben; aus einem ähnlichen Grund habe ich kürzlich mit meinem Freund Krach gehabt.« Unterschwellig muß ich Hinweise aufgeschnappt haben, daß Susannes Linkstendenz nicht ganz so echt war, wie sie vorzugeben beliebte.

Ein schwerwiegenderes Beispiel des »Durchschauens« von Menschen im Traum begegnete mir vor mehreren Jahren, als mein Mann träumte, ein neuer Geschäftsfreund hätte ihn zum Abendessen eingeladen und ihm Gemüse vorgesetzt, das von Würmern wimmelte. Mein Mann hatte das Gefühl, daß der Traum ihn warnen wollte, sich vor dem Geschäftsmann in acht zu nahmen. Er prüfte seinen Argwohn und fand ihn berechtigt. Daraufhin trat er von dem geplanten Geschäftsabschluß zurück, bei dem er viel Geld hätte verlieren können. Dies zeigt deutlich, wie wichtig es ist, die Richtigkeit der Traumwahrnehmung nachzuprüfen, bevor man ihr gemäß handelt; die ganze Sache hätte ebensogut auf Phantasie beruhen können.

Genauso kann ein Traum bei allzu wörtlicher Auslegung in die Irre führen, auch wenn er auf einer korrekten Wahrnehmung beruht. Ein gutes Beispiel dafür lieferte eines meiner Gruppenmitglieder, Lisa, die geträumt hatte, die Kinderfrau, die ihr Baby betreute, habe sie angeschrien: »Ich tue das nur wegen des Geldes!« Lisa war entsetzt, denn obwohl die Kinderfrau nicht besonders tüchtig war, bestand nicht die geringste Veranlassung, sie als bösartig zu betrachten. Immerhin beachtete Lisa den Traum und überwachte die Kinderfrau. Dann hatte sie einen weiteren Traum, in dem ihr eine Zehnpfundnote aus der Handtasche gestohlen wurde. Als sie wach geworden war, stellte sie fest, daß sie ihre Tasche über Nacht versehentlich in der Diele gelassen hatte und tatsächlich eine Zehnpfundnote fehlte. Lisa benachrichtigte die Polizei, die daraufhin mit Spezialfarbe präpariertes Geld im Haus herumliegen ließ. Das Geld verschwand erwartungsgemäß, und wieder erschien die Polizei. Folgendes wurde festgestellt: Die Hände der Kinderfrau waren ganz sauber, aber die Putzfrau hatte leuchtend rot und blau gefärbte Hände, und bei ihr fand sich auch das Geld.

Für Lisa war all dies natürlich höchst unangenehm, und die Gruppe diskutierte die möglichen Ursachen für die beiden Träume. Der erste Traum aber blieb rätselhaft und mußte schließlich nach Gestalt-Richtlinien in Angriff genommen werden: dabei spielte Lisa die Rollen der Kinderfrau und des Babys, leider ohne Erfolg – die objektive Situation wurde nicht geklärt. Der zweite Traum jedoch schien einigermaßen klar auszusagen, daß Lisa unbewußt die Zehnpfundnote in der nicht ordentlich weggeräumten Handtasche zur Kenntnis genommen hatte. Dies muß sie vor dem Einschlafen beunruhigt haben – deswegen der Traum von dem Diebstahl. Nun hatte sie aber auf Grund ihres ersten Traums bereits Zweifel an der Zuverlässigkeit der Kinderfrau – was war natürlicher, als daß ihr schlafendes Hirn beide Befürchtungen miteinander verquickte? Doch schien es unheimlich, daß der Traum so korrekt in bezug auf den Gelddiebstahl war. Eine mögliche Erklärung ergab sich, als die Putzfrau vor Gericht weitere kleine Diebstähle gestand, die sie in Lisas Haus begangen hatte. Vielleicht hatte Lisa unterbewußt wahrgenommen, daß seit längerer Zeit immer wieder kleine Geldbeträge verschwanden, und etwas in ihr hatte weitere Diebstähle erwartet. Ein- oder Zweipfundbeträge wären wohl weniger in ihr Bewußtsein gedrungen, zehn Pfund aber wohl. Die Moral von dieser Geschichte ist natürlich, Träume zwar ernst zu nehmen, aber alle objektiven Interpretationen gründlich zu verifizieren, bevor man Schritte unternimmt, die der Traumbotschaft entsprechen. Das Unbewußte mag beträchtliche detektivische Fähigkeiten besitzen, aber wie jeder andere Detektiv kann es auch Fehler machen.

## »Weissagungs«-Träume

Am meisten öffentliche Beachtung finden immer wieder die Träume, die die Zukunft vorauszusagen scheinen. In der Terminologie der parapsychologischen Forschung würde man solche Träume »prophetische« oder »Weissagungsträume« nennen, im Unterschied zu den »hellseherischen« Träumen, die uns *schon bestehende* Tatsachen oder *gegenwärtige* Ereignisse wahrnehmen lassen, ohne daß wir sie bemerkt haben.

Ich möchte hier nicht auf solche Träume eingehen, die irgendwelche großen Katastrophen prophezeit zu haben scheinen, wie etwa den Untergang der *Titanic* oder die Ermordung Präsident Kennedys. Ich möchte nur erwähnen, daß einige der verbürgten Geschichten dieser Art tatsächlich merkwürdig sind, selbst wenn man in Betracht zieht, daß womöglich Tausende von Menschen allnächtlich von Schiffsunglücken, sterbenden Präsidenten und so weiter träumen. Die einzigen Voraussagungsträume, von denen ich unmittelbar Kenntnis habe, sind viel persönlicherer Natur, und ich neige zu der Annahme, daß auch sie im allgemeinen als Ergebnisse unbewußter »Detektivarbeit« erklärt werden können, obgleich sie uns ebenso wie die hellseherischen Träume im Moment ziemlich unheimlich vorkommen.

Kürzlich erlebte ich einen Fall von höchst unverblümtem »Weissagungstraum«, in dem einer meiner Vorderzähne mit Geklapper auf meinen Teller fiel, als ich in distinguierter Gesellschaft in einem Restaurant speiste. Ich berichtete diesen Traum meinem Freudschen Analytiker, der ihn sogleich mit Kastrationsängsten in Verbindung brachte und ihn als den Verlust meines Phantasie-Penis deutete. Als ich am Abend desselben Tages bei einer Wein- und Käse-Party meine Zähne in ein Stück Käse grub, löste sich eine Vorderzahn-Krone und fiel auf meinen Teller! Im ersten Moment war ich wie vom Donner gerührt, doch dann wurde mir klar, daß ich schon eine ganze Zeitlang sehr wohl gewußt hatte, daß die Krone nicht mehr fest saß und daß ich schon längst hätte den Zahnarzt aufsuchen müssen. Dies war eigentlich ein einfacher Fall eines verspäteten »Warn«-Traums. Hätte ich ihn eine Woche früher gehabt, wäre ich vielleicht noch rechtzeitig zum Zahnarzt gegangen, und die »Voraussage« wäre nicht eingetroffen.

Ein sehr viel verwirrenderes Beispiel offenkundiger Weissagung wurde meiner Traumforschungsgruppe von Sally vorgetragen, die geträumt hatte, sie sei einem persischen König in seinem Palast vorgestellt worden. Als sie sich mit dem König unterhielt, erschien im Garten des Palastes eine Gruppe glücklicher, lachender junger Mädchen, denen eine traurig aussehende Frau mittleren Alters folgte – die Hauptfrau des Königs, wie Sally in ihrem Traum annahm. Diese Frau stand offenbar dem Harem vor, und sie war traurig, weil der König ihrer sexuell überdrüssig war und ihr deshalb die Leitung des Haushaltes übertragen hatte. Eins der jungen Mädchen kam zu Sally und sagte: »Kennst du mich nicht wieder? Wir waren doch in einer früheren Inkarnation zusammen.«

Beim Aufwachen war Sally sehr deprimiert, weil sie instinktiv fühlte, daß der König ihren Mann verkörperte und sie selbst diese Hauptfrau. In ihren Assoziationen zu dem »persischen König« erwachte der Verdacht, daß ihr Mann trotz seiner scheinbaren Güte und Rücksichtnahme einen Zug zum Herrschen hatte. Darüber hinaus erinnerte sie der »persische Garten« an das Buch *The Perfumed Gardens* (Die duftenden Gärten), ein Handbuch orientalischer Liebestechnik – ein Garten, in dem sie in ihrem Traum nur Besucher und Beobachter war. Sie erklärte, daß sich die sexuellen Beziehungen zwischen ihr und ihrem Mann in den letzten Jahren verschlechtert hätten und sie mehr und mehr dazu übergegangen sei, ihre Zeit und Kraft dem Haushalt und der Familie zu widmen. Die Bemerkung des lachenden jungen Mädchens über eine frühere Inkarnation erinnerte sie an die ersten Jahre ihrer Ehe, als sie und ihr Mann sexuell recht aktiv und glücklich waren. Sie wußte, daß ihr Mann, der in der Filmindustrie tätig war, mit vielen hübschen jungen Mädchen zusammenkam, doch wies sie jeden Verdacht einer Untreue zurück. »Er ist nicht der Typ, sich in Affären einzulassen«, sagte sie. »Er ist viel zu gehemmt.« Die Gruppe zog den Schluß, daß der Traum Besorgnisse über ihre Ehe gespiegelt hätte, und riet ihr zum Versuch, die Situation zu ändern. Doch war es schon zu spät. Wenige Monate später brachte der Mann ein junges Mädchen mit, das angeblich ein Heim brauchte, bis sie eine eigene Wohnung gefunden hätte. Damit begann eine lange Reihe von Affären mit verschiedenen Mädchen, die er im Laufe der Zeit mit nach Hause brachte, während Sally für alle kochte, putzte und Hausmütterchen spielte.

Der Traum war geradezu unheimlich in der Genauigkeit seiner Voraussage, aber es scheint mir klar, daß Sally ihren Mann – und auch sich selbst – recht gut gekannt haben muß. Ein Zipfel ihres Verstandes wußte durchaus, daß sie nicht gewillt war, die sexuelle Beziehung zu ihrem Mann wieder zu festigen, und während sie sich selbst einredete, daß er viel zu gehemmt sei, Affären mit anderen Frauen zu haben, war ihr Unterbewußtsein ganz anderer Meinung. Das Ergebnis war die unterschwellig ausgearbeitete Lösung, die ein weiteres Zusammenleben ermöglichte und die ihr schlafendes Hirn zu einem Traum verarbeitet hatte.

Natürlich war Sally zunächst erschüttert, als diese Lösung Wirklichkeit wurde, aber als sie sich einmal an die neue Situation gewöhnt hatte, schien sie mit dem Arrangement ganz zufrieden, solange die Nachbarn nichts davon merkten. Die Gruppe warnte sie, daß ihr Mann eines Tages ein Mädchen finden könnte, das er heiraten wollte, und daß er sie dann trotz ihrer ergebenen Dienste als Haushälterin verlassen würde. Aber sie weigerte sich, dies zu glauben, da es nicht in ihrem Traum vorgekommen war. Wir alle hofften auf einen weiteren Traum, der sie eines Besseren belehren würde, da wir das Gefühl hatten, daß sie in einer völlig unwirklichen Situation lebte.

Sallys Traum erinnerte Georg, ein anderes Gruppenmitglied, an verschiedene vor Jahren erlebte »Weissagungsträume«. Damals glaubte er sich sehr glücklich verheiratet und amüsierte sich sehr über einen Traum, in dem er mit Scheidungspapieren in der Hand die Worte sprach: »Das nächste Mal werde ich einen reiferen Menschen heiraten.« Etwas später träumte er, daß er sich scheiden ließe, um eine alte Flamme zu ehelichen; in einem dritten Traum versuchte er, mit einer Freundin zu telefonieren, und wurde dabei von seiner Frau am Nebenanschluß gestört. Die beiden letzten Träume schockierten ihn außerordentlich, da er seine Frau liebte und ihr im Laufe von neun Ehejahren kein einziges Mal die Treue gebrochen, ja nicht einmal an Seitensprünge gedacht hatte. Drei

144

Jahre später jedoch waren sie wirklich geschieden und sogar beide wieder neu und glücklich verheiratet. Bei der Rückschau auf seine Träume sagte Georg, ihm sei jetzt ganz klar, daß er und seine erste Frau nicht zusammengepaßt hätten; er könne heute gar nicht verstehen, wie es überhaupt zu dieser Heirat gekommen sei. In diesem Fall zeigten die »Weissagungsträume«, ebenso wie bei Sally, daß etwas nicht mit Bewußtsein erkannt worden war, weil man es nicht wahrhaben wollte.

Wenn ich diese beiden Fälle in öffentlichen Vorlesungen und Seminaren anführe, wird oft der Einwand erhoben, daß Träume dieser Art möglicherweise Prophezeiungen sind, die sich nur erfüllen, weil man daran glaubt. Wohl könne ein Scheidungstraum der ganz natürliche Ausdruck von Unstimmigkeiten in der Ehe sein; es bestehe aber die Gefahr, daß er in einem beeinflußbaren Gemüt die Saat der Zerstörung aufgehen lasse. Ich glaube, dies hieße die Macht der Suggestion doch sehr zu überschätzen. Eine Diskussion mit dem Fragesteller bringt fast immer zutage, daß er sich Rissen in der eigenen Ehe nur zu bewußt ist, es aber nicht wahrhaben will. Natürlich würde ich nie jemanden ermutigen, lediglich auf Grund eines Traums eine Verbindung aufzulösen oder überhaupt eine drastische Entscheidung zu treffen. Ich will nur erreichen, daß sich der Träumer zu seinen Träumen und wenn nötig auch zu den negativen Gefühlen bekennt, die Träume enthüllen. Leidet eine Ehe unter Belastungen, dann kann man sie nur zu retten hoffen, wenn man sich offen und ehrlich der Situation stellt. Sollte es besser sein, eine Ehe aufzulösen, so bin ich der Meinung, daß ein rascher Entschluß einem langen, schmerzvollen Ringen vorzuziehen ist; beide Partner hätten dann eine größere Chance, ein neues Leben anzufangen. Im 11. Kapitel habe ich meine Ansichten über den Nutzen der Traumkraft in der Familie eingehend dargelegt.

Ein dritter Traum, der den Ablauf einer Beziehung »vorhersagte«, wurde mir von einer Berufskollegin berichtet. Sie hatte sich gerade in einen Mann verliebt, mit dem sie zusammenarbeitete, als sie für sechs Monate nach Amerika geschickt wurde. Zu sexuellen Beziehungen war es noch nicht gekommen, aber sie begann davon zu träumen, daß sie mit ihm ins Bett ging. Dabei fiel ihr auf, daß diese Träume zwiespältig waren. In einem rief er sie zu ihrer großen Enttäuschung an, um ihr zu sagen, daß er an dem Tag nicht zu ihr kommen könne; in einem anderen war er nackt, aber von ihr

145

abgewandt; in wieder einem anderen stellte sie fest, daß er nur einen Hoden hatte. In dem letzten Traum der Serie, den sie kurz vor ihrer Rückkehr hatte, saßen sie zusammen im Kino, als er plötzlich aufstand und sich in die vordere Reihe setzte mit der Bemerkung, daß er dort bequemer säße. Sie bemühte sich jedoch, die frustrierenden Träume zu vergessen, als er sie bei ihrer Rückkehr am Flughafen abholte und sie entschlossen mit zu sich nach Hause nahm, um mit ihr zusammenzuleben. Ein paar Monate lang war es eine recht glückliche Beziehung, bis es ein paarmal passierte, daß er sich im Bett von ihr abwandte mit den Worten, er könne »nicht kommen«. Schließlich stellte sich heraus, daß ihn ein generelles Gefühl der Aversion gegen Frauen impotent machte. Er war sich dieses Gefühls zwar bewußt gewesen, hatte aber geglaubt, es mit ihr überwinden zu können. Ihre Träume müssen etwas davon aufgeschnappt haben; die letzte »Voraussage« wurde wahr, als er die gemeinsame Wohnung verließ, um in eine andere überzusiedeln, und die Affäre damit beendete.

Mein jüngster »Weissagungstraum« brachte mich fast in eine Klemme. Ich träumte, daß ich in einer spiritistischen Versammlung einen Vortrag hielte, aber das Rednerpult befand sich nicht vor, sondern hinter dem Auditorium. Am Schluß applaudierten alle höflich, aber ohne sich auch nur nach mir umzudrehen. Ich war etwas besorgt, weil mein Vortrag recht kurz ausgefallen war, tröstete mich aber mit dem Gedanken, daß nun um so mehr Zeit für Fragen bliebe. In diesem Augenblick erhob sich die Versammlungsleiterin, verlas noch ein paar Bekanntmachungen, und alle standen auf, um nach Hause zu gehen. Ich bemerkte, daß Rosalind Heywood, eine der namhaftesten Autorinnen auf dem Gebiet der parapsychologischen Forschung, nach vorn trat, der Leiterin die Hand schüttelte und den Saal verließ. Ich war fassungslos, weil ich mir denken konnte, daß sie eine besondere Einladung zu dem Vortrag erhalten hatte und nun enttäuscht war.

Diesen Traum hatte ich während meiner Ferien auf Zypern; er war mir völlig unverständlich, da mein Geist weit von allem entfernt war, was Arbeit und Vorlesungen betraf. Ich hatte auch ganz vergessen, daß ich sechs Wochen später von einer Organisation, die sich mit parapsychologischer Forschung befaßt, zu einem Vortrag eingeladen war. Mein Mann und ich waren zudem vom Vorstand zu einem Dinner eingeladen, das vor der Veranstaltung stattfand. Als wir zum Restaurant fuhren, erinnerte ich mich plötzlich an meinen Traum. »Um Himmels willen«, sagte ich, »ist dir klar, daß ich zu einer Art ›spiritistischer‹ Versammlung wie in meinem Traum auf Zypern zu sprechen habe? Wenn Rosalind Heywood da ist, mache ich kehrt und gehe nach Hause, weil die Sache ganz bestimmt schiefgeht.« Wir betraten das Restaurant – und wer begrüßte uns aufs wärmste? Rosalind und ihr Mann! Einen Moment war ich sprachlos, erzählte ihnen dann aber meinen Traum. Sie lachten und meinten, es sei zwar wirklich unheimlich, Rosalind hier zu begegnen, aber der Rest des Traumes hätte ganz bestimmt keinen Weissagungscharakter gehabt, denn was sollte jetzt noch danebengehen? Nach dem Essen nahm ich meinen Platz am Rednerpult ein und war sehr erleichtert, daß es am üblichen Platz stand und nicht, wie in meinem Traum, zuhinterst im Saal. Ich griff in meine Tasche, um meine Notizen herauszunehmen – und mußte zu meinem Entsetzen feststellen, daß sie nicht da waren! Ich hatte sie anscheinend zu Hause gelassen. Zwar war ich durchaus in der Lage, auch ohne Notizen einen Vortrag über Träume zu halten, mußte aber dabei ganz allgemein bleiben, weil mir die illustrierenden Beispiele fehlten, die ich nicht einzeln im Kopf hatte. Da gab es nur eines: Während mein Mann in einem Taxi losfuhr, um die vergessenen Unterlagen zu holen, verbrämte ich den ersten Teil des Vortrags mit der Schilderung meines Traums und versuchte, das eben Geschehene so rational wie möglich zu erklären.

Zunächst einmal mußte ich zugeben, daß ich dieser Vorlesung mit entschiedenem Unbehagen entgegengesehen hatte. Ich fürchtete, meine Ansichten über Träume seien für den Geschmack von Leuten, die einer parapsychologischen Gesellschaft angehörten, doch zu nüchtern. Ganz offensichtlich hatte diese Besorgnis zu dem Traum auf Zypern geführt, obwohl sie mir damals noch nicht bewußt gewesen war. Wenn ich den Traum ernst genommen hätte, würde ich ihn vielleicht als eine Warnung gedeutet haben, daß sich ein Teil meiner selbst von der Versammlung zu distanzieren versuchte. Dann aber hätte ich wohl ganz besonders darauf geachtet, nicht »einen Teil von mir« zu Hause zu lassen. Während die Zuhörer mit dieser generellen Interpretation zwar durchweg einverstanden waren, wiesen sie doch sofort darauf hin, daß ich unmöglich von Rosalind Heywoods Anwesenheit bei dem Vortrag, geschweige denn bei dem Essen, wissen konnte. Wir einigten uns dann darauf, daß sie wohl telepathisch mit mir in Verbindung gestanden haben müsse. Vielleicht habe sie ihre medialen Kräfte mit der Absicht eingesetzt, meine Skepsis gegenüber der außersinnlichen Wahrnehmung zu verringern!

Ich möchte ganz sicher nicht behaupten, daß das Hirn *keine* übersinnlichen Kräfte hat, aber ich neige doch eher zu der Ansicht, daß es erhebliche Fähigkeiten der Aufdeckung und »Voraussage« besitzt, die überhaupt nichts mit außersinnlicher Wahrnehmung zu tun haben. Wenn sich Träume oder Teile von Träumen bewahrheiten, dann beruht die Wahrheit, die sie enthalten, höchstwahrscheinlich auf Erkenntnissen und Möglichkeiten, die im Wachleben vom Bewußtsein übergangen wurden. Auch drücken Träume solche Gefühle, die wir nur schwer artikulieren können, in klarer Bildersprache aus. Versteht man diese Sprache richtig, dann mögen Träume »weissagerisch« in dem Sinne sein, als sie die möglichen Entwicklungen gewisser Lebenssituationen anzeigen. Träume dieser Art, so schrieb Jung, seien nicht prophetischer als eine Wettervorhersage oder eine medizinische Diagnose. Es handle sich vielmehr um eine Kombination von Wahrscheinlichkeiten, die eintreten können, aber nicht unbedingt im Detail mit dem tatsächlichen Verhalten der Dinge übereinzustimmen brauchen. Solche »vorausschauenden« Träume sind in allen Arten Therapie besonders nützlich, weil sie verraten, wie der Patient zum Therapeuten und der Behandlung eingestellt ist, und weil sie Hinweise für die weitere Behandlung geben können.

## »Prophetische« Träume in der Therapie

Jung selbst führt den besonders eindrucksvollen Fall einer Frau an, deren Träume die Schwierigkeiten spiegelten, denen sie bei drei verschiedenen Analytikern begegnete. Nach Beginn der Behandlung bei dem ersten träumte sie, daß sie die Grenze zu einem anderen Land überschreiten müßte, sie aber nirgends finden konnte und niemand ihr den Weg zeigte. Der Analytiker erkannte, daß dieser Traum ein »Mißtrauensvotum« zum Ausdruck brachte und verwies sie an einen Kollegen. Wieder träumte sie, daß sie die Grenze passieren müsse. Nach langer Suche sah sie ganz weit entfernt ein kleines Licht und nahm an, das müsse die Grenzstation sein. Um dorthin zu kommen, mußte sie jedoch einen dunklen Wald durchqueren, in dem sie den Weg verlor, und sie erwachte voller Entsetzen, als sich jemand, der mit ihr zusammen unterwegs gewesen war, plötzlich wie ein Verrückter an sie klammerte. Jung glaubte, dieser Traum verrate die Empfindung, daß sie in irgend-einer Weise von dem Analytiker überwältigt werden würde; wieder mußte die Analyse abgebrochen werden, weil sie keine Fort-schritte versprach. Schließlich kam sie als Patientin zu Jung. Dies-mal träumte sie, sie hätte die Grenze überschritten und befände sich in einer Schweizer Zollstation. Sie glaubte, sie hätte nichts zu deklarieren, aber der Zollbeamte griff in ihre Reisetasche und zog zwei große Matratzen heraus.

Jung betrachtete diesen Traum als Zeichen dafür, daß sie Ver-trauen zu ihm hatte und die Analyse erfolgreich sein würde. Er sah das »Überschreiten der Grenze« als Indiz für ihren Willen, gesund zu werden, und die Matratzen als Sinnbild für die Ehe, die sie eingehen würde, nachdem sie in der Therapie ihre sexuellen Schwierigkeiten überwunden hätte. Alle drei Träume sahen laut Jung die Schwierigkeiten und den eventuellen Erfolg der drei Therapie-Versuche voraus.

Analytiker aller Schulen sind sich heute im allgemeinen darin einig, daß der erste Traum, den ein Patient nach Aufnahme der therapeutischen Behandlung träumt, den zukünftigen Verlauf der Behandlung anzeigen kann. Bei mir selbst traf dies bestimmt zu. Nach den ersten Sitzungen in meiner Freudschen Lehranalyse träumte ich, daß ich einen heftigen Streit mit meiner Mutter hatte, weil sie einen Architekten anstellen wollte, von dem ich wußte, daß er unzulängliche Arbeit leistete und außerdem Dinge tat, die ihn niemand geheißen hatte. Er warf Einrichtungsstücke weg, an denen ich hing, und ersetzte sie durch seine eigenen, die ich scheußlich fand. In dem Traum kümmerte sich meine Mutter überhaupt nicht um meine Warnungen, und ich wachte wütend auf.

Natürlich erkannte ich in dem »schlechten Architekten« sofort meinen Analytiker. Er interpretierte den Traum als Zeichen dafür, daß ich beabsichtige, der Analyse Widerstand entgegenzusetzen, indem ich seine Ideen im voraus anzweifelte. Da ich dies selbst nicht für ausgeschlossen hielt, gab ich mir das ganze erste Jahr hindurch besondere Mühe, seine Interpretationen zu akzeptieren, obwohl ich oft fand, daß sie nicht stimmten. So beharrte er zum Beispiel stur darauf, daß meine Arbeit (die ich liebte) nicht mehr als ein Ersatz-Penis sei und daß meine wahre Erfüllung darin bestünde, mich aus-schließlich meinem Mann und meiner Familie zu widmen.

Rückschauend ist mir klar, daß mein Traum den Verlauf der Analyse mit erstaunlicher Genauigkeit vorausgesagt hat. Mein

Analytiker hatte beharrlich etwas getan, um das ich ihn nicht gebeten hatte: Er hatte meine Karriere als ein Symptom behandelt, obwohl ich ihn nicht aus Krankheits-, sondern aus Schulungsgründen aufgesucht hatte. Außerdem hatte er mich mit seiner Freudschen Theorie wie mit einem Holzhammer traktiert und mein Leben mit den Maßstäben auszustatten versucht, nach denen er selbst (und Freud) eine Frau beurteilte, obwohl dies meiner ganzen Natur Gewalt antat. Meine Assoziationen zu der Rolle meiner Mutter in dem Traum riefen in mir die Erinnerung wach, daß sie mir in meiner Kindheit häufig mit dem »Psychiater« gedroht hatte, der mich von meiner Bockigkeit kurieren würde; diese Bokkigkeit bestand unter anderem darin, daß ich mich weigerte, ihr bei Hausarbeiten zu helfen, während mein Bruder draußen spielen durfte. Indem mein Traum sie zum Anwalt des »schlechten Architekten« machte, hatte er auf höchst treffende Weise vorausgesagt, wie sich mein Analytiker mit der Stimme meiner Mutter verbünden würde, die mich den gesellschaftlichen Normen anzupassen und zu einer braven kleinen Hausfrau zu erziehen suchte.

Trotz alledem weigerte ich mich, zu glauben, daß Freudsche Analyse mir nichts zu sagen hätte – und ich hatte ja wirklich viele wertvolle Einsichten aus ihr gewonnen. Ich versuchte es also später mit einem anderen Analytiker. Aber ach, in meinem ersten Traum nach Beginn der Sitzungen lag ich auf einer Couch, die so klein war, daß mein Kopf regelrecht aus dem Fenster ragte. Als ich mich dort draußen umsah, stellte ich fest, daß der Garten ein kleiner Friedhof war, und ich wußte, daß jedes Grab den Kopf einer Frau enthielt, der abgehackt worden war, damit sie auf die Couch paßte.

Trotz dieser deutlichen Warnung hielt ich noch mehrere Monate durch, bis ich es schließlich nicht mehr ertrug, mich in eine Theorie zwängen zu lassen, bei der Frauen ihre Individualität und Initiative den Männern zu opfern haben. Wenn ich mich auch bei Aufgabe der Analyse irgendwie als Versager fühlte, konnte ich doch nicht länger die innere Stimme überhören, die mir bedeutete, daß ich an mich selbst glauben müsse. Damals ahnte ich noch nicht, daß bald die Zeit kommen sollte, wo die Freudsche Analyse, besonders für Frauen, keinen großen Anklang mehr finden und ich wegen meines rechtzeitigen Entrinnens sogar beglückwünscht würde. »Die ›geheilte‹ Patientin«, schreibt Eva Figes in ihrem Buch *Patriarchal Attitudes* (Patriarchalische Verhaltensmuster), »hat buchstäblich eine Gehirnwäsche durchgemacht; sie ist ein wandelnder Automat, so gut wie tot. Sie ist rundum abgeschliffen, und sie akzeptiert ihre eigene Kastration, gibt ihre Inferiorität zu, empfindet keinen Penisneid mehr und begrüßt die passive Rolle der Weiblichkeit. Traurig erkennt der Mann, daß die ideale, unterwürfige Frau doch nicht das ist, was er sich wünschte.« Sie fügt hinzu (ohne Kenntnis meines »Couch-Traums«): »Freuds Grundansicht war, daß jede Frau ein kantiger Klotz sei, der in ein rundes Loch eingepaßt werden müsse. Er ist nicht auf die Idee gekommen, daß es weniger destruktiv sein könnte, das Loch zu ändern, statt alle Ecken abzuhacken.«

Die moderne Gestalt-Therapie-Bewegung ist in dieser Hinsicht ausgesprochen anti-freudianisch. Obwohl sie viele Erkenntnisse von Freud abgeleitet hat, gründet sie weitgehend auf dem Prinzip, daß niemand dazu da ist, die Erwartungen anderer zu erfüllen und daß das fundamentale Recht aller Menschen – Männer, Frauen, Eltern, Kinder, Therapeuten und Patienten – darin besteht, man selbst zu sein. Die Freudsche Analyse gibt zwar vor, mit diesem Grundsatz übereinzustimmen, läßt sich aber in der Praxis selten davon leiten. Perls besteht vor allem auf zwei Punkten. Zunächst einmal, so sagt er, sei es äußerst schwierig, genau zu wissen, nach wem oder nach was wir uns in unserer so unbeständigen Gesellschaftsordnung zu richten hätten; ferner betrachtet er das *Bedürfnis*, sich anzupassen, allein schon als ein neurotisches Symptom, das man überwinden müsse. Wir passen uns nur dann an, so sagt er, wenn unsere verzehrende Sehnsucht nach Sicherheit uns daran hindert, auf eigenen Füßen zu stehen, uns auf unsere eigene Intelligenz zu verlassen und Risiken einzugehen. »Ich glaube, wir leben in einer ungesunden Gesellschaft«, so schreibt er; »wir haben nur die Wahl, entweder an dieser kollektiven Psychose teilzunehmen oder Risiken einzugehen und gesund zu werden ... Wer in sich selbst ruht, braucht sich nicht mehr anzupassen.«

Bezeichnenderweise träumte ich nach Beginn meines Trainings in Gestalt-Therapie, daß ich einen Adler aus einem Käfig befreit hätte, und ich erwachte mit einem außerordentlichen Gefühl der Erleichterung und Freude. Später erzählte mir jemand, daß die Navajo-Indianer an drei Geister glauben: den Wind, den Blitz und die Vögel. Und der Adler sei ein besonders mächtiger Geist, den man niemals einsperren dürfe. Sie würden meinen Traum als ein besonders günstiges Omen gedeutet haben.

Einen ähnlich positiven Traum hatte ich, als ich zu Forschungszwecken eine Jungsche Analyse begonnen hatte. Ich träumte, ich hätte ein großes altes Landhaus geerbt und ginge mit mir zu Rate, ob ich es verkaufen oder viel Geld und Zeit darauf verwenden solle, es instandzusetzen. Ich spürte aber, daß ich das alte Haus auf die Dauer einem kleineren, modernen, arbeitsparenden Haus vorziehen würde. Als ich es besichtigte, kam ich in einen Raum, in dem ganze Schinken- und Speckseiten an Haken von der Decke hingen, und ich hatte den lebhaften Verdacht, daß sie madig wären. Ich schauderte, und als ich mich umwandte, um wegzugehen, hörte ich etwas über den Fußboden huschen. Ich hatte das Gefühl, etwas aufgescheucht zu haben, was lange Zeit da geschlummert hatte. Während ich herauszufinden suchte, was es war, wurde der Raum immer heller und größer, und ich erwachte mit dem Gefühl, daß ich das Haus ausräumen und darin leben wolle. Dieser Traum zeigte mir, daß ich spürte, die Analyse würde mir Nutzen bringen – eine Prognose, die sich bewahrheiten sollte.

## Schlußfolgerung

Der erste wesentliche Schritt bei der Trauminterpretation ist, nach einer möglichen äußeren Wahrheit zu suchen. Erstens ist diese an sich schon von Wert, zweitens ist der Prüfungsprozeß selbst von größter Bedeutung; denn er hilft uns, herauszufinden, ob der Traum irgendwelche anderen Botschaften enthält.

Die meisten der in diesem Kapitel beschriebenen Träume haben ihre »objektive Wahrheit« einigermaßen direkt zum Ausdruck gebracht. Aber Sallys Traum von dem persischen Harem und auch die »weissagenden« Therapie-Träume zeigen, wie Wahrnehmungen auch in symbolischer Form präsentiert werden können. Selbst wenn es sich nur um eine relativ triviale Botschaft handelt, ist es faszinierend zu erfahren, wie wir im Wachleben Dinge übersehen, die später in Form eines Traums an die Oberfläche kommen.

Wenn sich herausstellt, daß der Traum eine bedeutsame objektive Botschaft enthält, dann hängt es von den jeweiligen Umständen ab, welche Maßnahmen zu ergreifen sind. Im Falle von »Warn«- oder »Mahn«-Träumen ist klar, was man zu tun hat. Bei Träumen, die »hellseherischen« Charakter haben oder Menschen »durchschauen«, ist eine sorgfältige Prüfung erforderlich, bevor irgendwelche Schritte unternommen werden, wie wir in Lisas

Traum von dem gestohlenen Geld gesehen haben. Wenn der Traum eine intime persönliche Beziehung betrifft, so ist es am vernünftigsten, ihn mit der betreffenden Person zu besprechen. Bei weniger intimen Beziehungen, wie im Falle des Geschäftsfreunds meines Mannes oder Lisas Kinderfrau, ist es das beste, den Traum als mögliche Warnung zu betrachten und auf andere Bedeutungen hin zu prüfen.

Bei Träumen, die zukünftige Entwicklungen vorauszusagen scheinen, wird das Problem schon schwieriger, weil wir vielleicht das Gefühl haben, wir müßten zu verhindern suchen, daß die Dinge den angekündigten Weg gehen; so wie ich es tat, als ich meine Freudsche Analyse fortsetzte, oder meine Kollegin, die ihren Partner von seiner Aversion gegen Frauen zu kurieren hoffte und deshalb ihre Affäre nicht sofort beendete. Natürlich können auf diesem Gebiet keine unumstößlichen Regeln aufgestellt werden, aber es gibt eine Menge Beweise dafür, daß das Unbewußte in solchen Sachen oft weiser ist als das Bewußte, selbst wenn seine Weisheit nur darin besteht, uns auf die Kräfte aufmerksam zu machen, die uns entgegenwirken können.

Psychotherapeuten, und ganz besonders Analytiker, sollten sich davor hüten, alle Mitteilungen ihrer Patienten, einschließlich der Traumberichte, als reine »Projektionen« der Persönlichkeit zu betrachten, die keinerlei objektive Wahrheit enthalten. Wenn zum Beispiel ein Patient träumt, sein Analytiker sei ein Mörder, kann es natürlich möglich sein, daß er das Bild seines Vaters auf ihn projiziert. Ebensogut kann aber der Traum dem Analytiker auch mitteilen, daß er dem Selbst des Patienten Gewalt antut – vielleicht indem er auf dogmatischen Interpretationen besteht, statt »mit dem dritten Ohr zu lauschen«.

Nur dann, wenn wir einen Traum gründlich nach Anzeichen für eine objektive Wahrheit durchforscht und diese nachgeprüft haben, sollten wir ihn als Spiegelbild unserer subjektiven Einstellung zum Leben betrachten. Natürlich ist die Grenzlinie zwischen »objektiven« und »subjektiven« Bedeutungen oft unklar. So zeigte zum Beispiel mein Traum von dem »singenden Psychoanalytiker«, daß ich *Andeutungen* über die wahre Natur meines Kollegen aufgeschnappt hatte. Der Traum hätte jedoch eine ganz andere Bedeutung bekommen, wenn er überhaupt nichts Zutreffendes enthalten oder weit danebengetippt hätte. Dann hätte ich weitergesucht, um herauszufinden, warum ich meinen Kollegen in diesem Licht sah. Er hätte dann in die Kategorie der »Spiegel«-Träume eingereiht werden können, die sich von den »nach draußen blickenden« Träumen insofern unterscheiden, als sie ihren Anstoß eher aus der Persönlichkeit des Träumers beziehen als aus seiner Umgebung. Solche Träume, die im nächsten Kapitel behandelt werden sollen, sagen mehr über uns selbst aus als über die Personen und Situationen, die sie schildern. Wie wir jedoch sehen werden, können Träume mehr als eine Bedeutung haben, vor allem die längeren, die sich aus mehreren Episoden zusammensetzen.

## 9  Die Spiegelwelt

Als Alice in Lewis Carrolls phantastischem Roman *Alice hinter den Spiegeln* durch das Glas des Wohnzimmerspiegels hindurchgeschlüpft war, stellte sie fest, daß alles, was man drüben von dem Zimmer aus hatte im Spiegel sehen können, »ganz gewöhnlich und alltäglich war; das übrige aber war so verschieden wie nur möglich«. So hatte sich zum Beispiel »die Uhr auf dem Kaminsims (das wißt ihr ja, daß man im Spiegel nur ihre Rückseite sehen kann) statt des Zifferblatts das Gesicht von einem alten Männchen aufgesetzt und grinste sie an«.

Wenn unsere Träume die Wirklichkeit verzerren, wie es zumeist der Fall ist, dann sind diese Verzerrungen ein Produkt unseres Geistes und können uns allerhand über uns selbst verraten. »Ein geschickter Mensch«, schrieb Emerson, »benutzt seine Träume zur Selbsterkenntnis.« In diesem Kapitel werde ich zeigen, wie wir aus Träumen unsere tiefinnersten, zum Großteil in der Kindheit programmierten Einstellungen und Vorurteile herauslesen können. Im nächsten Kapitel werde ich dann erörtern, wie Träume uns helfen können, unsere tiefwurzelnden Probleme zu verstehen und zu überwinden.

Vorerst soll also der Traum grundsätzlich als Bild betrachtet und dieses Bild mit den unmittelbaren Lebensumständen des Träumers in Beziehung gebracht werden. Dabei will ich mich auf vier der wichtigsten Traum-Sinnbilder konzentrieren: Menschen, Tiere, Häuser und Fahrzeuge. Ich werde zeigen, was wir von diesen Bildern lernen können, ob sie sich nun ganz vordergründig auf die derzeitigen Lebensumstände des Träumers beziehen oder ob sie Symbole darstellen, deren Bedeutung durch Assoziationen herausgefunden werden muß. Die angeführten Beispiele, die hauptsächlich aus meiner eigenen Traumforschungsgruppe stammen, werden nebenbei noch einige weitere Traum-Symbole enthalten, so daß der Leser am Schluß des Kapitels einigermaßen imstande sein dürfte, jene Bilder zu deuten, die er in der »Spiegelwelt« seiner eigenen Träume sieht.

## Spiegelwelt-Menschen

### Die lieben Nächsten

In den allermeisten Träumen spielen Menschen die Hauptrolle, und sofern es sich um Personen handelt, die uns nahestehen – Ehemänner, Ehefrauen, Liebhaber, Eltern oder unsere eigenen Kinder – repräsentieren sie höchstwahrscheinlich nichts anderes als sich selbst. In einem solchen Fall hängt die Traumbedeutung davon ab, was der Betreffende in dem Traum tut, was wir ihm tun und in welcher bestimmten Lebenssituation wir den Traum träumen. Wir müssen uns stets fragen: »Was erzählt mir der Traum über meine augenblicklichen Gefühle oder Gedanken diesem Menschen gegenüber?«

Manchmal ist die Bedeutung augenfällig, so wie im Fall von Joanna, einem Mitglied meiner Traumforschungsgruppe. Sie träumte, ihr Mann sei dabei erwischt worden, als er seine Affäre mit einem Mädchen, mit dem er ein paar Monate zuvor geschlafen hatte, wieder aufnahm. In dem Traum sah sie sich mit einer Axt an sein Bett schleichen, um ihn umzubringen. Als sie zum tödlichen Schlag ausholte, fiel ihr ein, daß ein schneller Tod eigentlich zu schön für ihn wäre. Also beschloß sie, ihm zuerst einmal die Hand abzuhacken, damit er aufwachte und merkte, warum er getötet wurde. Dies könnte ein »nach außen blickender« Traum gewesen sein, der auf der unterbewußten Entdeckung gründete, daß ihr Mann etwas vor ihr verbarg. Joanna versicherte uns jedoch, daß sie sehr sorgfältig nachgeforscht und sich der absoluten Treue ihres Mannes vergewissert habe, nachdem er die erwähnte Affäre abgebrochen hatte. Dieser Traum zeigte also deutlich an, daß die Affäre für sie noch nicht erledigt war, wie ihr Bewußtes sie glauben machte.

Entgegen ihrem bewußten Entschluß, Vergangenes vergangen sein zu lassen, nährte sie unterschwellig Rachegefühle; diese hätten vielleicht eines Tages zu ernsthaften Schwierigkeiten geführt, wenn der Traum diese Gefühle nicht aufgedeckt hätte. Durch ihre Assoziationen zu den Traumdetails wurde sie an das Sprichwort von den schlafenden Hunden erinnert, die man nicht wecken soll. Auf Bewußtseinsebene hatte sie »den schlafenden Hund« in Ruhe gelassen, indem sie ihm seine Untreue nicht vorwarf. Doch die unbewußte Absicht, die ihrer versöhnlichen Haltung zugrunde lag, war ziemlich finster: Sobald sich ihr Mann in Sicherheit wiegen würde, wollte sie sich rächen – vielleicht indem sie ihm ebenfalls die Treue brach oder ihm in seiner Berufslaufbahn Schaden zufügte. Die Bedeutung des Traumes war klar: Durch die langsame Methode, ihn zu töten, wollte sie ihm zu verstehen geben, wie sehr er sie gekränkt hatte.

Die Gruppe riet Joanna, ihre Traum-Rache zunächst in Gestalt eines Psycho-Dramas auszuagieren, indem sie mitten im Zimmer ein großes Kissen mit einem Tennisschläger verdrosch und dabei ihren Gefühlen vollen Lauf ließ. Anschließend beichtete sie ihrem Mann die ganze Geschichte, und sie beschlossen, Spannungen in ihrer Beziehung, die sie im Interesse äußerer Harmonie unterdrückt hatten, künftig besser zu beachten.

Die meisten Träume sind jedoch nicht so unkompliziert wie dieser; deshalb sind oft sehr vielfältige Assoziationen erforderlich, um ihre Bedeutung zu enthüllen, selbst wenn die Hauptdarsteller leicht zu erkennen sind. So erzählte Brian, ein anderes Gruppenmitglied, einen beunruhigenden Traum, der auf den ersten Blick ebenso wie der Joannas einen mordlustigen Wunsch aufzuzeigen schien; nur richtete sich der Wunsch in diesem Fall gegen den ältesten Sohn des Träumers. Er träumte, geheimnisvolle Bösewichte hätten den Sohn zusammen mit ein paar seiner Schulfreunde in einer Reihe aufgestellt, um die Jungen durch einen Todesstrahl umzubringen. Er selbst wurde gezwungen, bei dem Vorgang zuzusehen. Der Sohn von Brians Geschäftspartner war als das erste Opfer ausersehen worden, und Brian wachte vor Entsetzen auf, als sich der Junge auf dem Boden wand und eine Stimme ertönte: »Der nächste ist Ihr Sohn.«

Brian kannte Freuds Theorie von der unbewußten Feindschaft zwischen Vätern und Söhnen genau, fand aber, daß dieser Traum doch zu weit ging und auf jeden Fall viele Fragen offenließ: Warum mußten beispielsweise auch andere Jungen getötet werden, und warum war als Mordwaffe dieser seltsame Todesstrahl gewählt worden? Als wir ihn aufforderten, seine Assoziationen zu dem Traum zu äußern, wurde ganz deutlich, daß er sich selbst als potentiellen Mörder sah, aber nur indirekt und nicht im geringsten im Freudschen Sinne.

Brians unmittelbare Assoziation zu »Todesstrahl« war ein Science-Fiction-Stück, das er am Abend zuvor im Fernsehen gesehen hatte. Es handelte von einem Strahl, der, in kleiner Dosis verabreicht, Menschen zu Genies machen konnte, in zu großer Dosis aber in »Zombies« verwandelte – marionettenhafte Wesen, die nur ein Scheinleben führen. Wie Brian sagte, hatte der Sohn seines Partners eben das erste Semester an einem renommierten Internat beendet, und auch seinem eigenen Sohn und dessen Freunden stand die Privatschule bevor. Obwohl Brian das Privatschulsystem aus politischen Gründen heftig mißbilligte, hatten ihn seine Frau und die Kollegen von den Vorzügen kleiner Klassen, eines qualifizierteren Lehrkörpers und so weiter überzeugt. Er hatte das Argument seiner Frau akzeptiert, daß seine Abneigung nichts als ein umgekehrter Snobismus wäre, der seiner Herkunft aus der Arbeiterklasse zuzuschreiben sei; er hatte sich nach Besuch einer Volksschule in den Mittelstand emporgearbeitet.

Der Traum verriet jedoch eine andere Ursache für Brians Abneigung. Er zeigte, daß Brian im Grunde seiner Seele das ganze Privatschulwesen als ein System des Unterrichts ansah, der, in geringen Dosen verabreicht, zwar intellektuelle Vorteile brachte, in größeren Dosen die Kinder jedoch in Zombies – Produkte einer konformistischen, klassenbewußten Leistungsgesellschaft – verwandelte. Er hatte festgestellt, daß sich der Sohn seines Kollegen bereits nach einem Semester solcher »Gehirnwäsche« zu seinem Nachteil verändert hatte und fühlte sich indirekt verantwortlich für den zukünftigen Zusammenbruch seines Sohnes.

## Stimmen aus der Vergangenheit

Wenn wir von Menschen träumen, mit denen uns in der Vergangenheit enge Beziehungen verbanden, so stellen diese, falls wir noch in engem Kontakt mit ihnen stehen, wahrscheinlich nur sich selbst dar. Sie können jedoch ebensogut Symbole für jene Teile unserer eigenen Persönlichkeit sein, die wir früher von ihnen übernommen haben. Gewöhnlich wird ihr Erscheinen im Traum durch irgendeinen Vorgang im Wachleben ausgelöst, der einer ähnlichen Situation in der Vergangenheit entsprochen und diese sozusagen wieder lebendig gemacht hat. Zum Beispiel hatte die Auseinandersetzung

157

mit meiner Mutter, die in meinen Träumen von dem schlechten Architekten stattfand (s. S. 149), in Wirklichkeit wenig mit dem Verhältnis zu tun, das ich in jenem Zeitpunkt zu meiner Mutter hatte. Sie zielte vielmehr auf meinen Analytiker, der in dem Traum als der schlechte Handwerker symbolisiert war, darauf bedacht, meine Individualität in ähnlicher Weise zu zerstören wie meine Mutter, als sie von mir in der Kindheit Konformität verlangte. Während der Traum vordergründig zu sagen schien, meine Mutter sei meiner Meinung nach entzückt, wenn jemand die von ihr begonnene Aufgabe fortsetzte, ist die Wahrheit viel komplizierter. Es handelte sich nämlich in Wirklichkeit um zwei Teile meiner eigenen Persönlichkeit, die im Widerstreit liegen – das »gute Kind«, wie meine Mutter es sich meiner Ansicht nach vorstellte, und den »Rebellen«, der sich nicht manipulieren lassen will. Jahrelang war die »Mutter« ein ständiger Bestandteil meiner Träume – ein Zeichen, daß ihr Einfluß noch immer in mir nachwirkte, obwohl ich mich äußerlich längst davon befreit hatte.

Psychoanalytiker sagen, daß wir Eltern und Geschwister oder andere nahe Verwandte in unser psychisches System »introjizieren«, so daß sie unser Verhalten auch dann noch beeinflussen, wenn sie längst nicht mehr um uns oder gar gestorben sind. Eric, ein anderes aus der Arbeiterschicht stammendes Gruppenmitglied, erzählte uns, daß sein Vater ihm im Traum erscheine, wenn immer er seine Position in der äußeren Welt zu verbessern suche. Als er beispielsweise ein Haus in einer besseren Gegend zu kaufen erwog, träumte er einmal, daß sein Vater ihn vom Roten Meer aus anrief und sagte, er solle sich dort am nächsten Tag mit ihm treffen. Eric interpretierte »rot« als Wärme und Leidenschaft und »Meer« als die Emotionen, was ihn an die Ansicht seines Vaters erinnerte, daß echte menschliche Gefühle nur in der Arbeiterklasse gedeihen könnten und das ganze Bürgertum nichts als Heuchelei darstelle. Obwohl Eric bewußt der Überzeugung war, daß dies nicht stimmte, machte ihm sein innerer Konflikt doch schwer zu schaffen, ehe er sich schließlich zur Ausführung seines Vorhabens durchrang.

Manchmal geben uns solche inneren Stimmen ganz vernünftige Ratschläge, aber im allgemeinen sind sie starr und stereotyp und viel strenger, als es die Stimmen unserer Eltern jemals waren.

Wenn wir von Freunden und Kollegen träumen, mit denen wir im Wachleben in mehr oder weniger enger Verbindung stehen, dann verrät uns der Traum zumeist, wie wir zu dem Betreffenden wirklich stehen. Wir sollten natürlich stets zuerst nach der objektiven Wahrheit suchen, so wie es mein Mann tat, als er geträumt hatte, sein Kollege hätte ihm verdorbenes Gemüse zum Nachtessen vorgesetzt (s. S. 140).

In diesem Fall handelte es sich um einen »nach außen blickenden Traum, weil sich der Kollege später tatsächlich als nicht vertrauenswürdig erwies; hätte sich aber die Traumwarnung nicht bewahrheitet, so hätte sich mein Mann fragen müssen, warum er diesen Traum gehabt hatte. Vielleicht weil der Kollege eine Fliege zu tragen pflegte und sein Vater ihn als Kind vor Männern gewarnt hatte, die Fliegen trugen – in diesem Fall hätte er sehr schnell den irrationalen Ursprung jedes späterhin empfundenen Mißtrauens erkannt.

Manchmal aber benützt das träumende Hirn die Figur eines Freundes oder Kollegen, um etwas über eine ganz andere Person zu berichten. Zum Beispiel träumte eine meiner Bekannten, die ihren Ehemann verlassen hatte und zu ihren Eltern zurückgekehrt war, daß der Platz ihres Vaters am Eßtisch durch einen früheren Kollegen eingenommen worden war. Dieser Kollege, ein Dr. Jack Dominian, war Katholik und hatte ein Buch über die tadelnswerte Zerrüttung von Ehen geschrieben. Da sie mit Dr. Dominian nicht mehr in Verbindung stand, bezog sich der Traum offensichtlich auf ihren Vater, unter dessen »Dominium« sie sich empfand, besonders in bezug auf ihre Ehe, deren Auflösung er trotz aller Schwierigkeiten mißbilligte.

Wenn wir von einem früheren Freund träumen, mit dem wir keinen Kontakt mehr haben, können wir ziemlich sicher sein, daß die Traumbotschaft nicht diesen Freund betrifft; es handelt sich eher um eine gegenwärtige Situation, die ähnliche Reaktionen heraufbeschwört wie die ehemalige Verbindung mit dem betreffenden Freund.

Zum Beispiel träumte Mark, ebenfalls ein Mitglied unserer Gruppe, daß eine frühere Freundin ihm zum Dinner Roastbeef vorsetzte, das er aber nur zögernd aß, weil er eigentlich zu Hause mit seinen Eltern hätte speisen müssen. Da er diese Freundin seit über zehn Jahren nicht gesehen hatte, forderte die Gruppe ihn auf, herauszufinden, was sie für ihn bedeutete. Er sagte, sie sei ein kleines blondes Mädchen wie seine junge Ehefrau, die ihm tatsächlich am Abend zuvor Roastbeef serviert hatte.

Daraufhin wurde klar, daß sich sein Unbewußtes noch nicht an die Tatsache gewöhnt hatte, daß er jetzt verheiratet und in keiner Weise verpflichtet war, mit seinen Eltern zu essen. Trotz seiner augenscheinlichen Zuneigung zu seiner Frau betrachtete er sie unbewußt – ähnlich wie die ehemalige Freundin – als jemanden, den er von Zeit zu Zeit heimlich gegen den Wunsch seiner Eltern zu besuchen pflegte. Die Tatsache, daß er die Ehe mit seinen unerlaubten Affären gleichsetzte und seine wahre Zuneigung noch immer der Mutter galt, machte seiner Frau das Leben schwer; ständig beklagte sie sich, daß er nie auf sie hörte und ihre Wünsche stets denen der Eltern untergeordnet würden. Bis zu dem Traum hatte er die Ausbrüche seiner Frau ganz unvernünftig gefunden, aber jetzt verstand er sie. Er beschloß, sich zu bessern, und wir überredeten ihn, seiner Frau den Traum zu erzählen, damit sie in gemeinsamer Bemühung einen erwachsenen Menschen aus dem »Baby Mark« machen könnten.

Eine ganz andere Art von Symbolik wurde von dem Gruppenmitglied Celia geschildert. Sie war kurz zuvor mit einem Mann zusammengezogen, dessen Frau immer wieder andere Gründe für einen Scheidungsaufschub fand, obwohl sie schon jahrelang getrennt lebten und er sie immer sehr großzügig behandelt hatte. Celia träumte, sie und ihr Freund hätten ein sehr hübsches Haus zu günstigem Preis von alten Freunden gekauft, die sie schon sehr lange nicht mehr gesehen hatte. Bei der gemeinsamen Hausbesichtigung war sie entzückt über die schönen großen Räume mit den riesigen Fenstern, bis ihre Freunde sagten: »Sie müssen uns natürlich bis 1982 hier wohnen lassen. Erst dann läuft unser Vertrag ab.« Da erkannte Celia, daß sie das Haus gekauft hatte, ohne sich nach eventuellen Mitbewohnern zu erkundigen, die von ihr erwarteten, daß sie das Haus instand hielt, während sie selbst nur geringe Mieten zahlten. Schlimmer noch aber war, daß gerade die schönsten Räume wahrscheinlich alle besetzt sein würden. Ihre Assoziationen zu dem Traum ergaben, daß der Nachname ihrer Freunde Richter war, was sie sofort an »Scheidung« erinnerte. 1982 war das Jahr, in dem das jüngste Kind ihres Freundes das Studium beendet haben würde; der Traum zeigte ihr also, daß sie im tiefsten Innern wenig Hoffnung hatte, vorher heiraten zu können. Tatsächlich erinnerte

160

sie sich auch, daß die Frau ihres Freundes ihm vorgeworfen hatte, er verlasse sie, ehe sich die Kinder selbständig gemacht hätten. Darüber hinaus offenbarte der Traum Celias Befürchtung, sie selbst müsse die ganze Zeit durch ihre Arbeit dazu beitragen, daß seine Frau und die Kinder ihren gewohnten Lebensstil aufrechterhalten könnten.

In diesem Fall symbolisierten die Traumfreunde keine Personen, sondern – durch den Namen Richter – eine Institution: das Gesetz. Mir ist diese Art von Symbolik häufig begegnet, bei der die Figur eines Freundes irgendein Prinzip, eine Situation oder einen Lebensstil repräsentiert. In solchen Fällen kann die Traumbedeutung aus dem Namen der Ersatzfigur erhellen. Manchmal läßt sich der Traum auch durch das deuten, was diese Figur für den Träumer im Leben darstellt, wie etwa bei dem folgenden Traum eines meiner Kollegen, der seinen sicheren, einträglichen Beruf aufgeben wollte, um als freier Schriftsteller zu leben.

In seinem Traum hatte er sich von einem Picknick entfernt, um auf Entdeckungsreise zu gehen, als es zu regnen begann. Er wußte, daß er unter einer Felsklippe Schutz finden würde. Um sie aber zu erreichen, mußte er einen ziemlich steilen, schmalen Pfad erklettern, der sich spiralförmig zu der Klippe emporwand. Je höher er hinaufkam, um so nasser und schlüpfriger war der Pfad, und er fürchtete abzustürzen. Entschlossen, sich seine Ängstlichkeit nicht anmerken zu lassen, biß er die Zähne zusammen und bat einen seiner Gefährten, der bereits oben war, ihm die Tasche abzunehmen, damit er sein Gleichgewicht besser halten könnte. Als er hochsah, stellte er fest, daß der Gefährte sein Freund James Brabazon, der Dramatiker, war. Der Traum war eine wunderbare bildliche Darstellung der Besorgnisse meines Kollegen, daß er den Übergang zu einer neuen Lebensweise nicht schaffen würde. Als ich ihn fragte, was James Brabazon in dem Traum zu suchen gehabt hätte, antwortete er, dies sei ein Mann, dem der Sprung von einem sicheren Verwaltungsposten zu freier Berufsarbeit gelungen sei.

Manchmal können Freunde und Kollegen, ebenso wie Eltern und Geschwister, auch Aspekte der Persönlichkeit des Träumers symbolisieren. Solche Träume lohnen eine weitere Analyse, nachdem ihr Bezug auf die unmittelbare Situation des Träumers gründlich erforscht wurde; denn sie gewähren fast immer Einblick in verborgene Teile des Ich. Martin, ein Kollege meines zweiten Mannes, beschäftigte sich zum Zeitpunkt des folgenden Traumes damit, eine elektronische Erfindung auf den Markt zu bringen. Er träumte, daß er die Erfindung in Rußland vorführen wollte und schmuggelte meinen Mann, der diese Aufgabe übernommen hatte, in einem Koffer über die Grenze. Als sie auf dem Rückweg die Zollkontrolle passierten, bemerkte Martin voller Schrecken, wie sich etwas sichtbar in dem Koffer bewegte.

Träume bedienen sich oft dieses Bildes von etwas in Koffern oder Kisten Verborgenem, um damit auf einen geheimen oder unterdrückten Teil der Person des Träumers hinzudeuten. In diesem Fall schien es klar, daß sich in Martin heimlich ein Teil seiner selbst r̓egte – eine Eigenschaft, die mein Mann für ihn repräsentierte und von der er annahm, sie würde den Amtsgewalten (die Zollbeamten) nicht gefallen. Für ihn war mein Mann jemand, der sich regelmäßig im Fernsehen und in der Presse äußerte, und meiner Ansicht nach glaubte er, ebenfalls publizistische Fähigkeiten zu haben, die ihm seine Firma nicht zu nutzen erlaubte. Wir rieten Martin, nicht nur seine Rolle in der Firma kritisch zu überprüfen, sondern auch seine anderen Träume nach unterschwelligen Kräften in seiner Persönlichkeit zu durchforschen. Vielleicht würden ihm die Träume einen Hinweis geben, was ihn dazu veranlaßt hatte, einen sicheren Routinejob in der Industrie zu wählen statt einer Tätigkeit, die seinen verborgenen Talenten entsprochen hätte.

## Figuren des öffentlichen Lebens, der Geschichte und Dichtung

Wenn wir von Leuten träumen, die wir nur als Figuren des öffentlichen Lebens kennen, so wie Könige oder Filmstars, dann sind diese durchaus nicht etwa selbst gemeint; wie Hall sagt, sind Träume persönliche Dokumente, die sich nicht mit unserer Einstellung zu öffentlichen Angelegenheiten befassen. Das gleiche gilt für Träume über erfundene oder historische Figuren. Solche Figuren muß man mit Hilfe des Assoziationsverfahrens überprüfen, um Antwort auf folgende Fragen zu finden: Sagen sie etwas über wirkliche Personen im Leben des Träumers aus? Beziehen sie sich auf Situationen, Grundsätze oder Einrichtungen (wie »das Gesetz«), mit denen der Träumer zu tun hat? Oder geben sie Aufschluß über Persönlichkeitsbestandteile des Träumers? Generell ist das Prinzip der Deutung das gleiche wie bei Eltern-, Geschwister-, Freund- oder Kollegenfiguren, die etwas anderes als sich selbst symbolisieren: Es muß immer danach gefragt werden, warum der Träumer gerade dieses spezielle Symbol gewählt hat. Die Antwort mag in dem Namen zu finden sein, in Assoziationen mit der Vergangenheit des Träumers oder in irgendeiner hervorstechenden Eigenschaft, welche die Traumfigur für den Träumer verkörpert.

Als ich mich nach unserem ersten Ehekrach mit meinem damaligen Mann wieder ausgesöhnt hatte, träumte er von einem modernen Kirchenbau, der auf einem trostlosen Stück Ödland errichtet wurde. Er bestand aus grauen Betonblocks, die mein Mann häßlich fand, da er das Gold und die Pracht alter Kirchen und Kathedralen liebte. Auf einem Schild war angegeben, daß die Kirche von der »ehemaligen Mrs. Armstrong-Jones« gebaut würde, und er stellte angewidert fest, daß es zu ihrem eigenen und nicht zum Ruhme Gottes geschah.

Seine Assoziationen zu Prinzessin Margarets Schwiegermutter führten zu keinem Ergebnis, aber er erwähnte, daß sich seine Patienten (er ist Osteopath) oft lobend über seine »starken Arme« (*strong arms*) äußerten. Da er also Mr. Armstrong-Jones war, war ich offensichtlich seine Frau. Mit der Bezeichnung »ehemalige Frau Armstrong-Jones« hatte sein träumendes Hirn sehr treffend die Tatsache zum Ausdruck gebracht, daß er sich bereits von mir losgelöst sah, obwohl wir uns versöhnt hatten. Die schreckliche Betonkirche assoziierte er mit meinem Fachgebiet Psychologie, das er schal und öde fand. In den Anfangsjahren unserer Ehe hatten wir uns stark mit allen möglichen Formen religiöser Betätigung befaßt, einschließlich der Freimaurerei, die reich an Symbolik und Drama ist, und sein Traum zeigte deutlich, daß ich diese ganze Farbigkeit in seinen Augen durch die moderne, trockene »Religion« der wissenschaftlichen Psychologie ersetzt hatte.

Als wir dieses Problem besprachen, gab ich zu, daß ich unsere alten Denkweisen immer mehr ablehnte; auch hätte ich mein psychologisches Wissen wiederholt dazu benutzt, den Widersinn seiner Anschauungen nachzuweisen, die mir undurchdacht vorkamen. Ich glaube, daß vor allem dieser Umstand schließlich zum Verfall unserer Ehe führte, und mein Mann hat mir dies mit seinem Traum auf sehr geschickte Weise klargemacht.

Jeremy, ein Gruppenmitglied, erzählte mir einen weiteren Traum dieser Kategorie, der sich allerdings nicht auf eine Persönlichkeit, sondern auf eine Institution bezog. In dem Traum beobachtete er eine Militärparade, die der Herzog von Norfolk anführte. Es schien Krieg zu sein, denn von überall ertönten Schüsse und Explosionen. Seine Freundin stand neben ihm und verhöhnte den Aufmarsch. Plötzlich streckte ein Schuß von irgendwoher einen der jungen Soldaten in der Kolonne nieder. Jeremy sagte: »Wenn auch nur die Spur eines Mannes in ihm steckt, muß er zurückgehen und ihn mitnehmen«, worauf der Herzog auch tatsächlich zu dem Soldaten ging und ihn aufhob. Dann begab er sich, den Toten auf den Armen, wieder an die Spitze der Kolonne und marschierte weiter, als ob nichts passiert wäre.

Jeremy hatte sich gerade mit seiner höchst unkonventionellen Hippie-Freundin verlobt, die wünschte, daß er seinen Beamtenposten aufgäbe, um Reisen zu machen. Auch ärgerte sie sich darüber, daß er der anglikanischen Kirche angehörte, die sie als Inbegriff der Muffigkeit betrachtete. Obwohl Jeremy durch ihr unkonformes Verhalten entschieden beunruhigt war, fühlte sich doch ein Teil von ihm davon angesprochen. Er sagte, der Herzog von Norfolk symbolisiere für ihn das Establishment; denn er wußte, daß der Herzog katholisch, Mitglied des berühmtesten englischen Cricket-Clubs und der Organisator der Krönungszeremonien war. Die Traumbotschaft war ihm klar: Er sah sein Zugehörigkeitsgefühl zum Establishment »unter Beschuß« und wurde sich bewußt, daß seine Einstellung zum Bürgertum zwiespältiger war als bisher. Während er dem Establishment einerseits eine gewisse Würde und auch Mut zuerkannte, sah er andererseits, daß es erstarrt war und von seinen Dienern erwartete, daß sie ihr Leben im Namen der zeremoniellen Ordnung opfern.

Freud vertrat die Auffassung, daß königliche Figuren in Träumen fast immer Symbole von Eltern oder anderen nahen Verwandten des Träumers seien und Kindheitswünsche oder -konflikte ausdrückten. Diese Meinung kann ich nicht teilen. Haben wir freilich eine unmittelbare Beziehung zu einem Elternteil oder Verwandten gerade zu dem Zeitpunkt, wenn eine passende königliche Persönlichkeit in einem Traum erscheint, dann ist es wahrscheinlich, daß der Traum etwas über diese betreffende Beziehung aussagt – zum Beispiel, daß meine Mutter versuchte, »wie eine Königin« über mein Leben zu bestimmen. Ist aber eine solche direkte Beziehung zur Zeit des Traumes nicht vorhanden, dann würde ich eher annehmen, daß die königliche Traumfigur einen Aspekt in der Persönlichkeit des Träumers verkörpert, den er (oder sie) als königlich empfindet.

Als mein erster Ehemann seine Berufsausbildung beendet hatte und wir begannen, ein reges gesellschaftliches Leben zu führen, träumte ich von einer Party, auf der auch Prinzessin Anne zugegen war. Zu meinem Entsetzen fand ich mich mit ihr in ein Gespräch über Politik, Religion und Sex verwickelt – ausgerechnet die drei Themen, die bei formellen Anlässen verpönt sind. Sie schien recht interessiert, aber die Frau neben ihr, vermutlich ihre Anstandsdame, machte einen sehr empörten Eindruck. Der Traum drückte meinen Konflikt zwischen dem anerzogenen Wunsch aus, mich gesittet zu benehmen – als das wohlerzogene, würdevolle und »königliche« Mädchen, repräsentiert durch Prinzessin Anne –, und meinem eigentlichen, unkonventionellen Ich, das mit Vorliebe Leute schockiert. Ein Traum dieser Art kann oft weitere nützliche Informationen liefern, wenn er nach »Innensicht«-Richtlinien durchforscht wird, und im nächsten Kapitel will ich mein eigenes Problem der »königlichen Figuren«, die wir in unserem Inneren tragen, im einzelnen erörtern.

Genau die gleichen Deutungsprinzipien gelten für historische Persönlichkeiten und Gestalten aus der Literatur. Wenn sie in unseren Träumen erscheinen, müssen wir uns ebenfalls fragen, ob sie auf irgendeine Person in unserem gegenwärtigen Leben, auf eine Institution oder einen Teil von uns selbst hinweisen. In einem solchen Traum zum Beispiel sah ich eine Aufführung von *Hamlet*, als plötzlich von der Bühne herab verkündet wurde, die Ophelia-Darstellerin sei erkrankt und eine der Zuschauerinnen solle vertretungsweise ihre Rolle übernehmen. Ich war überzeugt, daß die Rolle keine besonderen Anforderungen stellte und bot meine Dienste als Ersatz-Ophelia an. Doch als ich hinter der Bühne stand und auf mein Stichwort wartete, wurde mir klar, daß ich keine einzige Zeile wußte und floh in Panik.

Dies träumte ich zu der Zeit, als ich meine Arbeit aufgegeben hatte, um mich ganz dem Haushalt und der Familie zu widmen; der Traum zeigte mir deutlich, daß ich damit eine Rolle übernommen hatte, die ich nicht beherrschte. Ich wußte einfach nicht, wie ich das »brave Frauchen« darstellen sollte, das schwach und hilflos ist und zu Nervenzusammenbrüchen neigt. Der Traum hatte insofern Weissagungscharakter, als ich tatsächlich an dieser Aufgabe scheiterte. Derartige Träume weisen immer auf eine Rolle in unserem gegenwärtigen Leben hin, die wir entweder nicht spielen können oder nicht spielen wollen.

Fremdlinge oder anonyme Figuren in Träumen haben symbolische Bedeutung, wenn sie eine wichtige Rolle in dem Traum spielen, und sie müssen auf dieselbe Art interpretiert werden wie die Traumfiguren, die in den vorangehenden Kapiteln beschrieben wurden. Auch sie können für tatsächlich existierende Personen, für Situationen oder Institutionen oder für Teile des eigenen Ich stehen.

Als ich meinem zweiten Mann zum erstenmal begegnete, war er in Fernsehen und Radio wohlbekannt als Verfechter des Christentums in moderner, wissenschaftlicher Sprache. Die Grundlage seines Glaubens bildete die göttliche Macht der Liebe, und er betrachtete die Lehre von der Dreifaltigkeit als Offenbarung dreier Aspekte der Liebe: des Gebens und Empfangens zwischen Liebendem und Geliebtem und des Überspringens ihrer Liebe auf andere. Kurz nachdem wir uns kennengelernt hatten, träumte ich, daß ich mit einem Fremden, der Christian hieß, und einer meiner früheren Kolleginnen namens Miß Lock im Bett läge. Christian schlief mit mir, brach aber den Liebesakt plötzlich ab und sagte: »Entschuldige, ich muß zuerst mit Miß Lock schlafen, weil sie in vierzehn Tagen heiratet.« Ich akzeptierte das in dem Traum, denn wenn Miß Lock tatsächlich in vierzehn Tagen heiraten würde, könnte ich mich ruhig großzügig zeigen. Unglücklicherweise machte er keine Anstalten, sich wieder mir zuzuwenden, und ich erwachte bekümmert.

Der Traum enthielt zwei Arten von »Spiegelwelt-Menschen«. Miß Lock existierte wirklich und war auch im Begriff zu heiraten, aber ich hatte keinerlei besondere Beziehung zu ihr. Bei meinen Assoziationen zu ihrem Namen aber erinnerte ich mich an einen jungen Schweizer, der mich vor vielen Jahren über den Vierwaldstätter See gerudert und mir allen Ernstes erklärt hatte, daß Frauen im Bett alle gleich seien. »Loch ist Loch, und fertig«, sagte er. Offensichtlich repräsentierte Miß Lock also für mich den Begriff »Frau« in sexueller Hinsicht. Meine Assoziationen zu Christian führten mich indes zu der besonderen Art von Christentum, die mein neuer Freund vertrat: der Traum enthüllte meinen unbewußten Verdacht, daß die überspringende Dreifaltigkeit in seiner Theologie möglicherweise bedeutete, daß seine Liebe auf andere Frauen übersprang.

Im allgemeinen ist es nicht schwierig, herauszufinden, wen Fremdlinge in unseren Träumen verkörpern. Meine Kollegin, die von dem Mann im Kettenpanzer träumte (s. S. 109), wußte sofort, daß er ihren Ehemann darstellte, und auch Sally erkannte in dem persischen König ohne weiteres ihren eigenen Mann, nachdem sie seine Hauptfrau als einen Aspekt ihrer selbst identifiziert hatte (s. S. 143). Ähnlich können wir Fremde in Träumen oft sehr schnell mit Eltern oder anderen nahen Verwandten assoziieren, die durch Introjektion Teile unseres Selbst geworden sind.

Zum Beispiel träumte Peter, ebenfalls ein Mitglied meiner Gruppe, folgendes

»Ich kam aus Amerika zurück und bemerkte zwei Reisegefährten auf dem Schiff, von denen der eine einen recht geschäftigen Typ aus der Bank- oder Börsenwelt repräsentierte und der andere einen Inder mit Turban, der für eine Tee-Importfirma arbeitete. Ich merkte, daß der Weiße den Inder für eine Art Konkurrenten hielt, der ihm überallhin folgte, um Informationen zu sammeln, doch hatte ich das Gefühl, daß er sich irrte. Als wir das Schiff verlassen hatten und nach Taxis anstanden, stürzte er sich plötzlich auf den Inder, zog ein Messer und schnitt ihm beide Hände ab, sprang dann in ein Taxi und verschwand. Im Traum wußte ich, daß er es getan hatte, um seinen vermeintlichen Verfolger loszuwerden. Ich war entsetzt, obwohl der Inder weniger von Schmerzen denn von Besorgnis geplagt schien, wie er in Zukunft seine Koffer tragen sollte. Im Geiste folgte ich dem Weißen und fragte ihn nach dem Grund seiner Tat, da er doch keinerlei Beweise hätte, daß der Inder ihm nachspionierte. Er antwortete, daß in unserer rauhen Geschäftswelt kein Raum für Skrupel oder Zweifel sei; die einzige Überlebenschance bestehe darin, rasch und rücksichtslos zu handeln.«

Peter vermochte weder den Inder noch den Typ aus der Finanzwelt mit irgendeinem Menschen in seinem augenblicklichen Leben zu assoziieren. Es fiel ihm dazu lediglich ein, daß der Inder ihn an seinen Vater erinnerte, der vor mehreren Jahren gestorben war. Wie er sagte, hatte sein Vater alle Kapitalisten verachtet, vor allem aber jene, die Geld durch bloße finanzielle Manipulationen verdienten. Peter fügte hinzu, daß er seinem Vater gegenüber immer ein Schuldgefühl empfunden habe, weil er ein paar Aktien besessen hätte – und dies erinnerte ihn daran, daß er am Tag zuvor einige Papiere verkauft hatte, um Geld für einen lange fälligen Erholungsurlaub flüssig zu machen.

Nun war mir klar, daß der Finanzier in dem Traum die strebsame, ehrgeizige Seite in Peter symbolisierte, die sich ständig von der introjizierten Figur seines Vaters verfolgt und bedroht fühlte. Diese Interpretation wurde dadurch bestätigt, daß sich beide Figuren auf einem Schiff befanden, das von Amerika, dem Land des Überflusses, zurückfuhr. Indem der Traum den Vater als Inder auftreten ließ, zeigte er, daß Peter nicht die persönliche Bedürftigkeit des alten Mannes quälte (schon viele Jahre vor seinem Tod war er nicht mehr arm gewesen), sondern sein ständiges Geschimpfe über die Verderbtheit von Menschen, die im Luxus schwelgten, während in Indien Millionen verhungerten.

Seine Assoziationen zu den abgeschnittenen Händen des Inders erinnerten Peter an die ausgestreckten Hände der Bettler in fernöstlichen Ländern; außerdem gemahnten sie ihn daran, daß man Dieben in alten Zeiten zur Strafe die Hände abschnitt. Der Traum offenbarte also, daß sich hinter Peters scheinbar so ruhigem, unbeschwertem Äußeren eine ernstzunehmende Persönlichkeitsspaltung verbarg. Wenn immer er finanziell erfolgreich war oder auch nur etwas Geld für sich selbst verbrauchte, quälte ihn ein schreckliches Schuldgefühl, das er verdrängte, indem er sich innerlich in die entgegengesetzte, gleichermaßen extreme Rolle des »unbarmherzigen Kapitalisten« zurückzog, der alle Bitten Bedürftiger als diebstahlähnliche Ansinnen zurückwies.

Anonyme Kinder in Träumen können unentwickelte Seiten unserer Persönlichkeit darstellen; sie können auch Teile unseres Selbst repräsentieren, die in Kindheitskonflikten steckengeblieben sind, oder Aspekte unserer gesamten Lebenssituation, in der irgendein neues Lebensstadium als etwas Heranwachsendes gesehen wird. In meinem eigenen Traum von der »Freimaurerischen Geburt« (s. S. 90) deutete ich die Übergabe des Babys an den Ehrwürdigen Meister als meinen neuen ehelichen Status, den ich Gott zueignete. Ein ähnlich plastisches Beispiel von Baby-Symbolik kam in einem Traum vor, den mein zweiter Mann hatte, bald nachdem wir uns begegnet waren. Wir hatten beschlossen, völlig offen und ehrlich über unsere Gefühle, Hoffnungen, Befürchtungen und Bedürfnisse zu sprechen, statt den üblichen »Spielen der Erwachsenen« zu frönen. Er träumte, seine Stiefmutter überreiche ihm ein Baby, dessen Schädeldecke fehlte, so daß sein Gehirn völlig frei lag. Er war entsetzt und fragte seine Stiefmutter, warum sie zugelassen habe, daß es überhaupt geboren wurde und was für ein Leben sie sich für ein solches Wesen vorstelle. Sie antwortete in ihrer weisen Bäuerinnen-Art: »Ein Leben, das so gut ist wie deines«, und er wachte beinahe beruhigt auf.

Angesichts einer radikal neuen Lebensweise, der er schutzlos ausgeliefert war, fühlte er sich herausgefordert und unbehaglich, und diese Gefühle brachte der Traum zum Ausdruck. Er bezog ihn besonders auf die Besorgnisse hinsichtlich der totalen Offenheit, mit der er seine Überzeugung darlegte, statt seinen Zuhörern den Eindruck zu geben, seine Argumente unterstützten lediglich, was sie selber glauben wollten. In gewisser Weise hatte der Traum insofern weissagerischen Charakter, als das »Baby« noch immer am Leben, gesund und munter ist, genau wie seine Stiefmutter es vorausgesagt hatte.

### Spiegelwelt-Tiere und andere Geschöpfe

»Alice warf ängstliche Blicke um sich, während sie an den Tischen vorbei den weiten Saal durchschritt und sah, daß sich etwa fünfzig Gäste eingefunden hatten – vierfüßige Tiere waren darunter, aber auch Vögel und dazwischen sogar einige Blumen. ›Zum Glück sind sie auch ohne Einladung gekommen‹, dachte sie, ›ich hätte keine Ahnung gehabt, wen man zu einer solchen Feier bitten muß.‹«

Im Gegensatz zu Alice müssen wir die volle Verantwortung für die Geschöpfe übernehmen, die wir zu unseren Träumen einladen. Gewöhnlich haben sie symbolische Bedeutung, es sei denn, ein bestimmtes Tier stehe uns im Wachleben nahe. Zum Beispiel träumte eine Freundin von mir, ihr Hund sei auf der verkehrsreichen Hauptstraße unterhalb ihres Gartens überfahren worden – genau eine Woche bevor er tatsächlich an dieser Stelle von einem Lastwagen getötet wurde.

Eine meiner Versuchspersonen, eine Hundebesitzerin, steuerte einen sehr lebhaften Traum bei, in dem sie die Leiche ihres Hundes aus dem Fluß fischte. Sie hatte das Tier als Belastung empfunden, wollte es aber nicht töten, weil ihr Sohn an ihm hing. Der Traum drückte den unverhüllten Wunsch aus, der Hund möge verunglücken, so daß sie für seinen Tod nicht verantwortlich wäre. Meiner Erfahrung nach sind solche realistischen Träume von Tieren jedoch selten. Sie kommen nur dann vor, wenn ein Tier im Leben des Träumers eine ebenso intime Rolle spielt wie der Ehepartner oder ein Kind.

Die meisten Traumtiere sind symbolisch und machen oft seltsame Verwandlungen durch, genauso wie die Tiere in Alices Spiegelwelt. Dies »war alles andere als eine normale Biene, nämlich vielmehr ein Elefant«, erkannte Alice, als sie zusah, wie sich eines der Lebewesen in ihrer Welt »an den Blumen zu schaffen machte und den Rüssel hineinstreckte, als ob es eine ganz normale Biene wäre«. Ruth, ein Gruppenmitglied, träumte, daß ein Nilpferd sie durchs Haus jagte, dabei sämtliche Gegenstände umwarf und eine schreckliche Verwüstung anrichtete. Schließlich kam ihr der Gedanke, daß es nur etwas zu fressen suchte, und so fütterte sie es mit Brot, bis keines mehr da war. Sie hastete aus dem Haus, um welches zu kaufen, und fütterte es weiter. Es ging dann auch endlich weg, aber sie wußte, es würde zurückkommen, wenn es wieder hungrig wäre. Es kam auch zurück, und als das ganze Brot aufgefressen war, verwandelte es sich in einen Leoparden, der sich wütend auf sie stürzte.

Ihre Assoziationen zu dem Nilpferd erinnerten sie an ihren Mann, der immer hungrig war. Wenn sie zu Besuch waren und man ihm etwas zu essen anbot, lehnte er nie ab, selbst wenn er zu Hause gerade ausgiebig gespeist hatte. Da es sich nicht um einen normalen Hunger handeln konnte, nahm Ruth an, daß das Essen für ihn eine Art Ersatzbefriedigung darstellte. Der Traum, der ihren Mann als ein unzufriedenes Nilpferd schilderte, deutete an, daß sich dieses Geschöpf in einen reißenden Leoparden verwandeln würde, wenn kein »Futter« mehr da wäre. Ruth interpretierte den Traum als Warnung vor einem geheimen bösartigen Zug im Charakter ihres Mannes, der sie zerstören könnte, wenn sie seine neurotischen Bedürfnisse nicht zu befriedigen vermochte.

Sonja, ein anderes Gruppenmitglied, träumte, daß sie neben einem großen schwarzen, friedlich schlafenden Hund im Bett läge. Sie hätte ihn gern gestreichelt, wußte aber, daß sie ihn nicht aufwecken durfte. Schließlich streichelte sie ihn doch, und er erwachte, packte ihr Knie mit den Zähnen und begann, sie aufzufressen. Bei ihren Assoziationen zu dem Hund sagte sie, daß sich ihr Freund manchmal aufregte, wenn sie ihm »wie einem braven Hund« den Kopf tätschelte. Er empfand diese Geste als Kastration und Herabsetzung. Sonjas Traum zeigte deutlich ihre unbewußte Befürchtung, daß ihr Freund nicht ganz so fügsam sei, wie sie geglaubt hatte, und daß er sich eines Tages auf schmerzliche Weise rächen könnte.

Leute treten in Träumen gewöhnlich deshalb als Tiere auf, weil irgend etwas an ihnen an die entsprechende Tiereigenschaft erinnert. Der Traum sagt uns zum Beispiel, daß wir jemanden als Hund oder Hündin, als Schoßtier, Schäferhund, Schlange, Ratte, Maus, Affen, Löwen oder Schaf sehen (in meiner Lehranalyse hatte ich verschiedene Träume, in denen ich wie ein Lamm zur Schlachtbank geführt wurde). Natürlich ist in jedem Fall zu überlegen, ob der Traum eine »Blick-nach-draußen«-Komponente enthält – das heißt die zutreffende Entdeckung eines bestimmten Charakterzuges in der entsprechenden Person, den der Träumer nicht bewußt registrierte – oder ob er ein völlig subjektives Gefühl ausdrückt.

Auch die introjizierten Persönlichkeiten von Eltern oder nahen Verwandten können manchmal in Träumen als Tiere auftreten. Im allererstem Traum, den ich hatte, als ich meine Traumerinnerungsexperimente an mir selbst ausprobierte, wurde ich als Kind in mein Elternhaus zurückversetzt. Im Keller des Hauses befand sich ein betäubter oder schlafender Löwe, der durch irgend etwas geweckt worden war und nun im Haus herumstöberte. Ich rief den Zoo an – die Traum-Nummer war Z 7000 –, hörte mich aber nach seinem Namen fragen, statt zu sagen, man solle ihn fangen.

Beim Assoziieren fiel mir ein, daß mein Bruder im Sternbild des Löwen geboren war, und so interpretierte ich den Traum-Löwen als introjizierten Bruder, der in meinem Innern geschlafen hatte und plötzlich geweckt worden war. Im Laufe der folgenden Wochen wurde meine Ahnung unmißverständlich bestätigt, als mein Bruder in mehreren Träumen in einem spezifisch sexuellen Zusammenhang auftrat, der trotz meiner theoretischen Freud-Kenntnis eine erhebliche Überraschung für mich war. Tiere in Träumen repräsentieren oft auf direkte Weise sexuelle Impulse, und das jeweils gewählte Tier zeigt an, wie wir solche Impulse empfangen. Meine Löwen-Wahl bedeutete, daß ich mich seit meiner Kindheit sexuell bedrohlich stark zu meinem Bruder hingezogen fühlte. Aus diesem Grunde hatte ich das »gefährliche Tier in mir« eingeschläfert und meinem Trieb nie freien Lauf gelassen, obwohl ich scheinbar ein vollkommen befriedigendes Sexleben führte.

Jetzt aber hatte irgend etwas (möglicherweise die Traumerinnerungsexperimente selbst) das schlummernde Tier geweckt, und ich bemühte mich sehr, es im Zaum zu halten. Deshalb wählte ich die mystische Zahl sieben und versuchte, dem Tier einen Namen zu geben – die magische Methode, Gewalt über etwas zu erlangen. Die Angelegenheit war natürlich ein klassisches »Freudsches« Problem; ich überwand es aber nicht mit Hilfe der Psychoanalyse, sondern durch das Studium weiterer Träume mittels der Gestalt-Technik, wie ich es im nächsten Kapitel beschreiben werde.

Traum-Tiere können ebenso wie Traum-Personen manchmal Situationen, Prinzipien oder Institutionen symbolisieren. Ein Mitglied einer Gestalt-Therapiegruppe, die ich kürzlich besuchte, berichtete von einem Traum, in dem er einen Elefanten im Speicher seines Hauses herumtrampeln sah. Während er noch darüber nachsann, wer in aller Welt dieses Tier ins Haus gelassen hatte, schleppte es sich zur hinteren Speicherwand und begann, sie über und über mit seinen Exkrementen zu besudeln. Er bemerkte entsetzt, daß der Haufen Elefantenmist bereits so hoch war, daß er das kleine Fenster in der Wand völlig verdeckte.

Ich war fasziniert durch die augenfälligen Möglichkeiten Freudscher Interpretation, aber der Gruppenleiter hatte andere Vorstellungen. Er bat den jungen Mann, den Traum auszuagieren, und dabei wurde uns klar, daß die »Elefantenscheiße« im Rahmen der Gestalt-Therapie eine ganz einzigartige Bedeutung hatte. Der junge Mann erinnerte sich, daß Perls zwischen drei Klassen von Wortbedeutungen unterschied: »Hühnerdreck« heißt soviel wie belanglose Konversation, etwa »Guten Morgen, wie geht es Ihnen?« und »Schönes Wetter heute«; »Kuhmist« bezeichnet Vereinfachungen und Ausreden, wie zum Beispiel »Ich kann niemanden lieben, weil meine Mutter mich nicht liebte, als ich klein war«; und mit »Elefantenscheiße« ist das reine Theoretisieren über Probleme gemeint. Dieser Traum teilte ihm unmißverständlich mit, daß seine Bemühungen, Licht in seine Angelegenheiten zu bringen, fruchtlos waren, weil er um seine Probleme herumredete, statt sie in konstruktiver Weise anzupacken.

Einen weiteren Traum, in dem Tiere ein Prinzip oder eine Institution symbolisieren – ähnlich den Bienen in Alices Spiegelwelt-Erfahrung, die Elefanten waren –, erzählte mir ein Kollege, der seine feste Anstellung aufgegeben hatte, um sich freiberuflich zu betätigen. Einige Zeit, bevor er sich dazu entschloß, träumte er folgendes:

»Ich befand mich in einem Land, wo die Menschen in Symbiose

172

mit Ungeziefer lebten, das mit der Zeit zu elefantenartigen Tieren heranwuchs. Zuerst waren es kleine schneckenartige Kraken mit schleimigen Fangarmen, mit denen sie sich an die menschliche Haut hefteten. Jeder duldete sie, denn wenn die Tiere ausgewachsen waren, dienten sie als Transportmittel. Sie sahen aus wie dümmliche, große, gutmütige Fettwänste, und sie ergriffen die Leute mit ihren Fangarmen und brachten sie an alle Orte, die sie erreichen wollten. Ich erwachte schreiend, weil ich plötzlich feststellte, daß ich über und über mit diesen Biestern bedeckt war. Sie waren nicht gefährlich – aber ekelhaft. Die Menschen seufzten nur, entfernten sie und sagten: ›Na ja, es ist wohl natürlich, daß einige Leute rebellieren, nur dürfen wir es nicht alle tun.‹ Sie waren nicht beunruhigt, da immer noch genug Menschen übrigblieben, die diese Kreaturen mit sich herumschleppten.«

Der Traum drückte aus, was er der Geschäftswelt gegenüber empfand – in jungen Jahren läßt man sich von ihr aussaugen, damit man im Alter von ihr getragen wird. Sein ganzes bisheriges Leben hatte er dieses Sicherheit verheißende Ungeziefer auf sich herumkriechen lassen, bis er es nicht mehr ertragen konnte.

## Spiegelwelt-Häuser

»Euer Haus ist euer erweiterter Körper. Es wächst in der Sonne und schläft in der Stille der Nacht und ist nicht ohne Träume. Oder träumt euer Haus etwa nicht? Und vertauscht es im Traum nicht die Stadt gegen Hain und Hügel?«

Häuser sind Ausdehnungen unseres Ichs – es sind unsere erweiterten Körper, wie Kahlil Gibran sie in *The Prophet* nennt: Die meisten Traumhäuser verraten eher etwas über unser Leben und unsere menschlichen Beziehungen, als daß sie wirkliche Gebäude aus Ziegelsteinen und Mörtel zum Inhalt haben. Doch wenn wir uns im Wachleben mit dem Kauf oder Bau eines Hauses beschäftigen, können unsere Träume auch unsere diesbezüglichen Sorgen spiegeln. Zwei gute Beispiele dafür erhielt unsere Gruppe von Joseph, einem jungen Mann aus der Arbeiterschicht. Er hatte vor kurzem die Tochter eines Bankdirektors geheiratet, und das Paar lebte mit den Eltern seiner Frau zusammen, bis sie ein eigenes passendes Haus gefunden hätten.

In dem ersten Traum war Joseph mit seiner Frau auf Haussuche, aber alle Häuser, die sie sich ansahen, schienen halb verfallen. Seine Frau meinte, daß sie eines billig erwerben und dann renovieren sollten, aber Joseph fürchtete, die Kosten würden ihre Mittel übersteigen, obwohl ihm sein Schwiegervater ein Darlehen versprochen hatte. Sie fanden dann eines, das ihnen gefiel, aber bei näherer Besichtigung stellten sie fest, daß das Erdgeschoß völlig ausgebrannt war. Außerdem lag es an der Autobahn nach London. Sie gaben die Suche auf und fuhren mit der Bahn nach Hause; doch der Zug hielt nicht an der Vorortstation, wo sie aussteigen mußten, sondern fuhr bis zur Endstation mitten in London durch.

Eingedenk des Prinzips, daß wir selbst die Urheber unserer Träume sind, gab Joseph zu, er sei schuld, daß die Häuser in seinem Traum unbewohnbar gewesen waren – in Wirklichkeit widerstrebe es ihm, ein Haus zu kaufen. Der Traum zeigte den Grund dafür: Seine Familie hatte nie ein Haus besessen, und bei dem Gedanken, eines zu erwerben, hatte er das Gefühl, damit die Grenzen seiner gesellschaftlichen Stellung zu überschreiten, genauso wie der Zug in seinem Traum über die Haltestelle hinausgefahren war.

Kurze Zeit nach diesem Traum fanden sie doch ein passendes, wenn auch altes und etwas verwahrlostes Haus in einer guten Gegend und beschlossen, es zu kaufen. Der Preis war nicht zu hoch, und beide waren recht zufrieden mit ihrem Entschluß. Doch Josephs nächster Traum enthüllte seine wahren Gefühle. Er träumte, daß er mit seinem Bürochef in einer Bar plauderte. Der Chef erzählte ihm, er hätte zufällig gehört, wie zwei Männer sich darüber unterhielten, daß ein Dummkopf ein Haus auf der X-Straße für das Doppelte seines Werts gekauft habe; es hätte einen schwerwiegenden Defekt, der dem Käufer entgangen wäre. Da Josephs neues Haus in der X-Straße lag, schloß er, daß er selber dieser Dummkopf sei und war beim Aufwachen sehr erleichtert, gerade noch rechtzeitig gewarnt worden zu sein.

Er ordnete sofort eine sehr gründliche Überprüfung des Hauses an, die aber keine besonderen Mängel ans Licht brachte, und so kauften sie es schließlich; inzwischen leben sie schon über ein Jahr darin und sind damit außerordentlich zufrieden. Joseph gab zu, offensichtlich gehofft zu haben, er könne noch in letzter Minute einen Rückzieher machen, ohne seiner Frau gegenüber das Gesicht zu verlieren. Er erwähnte auch, daß der Bürochef in dem Traum seinem verstorbenen Vater geähnelt habe. Dieser sei schon bei dem bloßen Gedanken, etwas so Teures wie ein Haus zu kaufen, entsetzt gewesen und habe Joseph stets vor Betrügern gewarnt, die es auf unschuldige Leute abgesehen hätten. Er erkannte, daß die väterliche Stimme in seinem Innern für seine Ängste verantwortlich war. Der Traum hatte diese Stimme sehr geschickt getarnt; Joseph hörte eher auf den Bürochef als auf seinen Vater, dessen Wertmaßstäbe er bewußt längst verworfen hatte.

Leider sind mir selbst noch keine Fälle begegnet, wo Häuser Personen symbolisiert hätten, doch ist diese Möglichkeit ganz wunderbar in James Thurbers berühmtem Cartoon *Trautes Heim* angedeutet – ein grauenerregendes Bild, auf dem sich ein Männlein einer Vorstadtvilla nähert, deren Rückseite die Form einer monströsen Frau hat, die nur darauf wartet, ihn zu verschlingen. Dagegen habe ich häufig beobachtet, daß Träume Häuser benützen, um etwas darüber auszusagen, wie sich der Träumende den Lebensstil irgendeiner ihm nahestehenden Person vorstellt. Zum Beispiel hatte ich nach meiner Scheidung verschiedene Träume, in denen das Haus meines früheren Mannes größer und üppiger geworden war. Diese Träume gaben meinem Gefühl Ausdruck, daß es der Preis meiner Freiheit war, vom wachsenden Wohlstand eines erfolgreichen Mannes ausgeschlossen zu sein.

Da wir in einem Haus mit anderen Menschen zusammen leben, kann es oft ein nützliches Traum-Bild von den Beziehungen in einer Ehe oder Familie liefern. So hatte Joanna, deren Traum von der Ermordung ihres Gatten auf S. 155 beschrieben ist, während derselben Periode ehelicher Unruhe einen weiteren bemerkenswerten Traum. Sie träumte, sie lebe in einem kirchenartigen Schloß, das sie erfolglos zu renovieren versuchte. Mitten in dem Traum erschien ihr Au-pair-Mädchen und fragte, ob sie das Gold und Silber putzen solle. Joanna winkte ab, denn als sie sich umsah, bemerkte sie, daß das Mauerwerk abzubröckeln begann. Im selben Moment fiel das ganze Gebäude über ihr zusammen, und sie erwachte in panischem Schrecken.

Dieser Traum stellte Joannas Unsicherheit dar, ob sie ihre Ehe retten solle oder nicht, wiewohl sie ihrem Mann im Wachbewußtsein seine Untreue bereits vergeben hatte. Unbewußt jedoch wollte sie die Beziehung abbrechen, ja ihren Mann sogar umbringen, wie der früher erwähnte Traum gezeigt hatte. Diese verborgenen Gefühle beunruhigten Joanna natürlich, zumal sie glaubte, der Traum wolle ihr zeigen, daß ihre Ehe sehr viel Kostbares enthielt – symbolisiert durch das Gold und Silber – und außerdem religiöse Bedeutung hatte, wie der kirchenartige Stil des Schlosses verriet. Joanna war in der Lage, ihre Träume zu nutzen und so zu überwinden, besonders nachdem sie sich der Mithilfe ihres Mannes versichert hatte.

Einen weiteren Bericht über die Rettung einer Ehe durch Träume lieferte mir der Versuchsteilnehmer, der träumte, er werde zwischen seiner Frau und seinem Arbeitgeber gekreuzigt (S. 110). Kurze Zeit nach diesem hatte er einen weiteren Traum, in dem er eines Abends spät heimkam und sah, daß sein Haus dem Erdboden gleichgemacht worden war. Die Nachbarn sagten ihm, die städtischen Arbeiter seien frühmorgens gekommen, um es niederzureißen, aber niemand wußte, wo seine Frau war. Er interpretierte den Traum nicht als Wunsch, die Ehe zu lösen, sondern als Befürchtung, daß seine Frau ihn eines Tages wortlos verlassen würde, wenn er weiterhin so viel von zu Hause weg wäre. Der Traum erschreckte ihn dermaßen, daß er bald darauf seine Stellung aufgab und einen Posten annahm, der ihm ein Privatleben erlaubte.

Sehr häufig sind Träume von der Rückkehr in das Haus, in dem man aufwuchs. Laut Hall kann dies den Wunsch nach Erweiterung des Lebensraums bedeuten, da aus der Sicht des Kindes ein normal großes Haus sehr geräumig erscheint. Dem mag so sein, doch nach meiner Erfahrung deuten solche Träume – genauso wie Träume von Freunden oder Verwandten aus der Jugendzeit – gewöhnlich darauf hin, daß der Träumende durch etwas in seiner gegenwärtigen Situation an ein früheres Erlebnis erinnert wird. So verriet beispielsweise mein Löwen-Traum, der sich im Haus meiner Kindheit abspielte, daß sich meine schlummernden sexuellen Impulse zur Zeit des Traums zu rühren begannen, ebenso wie sie ursprünglich vor vielen Jahren durch meinen Bruder geweckt worden waren.

Georg, dessen »Scheidungs«-Traum auf S. 144 beschrieben wurde, träumte, daß er wieder im Haus seiner Kindheit sei. Georgs Frau und seine Mutter waren in der Küche und backten einen Geburtstagskuchen. Seine Frau überreichte ihm den Kuchen mit einer großen Verbeugung, und er dankte ihr höflich. Seine Gedanken aber waren nicht bei der Sache. Er hatte bemerkt, wie die Wände vor Feuchtigkeit tropften und stellenweise geborsten waren. Er machte seine Mutter auf diese Mängel aufmerksam, doch sie beruhigte ihn und sagte, das würde sich mit der Zeit geben, und er solle das Haus auf der Basis eines einundzwanzig Jahre laufenden

Pachtvertrages kaufen. Dies war einer der ersten Träume, die dar-auf hinwiesen, daß mit seiner Ehe (dem Haus) etwas nicht stimmte. Darüber hinaus teilte der Traum ihm mit, daß die »Mutter in sei-nem Innern« ihn drängte, dieselbe Art »Haus« zu übernehmen, wie er es als Kind »bewohnt« hatte – eine Beziehung, die eine ziemlich hoffnungslose Situation mit oberflächlicher Höflichkeit und Familienritualen übertünchte. Georg sagte, einundzwanzig Jahre seien die normale Zeit, die man im Elternhaus verlebte, bevor man sich von der elterlichen Autorität löse. Der Traum zeigte, daß er die Auffassung seiner »inneren Mutter« teilte, die ihm versicherte, daß jede zeitweilige Mißstimmung bald verschwin-den würde.

Manchmal verdeutlicht ein Traum eine Beziehung oder Situa-tion, indem er dem Träumer aus den Fenstern eines Hauses eine be-stimmte Aussicht zeigt. Während meiner Freudschen Analyse träumte ich einmal, daß ich aus dem Fenster des Konsultations-raums auf endlose Reihen eintönig grauer, viereckiger Häuser blickte, die der wirklichen Aussicht aus diesem Fenster in keiner Weise entsprachen – ein deutliches Anzeichen dafür, daß ich von dieser Analyse ein tristes Ergebnis erwartete – und zwar trist in einer ganz bestimmten Weise, indem sie mir ein monotones, konfor-mistisches Leben anbieten würde.

Freud vertrat die Ansicht, daß Häuser oft den Körper symboli-sierten und Teile von Häusern die verschiedenen Organe. Zum Bei-spiel könnten Säulen und Pfeiler die Beine darstellen so wie im Ho-henlied: »Seine Beine sind wie Marmelsäulen, gegründet auf golde-nen Füßen.« Türen bedeuten Körperöffnungen, Balkone und Ve-randen Brüste, Wasserleitungen die Harnwege und so weiter. Freud führt als Beispiel den Fall einer Frau an, die träumte, ein Polizist gehe in Begleitung zweier Landstreicher die Stufen zu einer Kirche hinauf. Von der Kirche aus führte ein Pfad einen Hügel em-por, und an beiden Seiten des Pfades wuchs Gras und Gebüsch, wel-ches immer dichter wurde, bis es auf der Hügelkuppe in Wald über-ging. Er deutete die Kirche als Vagina, den Polizisten und die Landstreicher als Penis und Hoden, den Hügel als Venusberg, den Wald als die Schamhaare und die aufwärtsführenden Stufen als den Geschlechtsakt. Diese Art Deutung mag für manche Menschen, die sich in psychoanalytischer Behandlung befinden, von Nutzen sein. Ich glaube aber, daß sie unsere Arbeit wenig fördert und daß uns viele fruchtbare Einsichten entgehen würden, wenn wir uns ihrer bedienten. Wie wir im 6. Kapitel sahen, kann sie einer Person sogar Gewalt antun, weil sie weiter gefaßte Traumdeutungen nicht zuläßt. Säulen können auch »Stärke« bedeuten, Türen einen Neu-beginn im Leben und undichte Wasserleitungen mangelnde Beherr-schung von Gefühlen, während die Symbolik von Kirchen, Gefäng-nissen, Baracken und so weiter ziemlich vordergründig sein dürfte.

Auf jeden Fall sind die eigenen Assoziationen des Träumers für eine Deutung entscheidend. Leere Speicherräume können für den einen fehlende Intelligenz (einen hohlen Kopf), für den anderen unerforschte Gebiete höheren geistigen Lebens bedeuten. Verdorrte Vorräte im Keller repräsentieren für den einen das Versiegen der Sexualität, während sie für einen anderen eine Mahnung sein kön-nen, das Unbewußte nicht zu vernachlässigen. Defekte an einem Gebäude können entweder ein Gefühl physischen Verfalls oder see-lischer Krankheit reflektieren. Verschiedene Mitglieder meiner Gruppe hatten Träume, in denen ein Haus umgebaut oder vergrö-ßert wurde; solche Träume zeigen gewöhnlich einen Persönlich-keitswandel im Sinne einer Bewußtseinserweiterung an, oft in Be-gleitung besserer körperlicher Gesundheit.

Meiner Erfahrung nach sind Traum-Häuser wirklich »erweiterte Körper«, indem sie unsere menschlichen Beziehungen, Lebensver-hältnisse und psychischen Situationen symbolisieren. Darüber mehr im nächsten Kapitel.

## Spiegelwelt-Fahrzeuge

Fahrzeuge in Träumen können manchmal genauso wie Tiere und Häuser lediglich das bedeuten, was sie sind, wenn sich das Wach-bewußtsein des Träumers zufällig gerade um ein Fahrzeug dreht. Als mein Wagen Alterserscheinungen zeigte und begann, sich langsam in seine Bestandteile aufzulösen, träumte ich dauernd von Pannen und Unfällen, bis ich ihn schließlich gegen einen neuen aus-tauschte.

Fahrzeuge in Träumen können auch einen Lebensstil versinnbild-lichen. Janet, eines unserer jüngeren Gruppenmitglieder, verließ das Elternhaus, um in eine größere Wohnung zu ziehen, die sie mit Freundinnen teilen wollte. Zu diesem Zeitpunkt träumte sie, daß sie nackt die Straße entlangmarschiere; sie trug nichts als ein paar Hippie-Glocken an einem Band um den Hals. Erleichtert stellte sie fest, daß die Leute auf der Straße sie kaum beachteten. Als sie zu ihrem Wagen kam, hatte er sich in einen riesigen Wohnwagen mit allem Komfort verwandelt, und es kam ihr der Gedanke, daß sie ihn mit ihren Freundinnen bewohnen oder zumindest für ausgedehnte Ferien im Ausland benützen könnte. Der Traum kennzeichnete ihren Wechsel von einer ziemlich eingeschränkten zu einer mobileren, großzügigeren Lebensweise. Ihre Nacktheit symbolisierte ihre Absicht, ihr Leben so frei und unbehindert wie nur möglich zu gestalten, ohne dabei allzu viele Leute zu schockieren, und die Hippie-Glocken assoziierte sie mit einem glaubwürdigeren Lebensstil als den von zu Hause gewohnten.

Fahrzeuge geben oft einen Hinweis auf die Richtung, die eine Beziehung nehmen wird. Kurz nachdem Pierres Frau erfahren hatte, daß er eine Liaison mit einem deutschen Mädchen hatte, und verlangte, daß er sie aufgäbe, erzählte er folgenden Traum:

»Ich hatte eine Straßenbahn nach Hause zu meinen Eltern bestiegen und stellte fest, daß sie in die verkehrte Richtung fuhr. Eine ausländische Studentin setzte sich neben mich und versuchte mir zu erklären, wo ich war. Dabei regte sie sich darüber auf, daß ein Fremder einem Einheimischen den Weg zeigen müsse. An der Kreuzung stieg ich dann aus und stellte fest, daß meine Frau bei mir war. Mitten auf der Kreuzung standen ein Kranken- und ein Polizeiwagen; es hatte sich gerade ein Verkehrsunfall ereignet. Auf der Straße lag eine alte Dame; sie war in schwarzes Leder gekleidet und trug eine Heilsarmeehaube, und als wir vorbeigingen, tätschelte meine Frau ihr mitleidig den Kopf. Wir versuchten, die Straße zu überqueren, was aber sehr gefährlich war, da in beiden Richtungen starker Verkehr herrschte.«

Der Traum führte Pierre in seine Junggesellenzeit zurück, als er noch bei seinen Eltern lebte, und deutete damit an, daß etwas in seiner gegenwärtigen Situation an die damalige Zeit erinnerte. Pierre sah die Straßenbahn als seine Ehe, die eine falsche Richtung genommen hatte, da er in ihr die Gemütlichkeit vermißte, die er von zu Hause gewohnt war, und nur noch beruflichen Erfolg anstrebte. Seine deutsche Freundin, sagte er, hatte versprochen, ihm die entbehrte Behaglichkeit zu verschaffen, wenn er sie heiratete, und hatte seine Frau schon ein paarmal wegen ihres diesbezüglichen Versagens kritisiert.

Kreuzungen in Träumen kommen häufig vor und symbolisieren

Entscheidungen. Der Traum schilderte deutlich Pierres Vorsatz, die »Fahrt« mit seiner Freundin zu beenden und sich wieder seiner Frau zuzuwenden. Es war ihm natürlich klar, daß dieser Entschluß seine Freundin »verletzen« würde, die in dem Traum als Opfer eines Verkehrsunfalls figurierte. Sie trat als alte Dame auf; er sah sie im Geiste also bereits als »alte Flamme«, die sich in Leder zu kleiden pflegte und ihn hatte »retten« wollen. Seine Frau hatte mehrmals versucht, ihn von dieser Verbindung abzubringen, und hatte ihm versichert, daß das Mädchen bald ihren Schmerz überwinden würde. Aber der Traum verriet, daß Pierre eine tieferliegende Besorgnis hegte: Selbst wenn er die Beziehung beendete – würden er und seine Frau den »gefährlichen Übergang« zu einem befriedigenderen Eheleben schaffen?

Pierre gab zu, daß er in gewisser Weise über das Einschreiten seiner Frau froh war, denn obwohl er das Mädchen gern hatte, war er sich durchaus nicht sicher, ob er es heiraten wollte. Dies rief ihm einen anderen Traum in Erinnerung, in dem sein Wagen stehenblieb, bevor er die Kreuzung erreichte – ein Ausdruck seines Widerstrebens, die Entscheidung selbst zu treffen.

In Fahrzeugträumen kommt es darauf an, ob der Träumer Fahrer, Mitfahrer oder Eigentümer des Wagens ist. Als Marions Mann einmal geschäftlich verreist war, träumte sie, sie hätte auf eine Annonce geantwortet, in der für den Großen Preis von Monaco ein Beifahrer gesucht wurde. Sie wurde angenommen, aber als der Mann erschien, um sie abzuholen, wurde ihr plötzlich klar, daß sie gar nicht fahren konnte. Doch den Mann schien das nicht zu stören, und er forderte sie auf einzusteigen. Sie hatte ein enges grünes Kleid an, das sich für eine lange Autofahrt überhaupt nicht eignete, und sie wußte, daß ihre Rolle bei dem Ganzen darin bestehen sollte, mit dem Mann zu schlafen. Der Traum gab deutlich zu verstehen, daß sie während der Abwesenheit ihres Mannes einen Liebhaber zu nehmen wünschte. Der Umstand, daß sie nur Mitfahrerin war und nicht selbst fuhr, bedeutete, daß sie zwar die Verbindung aufgenommen hatte – in Wirklichkeit aber der Mann als Fahrer die Initiative übernehmen würde, so daß sie später die Verantwortung würde zurückweisen können. Interessant ist die Tatsache, daß Leute mit passiver Persönlichkeit im Wachleben lieber Mitfahrer als Fahrer sind.

Wohl die meisten Menschen haben schon einmal geträumt, daß sie einen Bus oder Zug verpassen. Solche Träume verraten gewöhnlich die Furcht, etwas in unserem gegenwärtigen Leben zu versäumen. Ein gutes Beispiel dafür wurde mir von einer Freundin mitgeteilt, die in psychoanalytischer Behandlung war. In ihrem Traum hatte sie einen Zug gerade noch vor der Abfahrt erwischt. In dem Waggon befand sich ein Baby in einem Kinderwagen, und am entgegengesetzten Ende bemerkte sie einen Aufseher in einer Art Box. In letzter Sekunde sprang noch ein Mädchen auf den Zug mit den Worten: »Gott sei dank, daß ich das noch geschafft habe. Schrecklich, wenn der Zug ohne mich abgefahren wäre!« Meine Freundin erkannte, daß dieses Mädchen die Mutter des Babys sein mußte. Der Aufseher hatte den ganzen Vorgang höchst gleichgültig mitangesehen und nicht den geringsten Versuch gemacht, der jungen Frau zu helfen. Meine Freundin identifizierte ihn als ihren Analytiker, der darauf bestand, daß sie weiterbehandelt würde, obwohl ihr die Analyse zu nichts zu führen schien. Sie war achtundvierzig und wünschte sich verzweifelt ein Baby, bevor es zu spät wäre. Die Fortsetzung der Analyse, während der die Patienten ihre Lebensweise nicht entscheidend verändern sollen, bedeutete für sie, soweit es das sehnlichst gewünschte Baby betraf, daß sie »den Zug verpassen« würde. Der Traum sollte sich insofern als vorausblickend erweisen, als sie die Behandlung abbrach, nach Afrika ging und mir später schrieb, daß sie schwanger sei.

Zuweilen symbolisiert ein Fahrzeug auch eine Institution. So träumte zum Beispiel Joan kurz nach der Geburt ihres Babys, daß sie sich mitsamt der ganzen Familie und all ihrer Habe auf einem Schiff befände. Das Mobiliar war außen an der Schiffswand befestigt, und sie fürchtete, es würde durch das Wasser beschädigt. Plötzlich begann das Boot abzutreiben, und die Leute sprangen von allen Seiten ins Wasser. Jemand rief ihr zu, sie solle ebenfalls hinunterspringen, doch sie zögerte, weil sie noch Blutungen hatte. Dann suchte sie nach ihrem Baby, fand es aber nicht und hatte Angst, es sei über Bord geschwemmt worden. In größter Verzweiflung wachte sie auf.

Das Schiff mit den Möbeln und dem Baby symbolisierte ganz offensichtlich die Ehe, insbesondere ihre eigene, die, ihrer Ansicht nach, bereits die Richtung verloren hatte. Die ins Wasser springenden Leute stellten jene Menschen in ihrem Leben dar, die »das Schiff verlassen« hatten, die also getrennt lebten oder geschieden waren und sie drängten, sie solle ihrem Beispiel folgen. Dies brachte sie jedoch nicht über sich, weil sie sich zu verletzlich fühlte.

Außerdem fürchtete sie, ihr Baby könnte dabei Schaden nehmen.

Autos, Züge und Flugzeuge verkörpern als Symbole der Kraft manchmal die Stärke der Triebe, besonders des Sexualtriebs. Die Art, wie ein Fahrer im Traum seinen Wagen beherrscht, kann dem Betreffenden manches über seine Triebe verraten. Wenn er die Herrschaft über den Wagen verliert, mit anderen Fahrzeugen zusammenstößt, einen Fußgänger überfährt, das Rotlicht mißachtet oder einen steilen Hang hinuntersaust, fühlt er sich von unkontrollierbaren Impulsen überwältigt. Wenn er durch geschickte Steuerung seines Autos einen Unfall vermeidet, so zeigt das an, daß er den Trieb unter Kontrolle gebracht hat. Träume von Motorrad- und Autorennen oder Flug-Meetings verraten den Wunsch, mit sexueller Potenz zu protzen. Setzt hingegen der Motor aus oder kommt der Wagen nicht auf Touren, so bedeutet dies gewöhnlich sexuelle Schwierigkeiten. Das Ausmaß, in dem wir uns im Wachleben mit unseren Autos identifizieren, bestätigt diese Feststellung.

Doch nicht immer symbolisieren Fahrzeuge die Stärke der Triebe. Als ich Gruppenleiterin wurde, träumte ich, daß ich einen Rolls-Royce in den Rückwärtsgang schaltete. Als er gegen die Mauer zurückrollte, stellte ich fest, daß meine Füße die Bremse nicht erreichen konnten, und ich erwartete den unvermeidlichen Stoß mit Schrecken. Der Wagen kam von selbst zum Stehen, bevor er an die Mauer prallte. Dieser Traum schilderte in schönster Bildersprache, daß ich meine Fähigkeiten als Gruppenleiterin anzweifelte, nachdem ich die Patientenrolle mit der Therapeutenrolle vertauscht hatte. Die Tatsache, daß der Wagen von selber stoppte, ehe er beschädigt wurde, stärkte mein Selbstvertrauen.

Freud glaubte, daß Träume, in denen man einen Zug oder ein sonstiges Verkehrsmittel besteigt, eine Todeswarnung bedeuten könnten. Ich bin dieser Art von Träumen nie selbst begegnet, doch in der Dichtung werden Schiffe, die einen Fluß hinabfahren oder in See stechen, oft als Todessymbole verwandt. So schildert Kahlil Gibran in *The Prophet,* aus dem ich bereits zitiert habe, den Tod eines Lehrers in ähnlicher Bildersprache. Indem er ein Schiff als Todessymbol benutzt, bedient er sich gleichzeitig des Sinnbildes vom Meer, das in Träumen die »Tiefen« des Unbewußten ausdrückt; in der östlichen Philosophie bedeutet es den großen, die ganze Schöpfung beseelenden Geist, dem wir entsprangen und zu dem wir wieder zurückkehren müssen:

»Geduldig, allzu geduldig ist der Lenker meines Schiffes.
Die Winde wehn, und rastlos flattern die Segel.
Selbst das Ruder bittet um Befehle;
Doch ruhig wartet der Befehlshaber meines Schiffes, bis ich
schweige.
Und hier meine Seeleute, die den Chor der offenen See ver-
nommen, auch sie haben mir geduldig zugehört.
Nun sollen sie nicht länger warten.
Ich bin bereit.
Der Strom hat das Meer erreicht, und wieder hält die große
Mutter den Sohn an ihrer Brust.«

Dichtung kann uns viel über die seltsame Symbolsprache der Träume verraten, und ich frage mich oft, ob Dichter ihre Inspirationen direkt aus den Tiefen des träumenden Hirns beziehen, vielleicht ohne es zu wissen.

## Das Spiegel-Ich

»In der Spiegelwelt machte Alice bekannt:
›Seht die Kron' mir zu Häupten, das Zepter zur Hand . . .‹«

Nicht alle haben das Glück oder den Mut, in ihren Träumen zu königlichen Würden zu gelangen. Zumeist bleiben wir in unseren Träumen wir selbst, und aus unserer Beziehung zu den anderen Traumfiguren, aus dem, was wir tun und erleiden, können wir die Bedeutung des Traums ablesen. Das Traum-Ich variiert von einem Traum zum anderen, je nachdem, welche verborgenen Gedanken und Empfindungen der »Spiegel der Nacht« reflektiert. In dem einen Traum sind wir Mörder, in dem anderen Opfer; einmal spielen wir eine aktive, lebhafte Rolle, ein andermal sind wir passive Zuschauer; oft sind wir glücklich, aber noch häufiger ängstlich und verwirrt. In jedem Fall erzählt uns der Traum, wie wir uns selbst in irgendeiner laufenden Lebenssituation sehen, ohne daß es uns bewußt geworden war.

Wenn wir im Traum ein anderes als unser normales Ich annehmen, so wie es Alice erging, dann zeigt er uns möglicherweise, daß wir mit der fraglichen Rolle fast völlig identisch geworden sind, zumindest in gewissen Situationen. Solche Träume sind selten, aber ich selbst habe aus einigen Fällen dieser Art wertvolle Einsichten gewonnen – zum Beispiel als ich mich als Lamm sah, das zum Schlachter geführt wurde, oder als Mann, und einige Male, so wie Alice, als Königin. Eine meiner Gruppenteilnehmerinnen träumte, sie sei der Geist ihrer Großmutter. Daraufhin entdeckten wir, daß sie sowohl das Gefühl hegte, gar nicht wirklich zu existieren, als auch die tiefeingewurzelte Empfindung, irgendwie nur ein »Schatten« ihrer Großmutter zu sein. Träume dieser Art sind oft Teile einer ganzen Traumserie, in der die Schafe, Männer, Königinnen, Geister und so weiter als Figuren erscheinen, die nicht Teile unserer Selbst sind. Solche Träume lohnen fast immer eine eingehende Analyse nach Innensicht-Richtlinien, wie ich sie im nächsten Kapitel beschreiben werde.

Tatsächlich reflektieren Traumfiguren oder -themen, die sich wiederholen, tiefere, besonderen äußeren Ereignissen oder Situationen zugrunde liegende Probleme. Bei diesen spezielleren Träumen besteht die Wahrscheinlichkeit, daß *alle* Traumbilder Teile unserer Selbst sind, und es ist immer interessant, zu entdecken, mit welchen Aspekten wir uns identifizieren und welche wir als »Nicht-Ich« auf die anderen Traumfiguren projizieren. Die Bedeutung solcher Träume wird nur dann klar, wenn wir die Traumfiguren mit dem »Ich« in einem offenen Dialog konfrontieren und sie »für sich selbst sprechen lassen«. Jung empfahl dieses Vorgehen, Perls arbeitete es in Einzelheiten aus. Wie ich noch zeigen werde, kann dieser Dialog eine solche Fülle neuer Einsichten vermitteln, daß ich an die Worte des Heiligen Paulus erinnert werde: »Wir sehen jetzt durch einen Spiegel in einem dunklen Wort; dann aber von Angesicht zu Angesicht. Jetzt erkenne ich stückweise; dann aber werde ich erkennen, gleichwie ich erkannt bin.«


10   Blick nach innen

In den beiden vorhergehenden Kapiteln habe ich darzulegen versucht, in welcher Weise Träume uns helfen können, äußere Lebenssituationen zu ändern – sei es, indem sie uns auf Erfahrungen aufmerksam machen, die wir im Wachleben übersehen haben, oder indem sie uns zeigen, wie unbewußte Einstellungen und Vorurteile unsere Reaktionen auf Menschen und Situationen bestimmen.

Durch Beachtung solcher Traumbotschaften können wir manche Fallgrube vermeiden und Alltagsprobleme besser meistern. Zu einer richtigen und umfassenden Beurteilung dieser Probleme ist es zugleich stets nötig, auch in unserem Inneren nach den Schwächen, Unausgeglichenheiten und Konflikten zu forschen, die unser Leben belasten. Dieses Kapitel soll uns nun klarmachen, wie wir mit Hilfe von Träumen diese inneren Probleme nicht nur verstehen, sondern auch die verborgenen Kraftquellen entdecken können, ohne die unser Streben nach einer inneren Wandlung vergeblich ist.

Wie ich in früheren Kapiteln gezeigt habe, läßt uns die Methode, den Traum wie ein Bild zu betrachten, diese inneren Probleme erkennen. Doch um ihnen auf den Grund zu kommen und die nötigen Kräfte für innere Veränderungen zu wecken, muß man herausfinden, was hinter den Bildern verborgen ist – nicht indem man wie Freud einen getarnten latenten Gehalt voraussetzt, sondern indem man die Traumbilder zum Sprechen bringt, so wie es in der zweiten Hälfte des 7. Kapitels beschrieben ist.

Diese Technik beruht auf der Annahme, daß *alle Traumbilder verleugnete Teile unserer Selbst* sind, die wir als Bedrohung des Bildes empfinden, das wir bewußt von uns selbst haben. Wir haben sie deshalb aus unserem »Ego-Rahmen«, der Region bewußter Wahrnehmung, ausgestoßen und behaupten: »Das bin nicht ich.« Viele Menschen unseres Kulturkreises erkennen die schwache, verletzliche Seite in ihrem Innern nicht an, die sie als »unmännlich« betrachten, andere unterdrücken die aggressiven und sexuellen Aspekte ihrer Persönlichkeit, die sie für »unmoralisch« halten. Aber wenn auch das Ego diese unerwünschten Eigenschaften ablehnt, so bleiben sie doch ein Bestandteil unserer seelischen Struktur. Wie Jung es ausdrückt, bilden sie unser »Schatten-Ich«.

Wir können solche verleugneten Aspekte leicht entdecken, indem wir uns fragen, was wir in anderen Menschen am meisten verabscheuen. Mit ziemlicher Sicherheit brodeln genau diese Eigenschaften tief in unserem eigenen Innern, wo sie nur auf eine günstige Gelegenheit warten, an die Oberfläche zu kommen. Wenn das Bewußtsein einmal nicht auf der Hut ist, gelingt ihnen das auch, und wir sagen dann, der Betreffende habe seinem eigentlichen Wesen zuwider gehandelt. Perls behauptet, die meisten Menschen würden so viel Zeit und Energie darauf verwenden, ihren gefürchteten inneren Kräften zu entgehen, daß sie kaum noch Gelegenheit fänden, sich ihres Lebens zu freuen. Wir werden nur dann wirklich »ganze« Menschen, wenn wir gewillt sind, diese entfremdeten Teile unserer Persönlichkeit zu reintegrieren. Ebenso müssen wir die Energien zurückgewinnen, die wir zu ihrer Unterdrückung eingesetzt haben.

Jene Leser, die sich mit dem Experiment des »Blicks nach innen« ernsthaft beschäftigen wollen, mögen den zweiten Teil des 7. Kapitels mit dem Abschnitt über die Gestalt-Therapie noch einmal durchlesen, da ich die detaillierte Beschreibung nicht wiederholen will. Ich möchte hier nur betonen, daß ich aus Perl's Erkenntnissen lediglich *Anregungen* für meine Arbeit bezogen habe, so daß also das folgende nicht unbedingt ein Abklatsch der »orthodoxen« Gestalt-Therapie (falls es so etwas überhaupt gibt) ist.

Manchmal enthält ein Traum so viele Figuren oder Bilder, daß man nicht weiß, welche man zuerst prüfen soll. Ich lasse im allgemeinen zunächst die auffälligsten Traumfiguren zu Wort kommen und so lange miteinander sprechen, bis zwei von ihnen in Streit geraten; dann weiß ich, daß ich etwas Bedeutungsvollem auf die Spur gekommen bin. Gewöhnlich tyrannisiert, schilt und belehrt eine Figur, die Perls »Topdog« nennt und die in etwa dem Freudschen »Über-Ich« entspricht, eine andere, die man schnell die Rolle des Perlschen »Underdog« annimmt – ein Aspekt der Persönlichkeit, den wir ablehnen und geflissentlich außerhalb unseres Ego-Rahmens zu halten bemüht sind.

In meinem auf S. 118 beschriebenen Traum waren zum Beispiel das Haus am Strand und das Haus auf dem Berg die beiden primären Traumbilder. Zuerst forderte ich das Haus am Strand auf zu sprechen, und sobald es erwähnte, daß es eine Familie beherberge, die das stürmische Meer fürchtete und haßte, wußte ich, daß ich einen Konflikt entlarvt hatte. Statt als nächstes das Haus auf dem Berg zum Sprechen zu bringen, führte ich nun eine Aussprache zwischen Familie und Meer herbei, und sogleich fand ich mich mitten in einer »Topdog-Underdog«-Auseinandersetzung, in der die Familie das Meer tadelte, weil es nicht immer ruhig und friedlich war. Auf diese Weise entdeckte ich, daß ich in diesem speziellen Konflikt zwischen strenger Selbstkontrolle und freiem Ausdruck von Emotionen letztere geknebelt hatte. Die existentielle Botschaft des Traums wurde ganz klar, als das Meer (meine Emotionen) sagte: »Ich habe das Recht, mich zum Ausdruck zu bringen«; es war nun an mir, das in meinem täglichen Leben zu beherzigen.

Wäre dieser Traum in einer Gruppe ausagiert worden, so hätte der Leiter es wahrscheinlich bei dieser einen existentiellen Botschaft belassen. Da ich jedoch nicht in einer Gruppe war und mich auch die anderen Traumfiguren interessierten, beschloß ich, das Spiel fortzusetzen. Vor allem hatte es mir der Wind angetan, der das Meer aufrührte und zum Tanzen brachte. Also ließ ich ihn sprechen. In gewisser Weise war dies dann der interessanteste Teil des Traums, da ich erfuhr, daß ich durch Zurückdrängen meiner Emotionen eben die Kräfte verleugnete, die mir Leben gaben. Sehr oft stellt sich auch heraus, daß indirekt erwähnte oder nur angedeutete Traumfiguren oder -bilder die wichtigste Botschaft für den Traum enthalten.

Es ist einer der großen Vorteile der Gestalt-Technik, bei der Träume ausagiert und Traumbilder zum Sprechen gebracht werden, daß wir uns mit den »Fremdlingen« in der Psyche quasi identifizieren und ihre Gefühle tatsächlich mitempfinden, statt nur über sie zu theoretisieren, wie es so oft in der Psychoanalyse der Fall ist. Als ich mich mit der Stimme des Meeres (meine aufgestauten Emotionen) äußerte, weinte ich buchstäblich vor Frustration, weil die Stimme meines »Topdogs« (die Hausbewohner) mir nicht erlauben wollte, mich über den ganzen Strand hinweg auszutoben. Mit anderen Worten, ich *erlebte* meine Frustration mit der ganzen Intensität eines gefangengehaltenen Tieres, was viel überzeugender ist als die kalte Interpretation persönlicher Probleme durch jemand anders. Den Wahrheitswert einer Deutung kann man anzweifeln, nicht aber eine Erfahrung, die aus den Tiefen des eigenen Inneren kommt.

Die folgenden Beispiele aus meinen Traumforschungsgruppen und meinem eigenen Leben beleuchten, wie ich die Gestalt-Technik für den »Blick nach innen« und für die Aufdeckung dessen anwende, was Perls »Selbst-Marterspiele« nannte – die Spiele, die einen Großteil unserer psychischen Energie aufzehren.

Ich glaube, die Methode selbst läßt sich am besten an Hand der Beispiele verstehen, doch möchte ich hier einen ganz kurzen Leitfaden geben, wie Träume zum Wiedereinfügen verlorengegangener oder entfremdeter Persönlichkeitsteile genutzt werden können:

1. Man lasse verschiedene Traumbilder für sich selbst sprechen, bis sich »Topdog« und »Underdog« herauskristallisieren.

2. Der Streit dieser beiden erhellt das Wesen des Konflikts oder Selbstmarterspiels, die dem Traum zugrunde liegen.

3. Die Art des »Underdog« gibt Hinweise auf Lücken in der Persönlichkeit – Eigenschaften, die wir im Wachleben verdrängen und die wir zurückgewinnen müssen.

4. Man erlaube dem »Underdog«, sich gegen den »Topdog« zu wehren und seine Bedürfnisse anzumelden; das fördert die essentielle Botschaft zutage.

5. Man hebe den »vergrabenen Schatz« und lasse ihn seinen rechtmäßigen Platz in der Persönlichkeit wiedereinnehmen. So wird die »Gestalt« vervollständigt und das »Ganze« wiederhergestellt.

Schließlich möchte ich noch darauf hinweisen, daß Gestalt-Therapeuten den Begriff »unbewußt« durch »entfremdet« ersetzen; ich gebrauche beide Ausdrücke abwechselnd, um Aspekte des »inneren Unbekannten« zu bezeichnen.

## »Eile mit Weile«

Josephs Traum vom Hauskauf (s. S. 173) bietet ein gutes Beispiel dafür, was die Gestalt-Technik zusätzlich zur »Spiegelwelt«-Behandlung eines Traums erreichen kann. In diesem speziellen Traum scheiterten Josephs Bemühungen, mit seiner Frau zusammen ein passendes Haus zu finden, und ihre Heimfahrt endete schließlich damit, daß ihr Zug »über ihre Station hinausfuhr«. Ausgelöst worden war der Traum natürlich dadurch, daß sie tatsächlich auf Haussuche waren. Als Bild betrachtet, enthüllte er in aller Deutlichkeit, daß Joseph zögerte, ein Haus zu kaufen, weil er sich im Grunde seines Herzens nicht der »besitzenden Klasse« zugehörig fühlte. Doch als er einige Traumbilder für sich selbst sprechen ließ, kam ein anderes, viel tieferes Problem an die Oberfläche.

Zuerst erzählte Joseph seiner Gruppe den Traum in der Gegenwartsform, um ihn noch einmal richtig zu erleben. Ich forderte ihn dann auf, der Zug zu sein und uns zu sagen, warum er »über seine Station hinaus« fuhr. Er erzählte folgendes:

»Ich fuhr an der Station vorbei, weil ich ein Schnellzug bin. Ich fahre direkt durch bis zur Endstation, ohne bei den kleinen Zwischenstationen anzuhalten. Wenn die beiden wirklich bei ihrer Station aussteigen wollten, hätten sie auf den Bummelzug warten müssen, der an jedem Bahnhof hält. Man kann von einem Schnellzug nicht erwarten, daß er unterwegs für jeden hält.«

Ich bat Joseph dann, den Bummelzug zu spielen und mit dem Schnellzug zu sprechen. Als er sich auf den gegenüberstehenden Stuhl gesetzt hatte, sagte er:

»Ich bin das, was man einen Bummelzug nennt, und Sie haben kein Recht, mich zu verachten. Sie sind vielleicht forscher, indem Sie einfach überall durchsausen und sich dabei großartig vorkommen, aber im Grunde bin ich nützlicher, weil ich für alle die Leute sorge, die vor der Endstation aussteigen müssen. Ihnen sind die alle gleichgültig. Und wenn Sie ständig so schnell fahren, wird Ihnen eines Tages etwas Schlimmes passieren.«

Dann setzte sich Joseph wieder auf den anderen Stuhl und antwortete:

SCHNELLZUG: Immerhin scheinen die Leute mich zu schätzen, und außerdem habe ich noch nie ein Unglück gehabt. Ich gebe zu, daß Sie für einige Leute nützlich sind, aber Sie sind langweilig. Sie stampfen daher wie ein ächzender alter Elefant. Und das im Jet-Zeitalter!
BUMMELZUG: Gerade weil wir im Jet-Zeitalter sind, wäre der Welt ein bißchen mehr Vernunft zu wünschen. Es ist geradezu verrückt, wie jedermann herumrennt. Kennen Sie Aesops Fabel vom Hasen und der Schildkröte – Eile mit Weile? Die Schildkröte siegte im Wettrennen dank ihrer langsamen Beständigkeit – langsam, aber sicher –, während der Hase so verrückt losrannte, daß er an allen möglichen Hindernissen scheitern mußte. Einmal ist er sogar eingeschlafen – was mich daran erinnert, daß Sie oft in dem Tunnel vor der Endstation steckenbleiben, weil die Einfahrt nicht frei ist, und dann kommen die Leute, die mit mir fahren, eher an, so wie die Schildkröte. Es ist wirklich so, daß schließlich der gewinnt, der mit Rücksicht auf die Passagiere anhält.
SCHNELLZUG: Na ja, in gewisser Hinsicht haben Sie ja recht, aber ich habe auch meine Meriten.

Eine interessante Vertauschung der Rollen hatte stattgefunden. Der Schnellzug, eine Personifizierung von Josephs Frau, der er sich scheinbar etwas unterlegen fühlte, wurde während des Dialogs vom »Topdog« zum »Underdog«. Der Teil von Joseph, der sich in gerade dieses Mädchen verliebt hatte, fühlte sich von Geschwindigkeit und äußerem Glanz angezogen, doch war diese Stimme in ihm viel schwächer als die seiner bedächtigen Seite, die ihm ständig ins Gewissen redete. Der »Underdog« bringt es meistens fertig, sich auf irgendwelchen Umwegen Gehör zu verschaffen; in Josephs Fall projizierte er sich auf seine Frau. Im Grunde sagte Joseph zu ihr: »Du bist schnell, und ich bin langsam; also ergänzen wir uns gut.« Auf diese Weise ging er der Verantwortung aus dem Wege, einen Wandel in seiner eigenen Persönlichkeit herbeizuführen.

Als Joseph dies mit der Gruppe durchdiskutierte, ergab sich, daß die besagte Aesop-Fabel in seiner Kindheit eine große Rolle gespielt hatte; sie hatte seine angeborene Vorsicht und die mit seiner Herkunft verbundenen Unsicherheiten dermaßen verstärkt, daß er manchmal aus Furcht vor übereilten Entschlüssen zu gar keiner Entscheidung gelangte. Joseph bekannte, daß er sich immer erst in allerletzter Minute zu etwas durchzuringen pflegte, weil Unvorhergesehenes einen Entschluß erübrigen könnte. Er sagte, daß er zögere, gerade jetzt ein Haus zu kaufen, weil sich das »richtige« Haus vielleicht erst später finden würde, wenn er nur lange genug wartete. Vielleicht könnte er auch demnächst im Lotto gewinnen, was ihn davor bewahren würde, Kredite aufzunehmen. Zudem wäre es ja möglich, daß seine Frau stürbe oder ihn verließe, und dann wäre ein Hauskauf sowieso nur Zeitverschwendung gewesen! Ebenso erginge es ihm im Berufsleben; seine Arbeiten liefere er stets zum äußersten Termin oder noch später ab, nur weil sein Chef in der Zwischenzeit neue Anweisungen geben könnte (was er tatsächlich gelegentlich tat, wodurch er Josephs Neurose natürlich verstärkte). Er brachte es nie fertig, im voraus eine Urlaubsreise zu buchen oder Theaterkarten zu kaufen, aus lauter Angst, daß ihm etwas dazwischenkommen könnte. Es war klar, daß der »Bummelzug«, die Stimme seiner introjizierten Eltern, sein eigenes Leben und auch das seiner Umgebung durch ständige Mahnungen wie »Hoffart kommt vor dem Fall«, »Eile mit Weile« und so weiter lähmte.

Diese inneren Stimmen werden listigerweise sozusagen unterhalb der Gürtellinie wirksam und veranlassen uns zu starren und stereotypen Reaktionen, ohne daß wir es selbst merken. Sind wir uns ihrer bewußt geworden, so bekämpfen wir sie am besten, indem wir sie mit dem entgegengesetzten Standpunkt konfrontieren – in Josephs Fall vielleicht durch Lebensregeln wie »Was du heute kannst besorgen, das verschiebe nicht auf morgen« und »Wer nicht kommt zur rechten Zeit, der muß nehmen, was übrigbleibt«. Dieselbe Methode wird auch von Hypnotherapeuten angewandt, deren Behandlung hauptsächlich darin besteht, dem entspannten Hirn heilsame Ratschläge einzuflößen. In der Gruppe haben wir Joseph dazu animiert, dem »Bummelzug« resolut entgegenzutreten und auch dem »Schnellzug« gerecht zu werden. Das Ergebnis war folgendes:

SCHNELLZUG: Moment mal. So einfach ist das nicht. Ich bleibe gar nicht so oft im Tunnel stecken, und für Leute, die schnell bis zur Endstation fahren möchten, bin ich entschieden nützlicher als Sie. Außerdem ist Ihre Fabel albern, denn sie setzt voraus, daß Hasen dumm sind, was aber nur selten der Fall ist. Wäre der Hase auf geradem Weg zum Ziel gelaufen, ohne unterwegs anzuhalten, wie es jeder *vernünftige* Hase getan haben würde, so hätte er die Schildkröte mit Leichtigkeit besiegt und sich für den Rest des Tages amüsieren können. Es ist günstig, wenn man schnell ist, weil man sein Tempo dann nach Belieben und Bedarf verlangsamen kann. Aber wer immer langsam ist, hat es schwer, sich zu beschleunigen.
BUMMELZUG: Nun, ja – vielleicht haben Sie nicht ganz unrecht. Ich gebe zu, jede Seite muß auf ihre speziellen Vorzüge hin geprüft werden – und manchmal beneide ich Sie sogar.

Sobald er mit überzeugenden Argumenten konfrontiert war, lenkte der »Topdog« ein, was Perls als eine der Möglichkeiten betrachtete, ein neues inneres Gleichgewicht zu erlangen. Wir rieten Joseph, sich an diesen Dialog zu erinnern, wenn er in Zukunft vor Entscheidungen gestellt würde und seine Vernunft walten zu lassen. Nur so wird er einsehen, daß schnelle Entschlüsse oft positive und nicht immer nur schädliche Ergebnisse zeitigen. Psychologen nennen diesen Prozeß positive Verstärkung; er ist heute als Grundlage erfolgreichen Lernens allgemein anerkannt.

*»Energie ist ewiges Entzücken«*

Josephs Traum und auch mein »Zwei-Häuser«-Traum waren Fälle, in denen beide Welten, die äußere wie die innere, in ungefähr gleichem Maße Anstoß zur Traumgeschichte gaben. So wie Alices

Spiegelglas-Welt enthielten sie einiges, das die Ereignisse des äußeren Lebens in verzerrter, symbolischer Form reflektierte. Es kam darin aber auch anderes von weniger vordergründiger Bedeutung vor, das die Grundlage für existentielle Botschaften über das innere Leben des Träumers abgab, wenn man es nur zum Sprechen brachte. Doch gibt es auch Träume, die – nur als Bild betrachtet – überhaupt keinen Sinn zu haben scheinen und die sich selbst mit Hilfe freier Assoziation jeder Deutung widersetzen. In solchen Fällen ist die Gestalt-Technik die gegebene Methode, dem Traum noch einen Sinn abzugewinnen, und meiner Erfahrung nach versagt sie nur selten.

Jack erzählte der Gruppe solch einen Traum, den er nicht auf die übliche Weise zu deuten vermochte:

»Ich bin in Südfrankreich, um an einen Ort in Afrika zurückzukehren, wo ich vor kurzem gelebt habe und wo riesige Spinnen zu einem ins Bett kriechen, sich in der Gegend des Solarplexus niederlassen und sich dort dreimal eingraben. Es ist wie eine Art Ritual – nach dem dritten Eindringen sterben sie, genauso wie die Bienen, wenn sie einen gestochen haben. Doch sind sofort neue Spinnen zur Stelle, um die gestorbenen zu ersetzen. Ich habe nicht die geringste Ahnung, was mich ausgerechnet an diesen Ort zieht; aber ich fühle mich gezwungen, das erste Flugzeug zu nehmen, das heute dorthin fliegt.«

Mit Hilfe von Assoziationen konnte Jack aus diesem Traum lediglich herausholen, daß er die Sonne und das tropische Klima des Südens liebte, obwohl er niemals wirklich in Afrika gewesen war. Afrika war für ihn immer der dunkle Kontinent gewesen, eine ziemlich furchteinflößende, primitive Gegend, die ihn gleichzeitig anzog und abstieß. Er war zwar nicht scharf auf das Insekten- und Schlangengewimmel da unten, doch er würde dessen ungeachtet dorthin reisen, wenn sich eine Gelegenheit böte. Er konnte absolut keine Assoziation zu dem Ritual der Spinnen finden – die sich dreimal in den Solarplexus eingraben und anschließend sterben –, abgesehen davon, daß er mit dem Solarplexus die Vorstellung eines Zentrums nervlicher Energie für den menschlichen Körper verband. In dem Traum waren die Spinnen offensichtlich auf diese Stelle erpicht, aber er wußte nicht, warum; auch zu der Frage, wen oder was die Spinnen verkörpern könnten, fiel ihm nichts ein. Er vermutete, daß sie für den Sexus stünden, da männliche Spinnen nach Befruchtung des Weibchens sterben und dann von ihm aufgefressen werden. Er versuchte, sich an irgendein Ereignis des Vortages zu erinnern, das diesen seltsamen Traum ausgelöst haben könnte, aber vergebens.

Ich forderte Jack auf, »Afrika« auf den gegenüberstehenden Stuhl zu setzen und mit ihm zu reden. Er sagte:

»Ich liebe deine Sonne, deine Weiten und dein Großwild. Es wäre eine wunderbare Abwechslung für mich, dem eintönigen, verkrampften Leben hier zu Hause und all der geistigen Arbeit zu entfliehen, um zu dir zu kommen. Hier habe ich das Gefühl, daß ich mich kaum rühren kann, mein Körper ist wie tot; den ganzen langen Tag sitze ich an meinem Schreibtisch, und am Abend gehe ich so erschöpft nach Hause, daß ich mich über nichts mehr freuen kann. Das einzige, was mich an dir nicht besonders reizt, sind diese verdammten Spinnen.«

Dann baten wir Jack, mit den Spinnen zu sprechen und herauszufinden, was sie sich eigentlich bei ihrem seltsamen Tun dachten. Indem sich Jack abwechselnd auf den »Spinnen-Stuhl« und seinen eigenen setzte, wickelte sich das folgende Gespräch ab:

JACK: Ich verstehe euch nicht. Wie könnt ihr darauf aus sein, Leuten die Ferien zu verderben? Wir können nicht schlafen, wenn ihr die ganze Nacht auf uns herumkrabbelt. Warum könnt ihr nicht in den Urwald zurückgehen, wo ihr herkommt?

SPINNEN: Es liegt in unserer Natur, auf Menschen herumzukriechen. Ihr zieht uns an. Wenn ihr still liegt und euch nicht bewegt, spürt ihr uns nicht einmal.

JACK: Aber ihr seid irgendwie unnatürlich. Noch nie habe ich solche Spinnen wie euch gesehen. Es ist, als ob ihr ein besonderes Ritual über dem Solarplexus ausführt. Irgend etwas müßte ihr damit bezwecken; ich möchte bloß wissen, was. Ihr seid keine echten Spinnen.

SPINNEN: Na schön, wir wollen die Wahrheit bekennen. Du hast recht: wir sind keine echten Spinnen. Wir werden von der afrikanischen Regierung hergestellt, um wertvolle Energien aus euch herauszusaugen, damit ihr sie nicht am nächsten Tag bei unnützen Aktivitäten verschwendet. Die gute Luft hier verleitet euch zum Tanzen, Schwimmen, Reiten und übermäßigen Sex. Wenn wir euch dreimal Energie abgezapft haben, steht unsere Maschine still, und ihr glaubt, daß wir tot seien. Doch im Gegenteil. Am Morgen fegt uns das Zimmermädchen zusammen und bringt uns zum Regierungssitz, wo uns die Energie abgepumpt und zum Betreiben von Computern und so weiter benutzt wird. Und in der folgenden Nacht sind wir dann wieder da. Genial, nicht?

JACK: Unerhört! Ich komme extra hierher, um mich zu vergnügen, und ihr hindert mich von der ersten Stunde ab daran. Warum tun sie es so heimlich? Ich bin nicht dumm, und ich würde ihnen gern bei ihren Computern helfen, statt mich von euch belästigen zu lassen.

Wir baten Jack dann, herauszufinden, warum sich die Regierung so unvernünftig verhielt, und ein »Beamter« antwortete:

BEAMTER: Dies ist ein sehr primitives Land, und ich fürchte, daß Sie uns einfach nicht verstehen können. Ihr Lebensstandard ist soviel höher als der unsere – alles ist bei euch sauberer und besser geregelt. Wenn Kräfte in körperlichen Zerstreuungen vergeudet werden, kann es keinen Fortschritt geben, weder in geistiger noch in seelischer Hinsicht. Wir sind aus dem einfachen Grund zurückgeblieben, weil die Eingeborenen nicht ihre Kräfte speichern, so wie Sie es tun; sie verströmen sie rein körperlich, nur um ihre Sinne zu befriedigen. Wir brauchen die Menschen des Westens; sie müssen uns mit Energie versorgen, die wir dann für den Zivilisierungsprozeß einsetzen.

JACK: Warum bittet ihr uns nicht um Hilfe, statt dieses ganze Theater mit den Spinnen zu inszenieren?

BEAMTER: Weil wir Ihre ganze Energie brauchen, mein lieber Mann, und Sie uns freiwillig höchstens einen Teil davon geben würden. Wenn Sie erst einmal angefangen haben, das ungebundene Leben hier bei uns zu genießen, werden Sie's nicht wieder aufgeben wollen, und dann wären wir verloren. Wir müssen die absolute Kontrolle behalten.

Dies erinnerte Jack an seinen Vater, der sich viel mit östlicher Philosophie beschäftigte und immer betont hatte, wie wichtig es sei, die Lebensenergie des Körpers nicht in sinnlichen Ausschweifungen zu verschwenden. Er hatte seinem Sohn Bilder von Yogis gezeigt, die jahrhundertelang im Hochgebirge des Himalaya gelebt hatten und das Geheimnis des ewigen Lebens kannten. Auch erinnerte sich Jack an einen Ausspruch des berühmten indischen Mystikers Ramakrischna, den sein Vater oft zitiert hatte: »Wenn eine Frau mich berührt, werde ich krank. Mein Körper schmerzt, als ob er von einem Stachelfisch gestochen worden wäre« – ein Vergleich, der an die stechenden Spinnen erinnert.

Indem Jack den Traum in dieser Weise ausagierte und sich selbst die Worte seines Vaters voller Überzeugung wiederholen hörte, erkannte er, daß er sich sein ganzes bisheriges Leben lang von einem starren, moralistisch-sadistischen Despoten in seinem Innern hatte tyrannisieren lassen, der ihn am vollen Lebensgenuß hinderte. Rein äußerlich tat er sich zwar einiges auf sein aktives Sexualleben zugute, aber bei eingehender Befragung durch die Gruppe räumte er ein, daß er es nie uneingeschränkt genießen könne. Er gab seinem Vater die Schuld und sagte, am Tag vor seinem Traum habe er sich an ihn erinnert, als er Blakes *Die Hochzeit von Himmel und Hölle* gelesen habe. Ich hatte plötzlich die Eingebung, daß diese Lektüre seinen Traum ausgelöst haben könnte, gab ihm meinen Blake und bat ihn, uns die betreffende Stelle vorzulesen. Sie lautet:

»Alle Bibeln oder heiligen Bücher sind die Ursachen folgender Irrtümer gewesen:
1. Daß der Mensch zwei wirklich existierende Prinzipien hat, nämlich einen Leib und eine Seele.
2. Daß Energie, das Böse genannt, allein vom Leib herrührt, und daß Vernunft, das Gute genannt, allein von der Seele herrührt.
3. Daß Gott den Menschen in Ewigkeit dafür quälen wird, daß er seinen Energien folgt.
Sondern im Gegenteil ist folgendes wahr:
1. Der Mensch hat keinen von seiner Seele geschiedenen Leib. Denn was Leib genannt wird, ist ein Teil der Seele, der durch die fünf Sinne wahrgenommen wird, die Hauptzugänge zur Seele in dieser Zeitlichkeit.
2. Energie ist das einzige Leben und stammt vom Leib; und Vernunft ist die Grenze oder der äußere Umfang der Energie.
3. Energie ist ewiges Entzücken.«

Jack stimmte zu, daß dies höchstwahrscheinlich den Anstoß zu seinem nächtlichen Besuch in »Afrika«, dem Land der Sinne gegeben habe. Blakes Zeilen hatten in ihm einen tiefverborgenen Konflikt über den richtigen Gebrauch der Körperenergien aufgerührt; denn obwohl er die Philosophie seines Vaters bewußt ablehnte, stand er doch nicht ganz darüber. Wir baten ihn also, mit dem Dialog weiterzufahren und sich gegen den »Beamten« zur Wehr zu setzen. Daraufhin schrie er ihn an:

> »Ihr verpfuscht mir mein ganzes Leben, ihr Hurensöhne. Immer wenn ich das Leben genießen will, jagt ihr mir Schuldgefühle ein und verderbt mir den Spaß. Ich habe ein Recht auf sinnliche Freuden, und ihr sollt mich in Zukunft nicht mehr zurückhalten.«

Ich forderte Jack auf, sich an jedes Gruppenmitglied einzeln zu wenden und den letzten Satz so lange zu wiederholen, bis wir alle überzeugt seien, daß er es wirklich so meinte. Dann umzingelten wir ihn, taten so, als ob wir die Spinnen wären, und forderten ihn heraus, sich von uns freizukämpfen, was er auch mit großer Energie tat. Das Ziel dieser Übungen war nicht etwa, Jack auf einen Schlag seine Genußfähigkeit zurückzugeben – so einfach sind die Dinge nicht. Wir wollten vielmehr Jacks Aufmerksamkeit auf sein Problem schärfen, damit er in Zukunft immer auf der Hut vor »Spinnen« (seines Vaters Körperfeindlichkeit) wäre, wann immer sie aus ihren Winkeln hervorgekrochen kämen, um seine Energien zu lähmen. Auf diese Weise wird er schließlich lernen, frei zu wählen, wann er seinen Sinnen folgen und wann er sie im Interesse anderer Aktivität in Schranken halten soll.

Jacks Problem ist in unserer westlichen Kultur sehr verbreitet, denn den meisten von uns wird von Kindesbeinen an beigebracht, daß unser Körper in irgendeiner Weise beschämend oder gefährlich ist und daß man seine Bedürfnisse streng unter Kontrolle halten muß. Freud selbst glaubte, daß die »Sublimierung« erotischer Triebkräfte zu schöpferischer Tätigkeit die einzige Hoffnung für eine zivilisierte Gesellschaft sei. Dieser Konflikt zwischen freiem, fröhlichem Ausleben erotischer Energie und ihrer Sublimierung wurde sehr schön bei einer meiner Demonstrationen vorgeführt. Ein stiller, ziemlich schüchterner Psychiater erzählte einen Traum, den er nach Teilnahme an einer Begegnungsgruppe gehabt hatte.

»Ich entdeckte zu meinem Entsetzen, daß ich Bigamie begangen hatte. Ein arroganter römisch-katholischer Priester begrüßte mich und schüttelte mir die Hand.« Während seines Dialogs mit dem Priester schälte sich dann ein Konflikt heraus, der dem von Jack sehr ähnlich war. Mit langsamer, kalter, erbarmungsloser Stimme erklärte der Priester dem armen Mann, daß er für alle Ewigkeiten im Höllenfeuer schmoren müsse, wenn er seinen sexuellen Regungen nachgäbe. Der Konflikt, so stellte sich später heraus, war dadurch ausgelöst worden, daß er am Abend vorher in der Begegnungsgruppe eine Frau kennengelernt und geküßt hatte, allerdings ohne dabei irgendwelche sexuellen Gefühle empfunden zu haben. Wir vermuteten, daß dieser »moralische Sieg« über den Körper die Gestalt seines »Topdog«-Priesters heraufbeschworen hatte, dessen Händedruck eine Art Beglückwünschung gewesen sein konnte.

Als er einen weiteren Teil seines Traumes darstellte, wurde klar, daß er sich außerordentlich frustriert fühlte, weil er sich nicht sehr gewandt auszudrücken vermochte. Wir alle hatten das Gefühl, daß seine schöpferische Energie unnötigerweise in einem erfolglosen »Topdog-Underdog«-Kampf zwischen Sublimierung und Ausleben des Geschlechtlichen verschwendet wurde und daß er neue Bereiche künstlerischer Kreativität in seinem Innern entdecken würde, wenn er eine Art von Kompromiß zwischen beiden herbeizuführen vermöchte. Gelegentliche sexuelle Erregungen würden ihn nicht notwendigerweise einem Leben der Ausschweifung überantworten. Die Befürchtung, eine Lockerung der strikten sexuellen Enthaltsamkeit müsse unweigerlich zu Orgien und der Auflösung gesellschaftlicher Ordnungen führen, ist ein typisches Beispiel für das, was Perls »Katastrophenerwartung« nannte. Freud selbst erkannte, daß unterdrückte Impulse oft sehr viel heftiger sind als ausgelebte, gerade weil sie unterdrückt sind.

Doch sind auch jene, die wirklich freizügig leben, keineswegs frei von inneren Konflikten; im Gegenteil, sie protestieren wahrscheinlich geradezu übertrieben gegen den inneren depressiven »Topdog«, der ständig mit dem Finger droht. Der daraus entstehende Konflikt kann ihre schöpferischen Kräfte genauso lähmen wie der innere Widerstreit in den sexuell Gehemmten. Jack war ein gutes Beispiel dafür. Oberflächlich gesehen schien sein Geschlechtsleben frei und unbelastet, sein diesbezüglicher »Topdog-Underdog«-Konflikt wurde erst dann sichtbar, als sein Traum verriet, wie sehr er von inneren Verboten »gepeinigt« wurde. Der Weg zur Gesundheit führt nicht über puritanische Instinktverleugnung und auch nicht über das Gegenteil. Wir werden nur gesund, wenn wir unsere Konflikte kennenlernen und ganz bewußt das Bedürfnis bejahen, unsere Triebe manchmal auszuleben und manchmal zurückzuhalten.

Selbst jene von uns, die, wie Jack, glauben, »normal« zu sein, können einen ziemlichen Schock erhalten, wenn sie plötzlich erkennen, in welchem Ausmaß sie ihre körperlichen Energien aus Angst oder Scham unterdrückt haben. Zu dieser Erkenntnis sind Träume sehr nützlich. Ich nahm einmal an einer Gruppe für Sensitivitätstraining teil, die mit »bioenergetischen« Übungen experimentierte – Übungen, deren Ziel es ist, Energien zu befreien, die in unserem Körper »eingesperrt« sind. Der Grund für diese gefangenen Energien sind gefühlsmäßige Repressionen, die uns in der Kindheit auferlegt wurden. Unter anderem lernte ich in dieser »bioenergetischen« Gruppe, daß das Atemanhalten eine sehr gebräuchliche Methode ist, jede Art von Körpergefühl abzuschalten. Dies wiederum erinnerte mich lebhaft an einen Traum, den ich eine Zeitlang ziemlich häufig hatte: Ich lag auf einem Bett oder auf dem Boden; auf meiner einen Seite war ein Mann, auf der anderen ein Käfig mit weißen Mäusen oder Ratten. Die Tiere pflegten aus ihrem Käfig zu schlüpfen und über meinen Körper zu laufen. Da es in meinem Traum darauf ankam, die Tiere nicht entwischen zu lassen, mußte ich mich ganz steif machen und durfte kaum atmen, bis der Mann sie von meinem Körper abgelesen und in den Käfig zurückbefördert hatte. Manchmal ließen sich die Tiere auf meiner Brust oder Kehle nieder, so daß ich kaum noch Luft bekam und würgend erwachte. Ich assoziierte die Tiere ohne weiteres mit sexuellen (animalischen) Impulsen, die mich »überkamen« und die ich unbedingt beherrschen mußte. Doch war mir damals nicht klargeworden, daß mein Traum mir in Bildersprache vorzuführen versuchte, wie ich meine Körpergefühle im Wachleben zu zügeln pflegte: durch Atemanhalten und Steifwerden. Dies gewöhnte ich mir dank des bioenergetischen Kurses ab, und der Traum kam nicht wieder. Aber ich würde die Lektion viele Jahre früher gelernt haben, hätte ich meine Träume ganz verstanden.

Ein noch typischerer Fall dafür, wie innere Stimmen jeden Genuß vereiteln, kam in einem bemerkenswerten dreiteiligen Traum zutage, den Peter berichtete (sein Traum vom Geschäftsmann, der einem Inder die Hände abschnitt, wurde auf S. 167 geschildert). Dieser Peter war der Gruppe immer ein wenig rätselhaft. Er war seit sechzehn Jahren verheiratet, seiner Frau und den Kindern angeblich sehr zugetan und völlig überzeugt, eine unauflösliche christliche Ehe zu führen. Trotzdem hatte er gleich zu Anfang das beiderseitige Recht auf außereheliche Beziehungen geltend gemacht. Nach einigen Jahren, als seine Kinder geboren waren, verließ ihn seine Frau mit der Erklärung, daß sie seine Treulosigkeiten nicht länger ertragen könne. Es gelang Peter, sie zur Rückkehr zu bewegen, indem er ihr versprach, keine Seitensprünge mehr zu machen. Von dem Moment an verwöhnte er sie mit jedem nur denkbaren Luxus; nur das eine, was sie sich wirklich wünschte, enthielt er ihr vor – Treue.

Er hielt seine Affären fürderhin vor ihr geheim, erzählte aber seinen Freunden davon. Sie ihrerseits zog sich völlig von der Außenwelt zurück, weigerte sich, am gesellschaftlichen Leben teilzunehmen und widmete ihre ganze Aufmerksamkeit einer ausgedehnten und kostspieligen Psychoanalyse. Darüber hinaus versuchte sie ihm einzureden, daß sexuelle Betätigung bei Leuten über vierzig obszön sei, so daß diese Seite ihres Ehelebens praktisch nicht mehr existierte. Die Gruppe war überzeugt, daß Peters angebliche Liebe zu seiner Frau reiner Schwindel sei, doch davon wollte er nichts hören; er beharrte darauf, daß seine Freundinnen lediglich seine sexuellen Bedürfnisse befriedigten und ihm ansonsten nichts bedeuteten. Dementsprechend war er auch als einziger von uns überrascht, als er sich in eine dieser Freundinnen verliebte, seine Familie verließ und seine Frau um Scheidung bat.

Doch war das neue Arrangement alles andere als ein Erfolg, da Peter offensichtlich noch sehr unter dem Einfluß seiner Frau stand. Wenn sie an Wochenenden wünschte, daß er sich um die Kinder kümmerte, so ging er nach Hause und ließ Claire, seine Freundin, allein; außerdem verlangte sie sein ganzes Gehalt, so daß er sich von Claire aushalten lassen mußte. Und mit der Scheidung ging es auch nicht weiter. Verständlicherweise war Claire, ebenfalls Mitglied unserer Gruppe, verzweifelt. Schließlich erklärte sie ihm, daß sie ihre angenehme Häuslichkeit und ihren Ehemann nicht verlassen hatte, um die Rolle einer Konkubine zu spielen und in seinem Leben immer nur den zweiten Platz einzunehmen. Sie drängte ihn, seiner Frau eine angemessene Rente auszusetzen und die Scheidung voranzutreiben. Daraufhin hatte Peter folgenden Traum:

»Meine Frau und ich sind im Begriff, zu einer Trauung zu gehen, die von dem Kanonikus Miller vollzogen wird. Ich habe den Eindruck, daß es sich um die Hochzeit seines Sohnes handelt. Irgendwie scheinen wir nicht rechtzeitig fertig zu werden – keiner von uns beiden kann die passende Kleidung finden. Als wir schließlich ankommen, hat die Feierlichkeit bereits irgendwo anders stattgefunden, und wir treffen ein sehr vornehmes Mädchen – eine Kreuzung zwischen der Tochter eines mir bekannten Grafen und einer hochintelligenten Journalistin –, das uns erzählt, daß sie ebenfalls die Hochzeit verpaßt hat.

Dann wechselt die Szene. Ich bin im Schlafzimmer mit meiner Frau. Wir sitzen uns aufrecht in zwei Betten gegenüber, die mit den Fußenden aneinandergestellt sind. Das vornehme Mädchen tritt ein und beginnt, mich zu küssen. Ich fühle mich sexuell erregt, bin aber in Sorge, wie meine Frau reagieren wird. Als das Mädchen etwas zur Seite rutscht, sehe ich, wie das Gesicht meiner Frau vor Abscheu und Furcht verzerrt ist und sie sich ins Handgelenk beißt, um nicht vor Wut und Eifersucht zu schreien. Ich gerate in Panik, weil ich weiß, daß eine derartig intensive Eifersucht ›ungesetzlich‹ ist und schrecklich bestraft wird. Ich rufe ihr zu, aufzuhören, aber es ist zu spät.

Dann sehe ich mich in ein anderes Land und eine andere Zeit versetzt. Ein auf zwei Thronen sitzendes heidnisches Königspaar hat meine Frau für ihr Verbrechen zum Tode auf dem Scheiterhaufen verurteilt, nur ist sie jetzt nicht mehr als meine Frau zu erkennen, und das Verbrechen ist nicht Eifersucht. Sie ist eine zerlumpte indianische Squaw, und ihr Verbrechen besteht darin, Christin zu sein. Sie soll zusammen mit ihrem Baby verbrannt werden. Ich bin der Großwesir des heidnischen Landes. Gekleidet in ein weißes Gewand, plädiere ich dafür, sie zu verschonen, obwohl ich weiß, daß ich mich damit selbst in größte Gefahr begebe, weil ich dadurch in den Verdacht geraten kann, ebenfalls Christ zu sein. Ich werfe mich vor der Königin in einer unbestimmten sexuellen Gebärde nieder, aber das königliche Paar erklärt, daß es sich um ein Gesetz handle, das keine Ausnahme dulde.«

Das Bild und die damit verbundenen Assoziationen erinnerten Peter daran, daß er vor sechzehn Jahren von Kanonikus Miller getraut worden war. Zu der Zeit war er ein so eifriges Gemeindemitglied, daß die Leute ihn den »Lieblingssohn« des Kanonikus nannten. Die Traum-Hochzeit war also seine eigene, der er sich im Grunde seiner Seele widersetzt hatte (er verpaßte sie) und an der er innerlich auch nicht beteiligt gewesen war. Dies erklärte wenigstens teilweise Peters merkwürdige Einstellung zu seiner Ehe. Er brachte es fertig, die Tugenden christlicher Ehe zu preisen und gleichzeitig dauernd untreu zu sein, da er sich nie richtig mit seiner Frau verheiratet gefühlt hatte. Auf dieser unwirklichen Ebene glaubte er, einen Vertrag mit seiner Frau gemacht zu haben: Er würde ihr ein bequemes Leben bieten und sich ihren Kindern widmen, und sie dürfte dafür keine sexuellen Ausschließlichkeitsansprüche an ihn stellen. Wie der Traum zeigte, war er der Meinung, daß seine Frau den Vertrag verletzt und sich dadurch strafbar gemacht hatte. Die Bestrafung bestand darin, daß sie zu irgendeinem von ihm gewählten Zeitpunkt verbrannt werden und damit aus seinem Leben verschwinden sollte.

Der dritte Teil des Traums jedoch schien sehr seltsam und mysteriös. Peter kannte Freuds Ansicht, daß Könige und Königinnen normalerweise die Eltern symbolisieren, aber seine heidnischen Monarchen hatten nicht die geringste Ähnlichkeit mit seinem richtigen Vater und seiner Mutter, die beide tot waren. Auch glich seine verwöhnte Frau in keiner Weise der armen, gequälten Squaw. Die Gruppe fand es interessant, daß in seinem Traum eine Indianerfrau auftrat, die durch ein herzloses heidnisches Regime zum Tode durch Verbrennen verurteilt wurde, da in Peters früherem Traum bereits ein Inder vorgekommen war, dem von einem unbarmherzigen Kapitalisten die Hände abgehackt wurden. Wie in diesem früheren Traum waren sämtliche Traumfiguren offenbar Teile seiner selbst. Wir fragten also den »heidnischen König«, warum es in seinem Reich ein Gesetz gebe, das Christen zum Tode verurteilte. Er (bzw. Peter) antwortet:

»Wir können nicht zulassen, daß diese neue Religion unser Land vergiftet. Sie will uns vorschreiben, daß wir unsere Zeit damit verbringen müßten, uns der Bettler und Krüppel anzunehmen, die nicht für sich selbst sorgen können, statt die Schönheit und Kraft der physischen Natur zu verehren. Wenn wir alt und hinfällig werden, töten wir uns selbst schmerzlos. Diese Christen infizieren unsere Gesellschaft wie eine Krankheit und berauben uns jeden Vergnügens. Sie wollen uns sogar einreden, daß Sex außerhalb der Ehe Sünde sei.«

Diese Worte entlarvten den heidnischen König als das genaue Gegenteil von Peters Vater, dessen Einstellung zum Sex entschieden puritanisch gewesen war. Außerdem hatte er christlichen Sozialismus und Barmherzigkeit gegenüber Armen und Bedürftigen gepredigt und erklärt, daß niemand das Recht habe, sich auch nur einen Augenblick zu vergnügen, solange noch ein Mensch auf der Welt Not leide, und ganz gewiß nicht, solange noch jährlich Millionen Inder verhungern müßten. Der Traum erhellte, daß Peter so heftig gegen seinen Vater rebellierte, daß er sich einen inneren Ersatz-Vater geschaffen hatte, der für diametral entgegengesetzte Werte eintrat: Überleben der Starken und Untergang der Schwachen. In Peters Leben drückten sich diese Werte in seinen geschäftlichen Erfolgen aus, in seinem großen Haus in einer eleganten Vorstadt, in der kostspieligen Ausbildung seiner Kinder in Privatschulen, in unbegrenztem Geldausgeben und vor allem in sexueller Freizügigkeit. In diesem letzten Punkt aber hatte seine Frau versagt und mußte dem Gesetz entsprechend sterben.

Als wir die »Squaw« aufforderten, sich zu verteidigen, kamen wir zunächst nicht weiter, weil Peter erklärte, daß sie zu verwirrt und wahrscheinlich zu dumm sei, um zu verstehen, was vorging. Dann hatte einer von uns die Eingebung, Peter an die vorhergehende Traumepisode zu erinnern, in der er und seine Frau im Bett saßen. Er sollte ihr eröffnen, daß er sie verlassen (»verbrennen«) wolle, weil sie den Vertrag gebrochen hätte. Sie antwortete weinend:

EHEFRAU: Wie kannst du das einem armen, hilflosen Geschöpf antun, das dir die besten Jahre ihres Lebens geopfert hat? Du demütigst mich nicht nur mit deinen Freundinnen, sondern willst nun auch noch deine Familie im Stich lassen. Das mindeste, was du tun kannst, ist, uns in irgendeiner Weise zu entschädigen. Hast du dich nicht immer als Christ bezeichnet? Schön, nun tu deine Pflicht gegenüber den Armen, Elenden und Schwachen.

PETER: Aber du bist ja schon besser versorgt als ich selbst. Ich überlasse dir das Haus mit der gesamten Einrichtung, das Auto und mein ganzes Gehalt. Was willst du denn noch?

EHEFRAU: Das alles hatten wir ja bereits. O nein (die Stimme wird hart und drohend), da mußt du dir schon etwas mehr Mühe geben. Wenn du uns verläßt, mußt du uns mehr Luxus und zusätzliche Sicherheiten verschaffen, um unser Elend und unsere Einsamkeit wettzumachen – vielleicht ein Landhaus, einen größeren Wagen (mit Chauffeur), mehrere Auslandsreisen jedes Jahr – auch eine Jacht wäre schön ... Du weißt, daß du all diese Wünsche selbst hattest, und wenn du bei uns bliebest, würden sie dir wohl auch erfüllt. Wir haben nicht die Absicht zu entsagen, nur weil du dir irgendein blondes Gift in den Kopf gesetzt hast. Dir steht kein Augenblick des Glücklichseins zu, solange wir nicht angemessen entschädigt worden sind. Macht euch also beide ans Werk – ich werde dir schon sagen, wenn ich zufriedengestellt bin.

PETER: Ist es nicht ein bißchen unvernünftig ...

EHEFRAU: Unvernünftig! Ich bin nicht unvernünftig. Sieh mal, solltest du per Zufall plötzlich in den Besitz von einigen Millionen kommen, wäre ich einverstanden mit, sagen wir mal, 99 Prozent davon. Wie du siehst, kann ich von jetzt ab den Mond von dir verlangen, aber in meiner Großmut will ich darauf verzichten.

Es wurde uns sehr schnell klar, daß die hilflose Frau seiner Traumvision keineswegs ein armes, schwaches Geschöpf war, sie war vielmehr sein tyrannischer, vorwurfsvoller »Topdog«, der ursprünglich seinen Vater verkörperte und später durch die unrealistischen Ansprüche seiner Frau auf unheimliche Weise verstärkt wurde. Dies erklärte auch einige bislang rätselhafte Dinge in Peters Leben. Er hatte seine Frau entgegen dem Rat des Kanonikus Miller und anderer Freunde geheiratet und im Grunde immer gewußt, daß sie nicht zusammenpaßten. Das wahre Motiv dieser Eheschließung war der Wunsch gewesen, eine »christliche Familie« zu gründen, die am ehesten der Uneigennützigkeit entgegenkam, zu der er sich ständig verpflichtet fühlte. So konnte er wenigstens einige der Früchte seiner Arbeit selbst genießen, indem er sich einen großartigen Lebensstil schuf. In dieser Hinsicht war seine Frau genau die richtige Partnerin: sie erwartete immerwährende Aufmerksamkeit und Fürsorge, war eine chronische Hypochonderin und kam sich trotz Peters hohem Gehalt stets arm vor. Durch diese Veranlagung seiner Frau hatte Peter das Gefühl, sein Soll an Selbstaufopferung zu erfüllen, ohne sich die viel größere Belastung auferlegen zu müssen, hungernde Inder zu retten. Diese Frau war sein ganz persönlicher Ersatz für die Inder, und ein sehr praktischer dazu, denn durch die Anhebung ihres Lebensstandards konnte er ganz ohne Schuldgefühle auch seinen eigenen verbessern.

Der Traum deckte auch die Ursache von Peters sonderbarer Einstellung zu Claires normal-menschlichen Bedürfnissen auf. Sein Unbewußtes empfand sie als Bewohnerin des verbotenen heidnischen Landes der Fleischeslust, und als wohlbestallter heidnischer Königin gebührte ihr zwar Verehrung, keinesfalls aber Fürsorge. Indem er mit ihr zusammenlebte und heidnische Vergnügungen zu genießen wagte, während seine »arme, hilflose Squaw unsagbare Entbehrungen« erduldete, fand sich Peter in einer Sackgasse: Entweder er verzichtete auf die heidnischen Freuden (schließlich plagen sich die Heiden nicht Tag und Nacht, um ihre Pflicht den Christen gegenüber zu erfüllen), oder er überantwortete seine »christliche Familie« dem Verbrennungstod, um sie loszuwerden. Der Traum sieht ihn als Großwesir, der zur Kennzeichnung, daß er an jeglicher getroffenen Entscheidung unschuldig ist, ein weißes Gewand trägt. Er wirft sich der heidnischen Königin (Claire) zu Füßen und bittet sie, die Christen zu verschonen. Die Antwort lautet »Nein«; es ist Claires Entscheidung, und Peter ist von jeder Verantwortung für den Mord entlastet.

Die Sitzung war höchst dramatisch und für Peter wie Claire von erheblicher Bedeutung. Einmal wandte sich Claire zu ihm und sagte: »Aber Liebster, ich verlange ja nicht von dir, deine Familie zu verbrennen. Ich will nur, daß du in finanzieller Hinsicht vernünftig bist und die Scheidung durchsetzt.« Natürlich war ihm dies verstandesmäßig durchaus klar. Sein Unbewußtes jedoch blieb durch die »katastrophale Überzeugung« blockiert, daß er kein Recht auf Glück hätte, wenn er nicht alles, was er besaß, den »Indern« gäbe. Wir ermutigten Peter, den inneren Dialog mit seiner Frau fortzusetzen und ihr zu sagen, daß er nicht beabsichtige, ihren unrealistischen Forderungen nachzugeben. Zunächst beharrte sie weiterhin auf ihren »Rechten«, gab aber klein bei, als Peter schließlich aufstand und schrie: »Wenn du nicht still bist, sollst du deine Rechte bekommen – die gesetzlichen Rechte, auf die du Anspruch hast und weiter nichts; ich brauche mir deinen Unsinn nicht anzuhören und mich auch nicht deinen verdrehten Vorstellungen anzupassen.« Jetzt endlich war der »Topdog« bereit, die übertriebenen Forderungen zu mäßigen und Peter zu erlauben, sein Leben unter vernünftigen Bedingungen zu genießen. Wenn es ihm gelingt, sein neuerworbenes inneres Gleichgewicht zu erhalten, wird jeder Beteiligte davon profitieren, besonders aber er selbst. Sein inneres Hin- und Hergerissensein zwischen »Christentum«, das volle Selbstaufgabe forderte, und »Heidentum«, das auf übertriebenen Luxus und sexuelle Freizügigkeit drängte, verdarb nicht nur sein eigenes Leben, sondern auch das all derer, die mit ihm zu tun hatten.

Wenn jemand sein Leben so lange Jahre auf zwei einander entgegengesetzte Pole ausgerichtet hat, braucht er einige Zeit, um zu begreifen, daß es auch dazwischenliegende Möglichkeiten gibt. Zu dieser Erkenntnis gelangt man allmählich, wenn man sich in der Außenwelt so verhält, wie es der im Innern empfangenen Botschaft entspricht, und dabei feststellt, daß die Welt nicht über einem zusammenbricht. In Peters Fall hieß das, daß er seine Gattin nicht mehr als zerlumpte, gequälte christliche Squaw sah, sondern als eine ganz gewöhnliche geschiedene Frau mit dem Anrecht auf einen angemessenen Unterhaltsbeitrag. Ferner bedeutete es, daß er Claire von ihrem einsamen, kalten Piedestal einer heidnischen Königin herunterholte und wie ein menschliches Wesen behandelte. Natürlich protestierte seine Frau zunächst gegen sein verändertes Verhalten, ließ es aber bleiben, als sie merkte, daß es ihm ernst damit war. Und Claire fiel ein Stein vom Herzen, als ihr aufging, wie nah sie selbst den Flammen des Scheiterhaufens gewesen wäre, hätte sie im »Heidenland« Schwäche gezeigt.

Peters Geschichte hat eine erfreuliche Fortsetzung, denn einige Monate später erzählte er einen weiteren Traum, der anzuzeigen schien, daß eine echte Veränderung in ihm vorgegangen war. In dem Traum erschien ihm sein toter Vater und warf ihm vor, ein sündiges Leben der Ausschweifung mit einem Flittchen zu führen und seine Verpflichtungen gegenüber der Familie zu vernachlässigen. Dies war an sich schon insofern interessant, als sein »Vater«, die eigentliche Ursache des ganzen Problems, in eigener Person auftrat, und zwar als überlebensgroße Verkörperung von Peters »christlichem« Gewissen; vielleicht zum erstenmal in seinem Leben war Peter nun in der Lage, seinem Vater entgegenzutreten, und sei es auch nur im Traum. »Du weißt, daß es nicht so ist, Vater. Für die Familie ist ausreichend gesorgt, und mein Leben mit Claire ist alles andere als ausschweifend. Auch ist sie kein Flittchen; sie ist die Frau, die ich wirklich liebe und mit der ich mein Leben teilen möchte, und ich verbitte mir, daß du dich weiterhin einmischst.« Peter wachte mit dem Gefühl auf, eine Schlacht gewonnen zu haben, was ja auch tatsächlich der Fall war. In Gestalt-Begriffen ausgedrückt, war einiges von der Kraft des »Topdogs« auf den »Underdog« übertragen und damit ein Gleichgewicht im psychischen System geschaffen worden. Falls diese Übung bei Auftauchen ähnlicher Probleme wiederholt werden kann, wird Peter eines Tages fähig sein, Mitleid und Vergnügen in seinem Leben miteinander zu vereinbaren.

## Das hätte Freud gefreut

Sehr oft verhilft das Ausagieren eines Traums im Gestalt-Sinne tatsächlich den von Kindheit an unterdrückten Energien zum Durchbruch, wo eine gewöhnliche psychoanalytische Deutung nur eine intellektuelle Einsicht in das Problem gibt. Ein gutes Beispiel für eine Freudsche Trauminterpretation, die zweifellos korrekt, aber therapeutisch ganz nutzlos war, habe ich auf S. 86 beschrieben. Es handelt sich um den Traum, in dem ich mit wachsender Erregung auf die Ankunft der Queen am rückwärtigen Eingang des Buckingham-Palastes wartete. Der Freudsche Analytiker führte ihn in überzeugender Weise auf Klistiere zurück, die meine Mutter mir als Kind verabreicht hatte. Auf diesen Traum wandte ich später die Gestalt-Technik an und erhielt damit sowohl aufschlußreiche als auch überraschende Resultate.

Ich begann mit einer Unterhaltung mit der »Queen«, in deren Verlauf ich sie fragte, warum sie den hinteren Eingang des Buckingham-Palace benutze, statt majestätisch durch das Hauptportal zu fahren, wie Königinnen das normalerweise tun. »Sie« antwortete mit einer ziemlich weinerlichen Stimme:

QUEEN: Ach, meine Liebe, ich weiß, ich bin die Queen, aber manchmal wünschte ich, ich wäre das nicht. Ich will zugeben, daß ich die Macht liebe und schöne Kleider und daß ich froh bin, nicht aufwaschen zu müssen, aber es ist so sehr ermüdend, ständig auf würdevolle Haltung bedacht zu sein. Außerdem ist es langweilig; nie weiß ich, was in der Welt passiert. Ich darf mich nicht unters Volk mischen – sie sagen, das schicke sich nicht. Darum fahre ich so gerne durch den hinteren Eingang – er ist schmal, und der Wagen muß langsam fahren. Dann drängeln sich die Leute heran, und ich kann ein bißchen mit ihnen plaudern, sie sogar berühren. ›Sie‹ würden wahnsinnig vor Wut, wenn sie wüßten . . .

Ich unterbrach mich, um zu fragen, wer »sie« seien, und die Queen erklärte mir, das seien die Palastangestellten; sie seien schrecklich muffig in Protokoll-Angelegenheiten. Ich forderte sie nun auf, ihre Missetat den Palastbeamten zu bekennen. Es entwickelte sich folgender Dialog:

PALASTBEAMTER: Ihre Majestät, so geht es wirklich nicht. Wie oft müssen wir Ihnen noch erklären, daß Vertraulichkeit Verachtung zeitigt? Die Leute werden Sie beleidigen, wenn Sie so nah an sie herangehen und sich als menschliches Wesen erweisen. Außerdem haben Sie gar nichts davon, das können Sie uns glauben; sie sind langweilig, dickfellig und verseucht. Wir wissen Bescheid, weil wir selbst einmal unter ihnen lebten. Aber Sie – bei Ihnen ist es etwas anderes. Sie sind von Geburt an anders, vergessen Sie das nicht. Wir geben uns alle Mühe, Sie vor diesen Tieren zu beschützen, und Sie lohnen es uns so! Sie sollten sich schämen.

QUEEN: Ach du lieber Gott, was soll ich bloß tun? Sie haben ja bestimmt recht, aber ich brauche einfach ab und zu etwas Luft. Ich fühle mich so abgeschlossen, so von allem abgeschnitten. Manchmal glaube ich, ich werde wahnsinnig vor lauter höflicher Konversation und gesittetem Benehmen. Könnte ich nicht wenigstens ab und zu mal einen freien Tag haben?

PALASTBEAMTER: Auf gar keinen Fall, Majestät. Ihre Aufgabe ist es, unserem Land zu dienen, und nicht, Ihren kleinen persönlichen Gelüsten nachzugeben. Entweder bleiben Sie hier und benehmen sich entsprechend, oder Sie gesellen sich ein für allemal zum Volk. Wir glauben nicht, daß Sie sich bei den Leuten wohl fühlen würden.

QUEEN: Nein, da haben Sie recht, das würde ich nicht. Na schön – schimpfen Sie nicht weiter. Ich will mich bessern und tun, was Sie sagen. (Denkt nach.) Ich muß mich einfach mal verkleiden, wenn ich unters Volk gehe. Dann weiß keiner, wer ich bin.

Auch hier hat, genau wie in Josephs und Peters Träumen, bei Anwendung der Gestalt-Technik eine überraschende Rollenverkehrung stattgefunden; Figuren, die auf den ersten Blick demütig und fügsam erschienen – Bummelzug, Inder, zerlumpte Squaw und Palastbediener –, mausern sich zum »Topdog«. Die Erklärung war in meinem ebenso wie in Peters Fall recht komplex – ein Zeichen für den paradoxen Charakter der Hirntätigkeit. Meine Mutter mag für mich in der Kinderzeit eine Königin gewesen sein, aber diese Königin war nicht nur eine Autoritätsfigur. Sie war selbst eine zutiefst zwiespältige Persönlichkeit; sie kam aus einem armen Elternhaus und hatte in dem verzweifelten Wunsch nach sozialem Aufstieg früh angefangen, sich von jeder emotionalen Bindung an ihr Herkommen freizumachen. Die Autoritätsfigur, die mich dazu anhielt, korrekt, sauber, ruhig und ordentlich zu sein (was so weit ging, daß sogar meine Darmtätigkeit – mittels Klistiers – nach der Uhr geregelt wurde), entsprach nicht der wahren Natur meiner Mutter, sondern war nur ihr eigener tyrannischer »Topdog«: Mein Mutterbild bestand also aus einer »Queen«, die selbst durch die »Palastbeamten« streng kontrolliert wurde.

Dieses Bild wurde noch dadurch verstärkt, daß mit den strikten Geboten meiner Mutter die Erwartung verbunden war, daß ich mich selbst immer wie eine Königin benähme. Lange nachdem ich den Traum nach Gestalt-Richtlinien gedeutet hatte, erzählte mir meine Mutter einmal, wie sie als Kind die »feinen Leute« völlig neidlos beobachtet habe. Sie gehörten einfach zu einer anderen Welt. Ihre Kinder aber sollten dieser anderen Welt angehören, das schwor sie sich. Bald nachdem sie geheiratet hatte, kaufte sie ein pelzbesetztes Cape für ihr ersehntes Erstgeborenes, das nach drei Jahren schließlich erschien – ich war also quasi für den Hermelin geboren und »Königin« über das ganze Hauswesen. Allerdings hatte ich gleichzeitig zu parieren und mußte mich von den Eltern mehr als die meisten anderen Kinder beherrschen lassen, um den hohen Anforderungen zu genügen, die meine Mutter an feines Benehmen stellte.

So erbte ich also die innere Zwiespältigkeit meiner Mutter. Während sie jedoch ihre emotionalen Bedürfnisse streng beherrschte, weil sie sie mit ihrer unerfreulichen Kindheit im Slum assoziierte, rebellierten die meinen in etwa der gleichen Weise, wie es die »Underdog«-Königin in dem Gestalt-Dialog tat. Zum großen Kummer meiner Mutter fand man mich häufig in angeregten Gesprächen mit Straßenkehrern, Fensterputzern, Landstreichern und so weiter, und sobald ich konnte, verließ ich mein Elternhaus, um mich mit Gelegenheitsarbeiten quer durch Europa zu schlagen. Vergnügt vor mich hinkichernd verrichtete ich die ausgefallensten Dreckarbeiten, denn ich war unter den gewöhnlichen Leuten die verkleidete Königin! Nach ein paar Jahren jedoch kehrte ich nach Hause zurück und heiratete. Ich nahm damit mein eigentliches »königliches« Leben wieder auf, und mein Mann spielte nun die Rolle der Palastbeamten, wenn immer ich mich seiner Meinung nach unschicklich benahm.

Die Stimme meines inneren »Topdog« war natürlich viel barscher als die meiner wirklichen Mutter oder meines Mannes. Zur Zeit des besagten Traumes drängte meine »Underdog«-Queen offensichtlich darauf, sich bemerkbar zu machen. Irgend etwas muß dann einen verborgenen Gedankengang ausgelöst haben, der bis zum Ursprung meines Problems zurückführte.

Hätte ich meinen Traum im Rahmen einer Gruppe durchgearbeitet, würde der Leiter mich zweifellos aufgefordert haben, mich gegen die Palastbeamten zu wehren und etwa folgendes zu sagen:

»Ich habe gewisse innere Bedürfnisse, die ich gelegentlich befriedigen muß, und eins davon ist, mich hin und wieder gehenzulassen. Sie sind Sie, und ich bin ich, und ich bin nicht auf der Welt, um Ihren Vorstellungen zu entsprechen. Ich bin ein erwachsener Mensch und für mich selbst verantwortlich. In Zukunft werde ich nicht mehr heimlich durch die Hintertür gehen, sondern ganz offen – und zwar so, wie es mir paßt.«

Durch die Rollenverkehrung, die dank der Gestalt-Technik ausgelöst wurde, vermochte ich diesen Traum mit einem anderen in Beziehung zu bringen, den ich einige Jahre später hatte und in dem ich tatsächlich selbst als Queen auftrat. Der Traum spielte irgendwo in Holland, und ich betrat eine große Kathedrale, um dort gekrönt zu werden. Als die Fanfare erklang, bemerkte ich, daß die Leute um mich herum auf eine freundliche, fast nachsichtige

Weise lächelten. An mir hinunterblickend, sah ich, daß ich ein altes Sommerkleid und riesige Pelzstiefel anhatte. Als ich noch überlegte, ob ich hinauseilen und mich schnell umziehen oder die Zeremonie besser nicht unterbrechen sollte, überfiel mich plötzlich die Erkenntnis, daß die Höflinge und das Volk eine verwundbare, menschliche Königin lieber haben würden als eine völlig fehlerlose. Denn wenn ich nicht perfekt war, konnte ich auch von ihnen keine Vollkommenheit verlangen.

Dieser Traum zeigt wohl deutlich, daß ich in der Zwischenzeit Fortschritte gemacht hatte. Ich füllte den Platz der Königin nicht aus, indem ich mich von der gewöhnlichen Menschheit fernhielt und auf eine dekorative Fassade bedacht war, sondern indem ich Fehlbarkeit und Wärme (Pelzstiefel) in die Rolle hineinbrachte. Interessant war ferner, daß ich in den »Niederlanden«, in Holland, das noch dazu dem Meer abgerungen worden war, gekrönt wurde – ein schönes Symbol der Bewußtwerdung von etwas, was bis dahin versunken gewesen war.

Gleichzeitig enthüllte mir der Traum in seiner Schlußfolgerung das Wesen des Selbstmarterspiels. Wenn ich mich selbst fordere (wie die Palastbeamten der Queen), kann ich auch an andere Forderungen stellen. Wenn ich verlange, daß der »Underdog« die unmöglichen Erwartungen des »Topdogs« erfüllt, dann kann ich auch verlangen, daß andere meine unmöglichen Erwartungen in der äußeren Welt erfüllen. Es gibt Leute, die dieses Spiel ihr ganzes Leben lang durchhalten. Die meisten sind aber doch vernünftig genug, irgendwann einmal einzusehen, daß der Kräfteaufwand für einen solchen Konflikt reine Verschwendung ist.

Ich bin meinen Träumen dankbar, daß sie mir helfen, meine Menschlichkeit und Fehlbarkeit wiederzuerlangen, nicht nur, weil ich mich dadurch souveräner fühle und mehr Energie zur Verfügung habe, sondern vor allem, weil auch meine Umgebung davon profitiert. Und was die innere Welt betrifft: Unsere Eltern müssen nicht nur uns entlassen – wir müssen auch lernen, sie zu entlassen.

*Etwas Häßliches im Keller*

Träume, in denen Menschen oder Gegenstände in Kisten, Kellern oder Kerkern eingeschlossen sind, eignen sich besonders gut für Interpretationen nach Gestalt-Richtlinien. Eingesperrtes repräsentiert fast immer verborgene Schätze, die wir irgendwann einmal

»vergraben« haben. Dadurch aber entstehen Löcher in der Persönlichkeit, die wieder mit den gehobenen Schätzen aufgefüllt werden müssen. Einen eindrucksvollen Traum dieser Art erlebte ich selbst vor längerer Zeit. Wie der Queen-Traum hatte er später ein paar Fortsetzungen, die mir zu erkennen halfen, wie das Seelenleben im Verlaufe der Zeit Veränderungen unterliegt.

Der Traum, in der Gegenwartsform erzählt, lautete:

»Ich befinde mich in einem türlosen Keller in der Gesellschaft einer alten Frau, die wie eine Hexe aussieht und die mich anfleht, bei ihr zu bleiben. Ich möchte weg, kann aber keinen Ausgang finden. Sie macht mir eine Tasse Tee nach der anderen, um mich zu halten, obwohl sie genau weiß, daß ich nicht bei ihr bleiben will. Schließlich scheint sie sich damit abzufinden, daß ich sie verlassen möchte, bietet mir einen Apfel an und fordert mich auf, sie zu küssen. Ich wittere Unheil, denke aber ›Was kann es schaden‹, und als ich in den Apfel beiße, werde ich durch eine plötzlich vorhandene Tür in einen Strahl weißes Licht hinausgewirbelt.«

Obwohl ich diesen Traum lange vor Aufnahme meines Psychologiestudiums träumte, fiel es mir nicht schwer, ihn durch einfache Assoziation zu deuten. Die Frau identifizierte ich sofort als meine Mutter, die ich zu jener Zeit anscheinend als klettenhafte, besitzwütige alte Hexe sah, der jedes Mittel recht wäre, mich bei sich zu halten. (In dem Märchen von Schneewittchen kleidet sich die böse Königin in Schwarz und bietet ihrer Stieftochter einen vergifteten Apfel an.) Den weißen Lichtstrahl interpretierte ich als eine religiöse Gruppe, der ich mich angeschlossen hatte. Ich hatte das Gefühl, der Traum gäbe mir zu verstehen, daß ich diese Gruppe benutzte, um mich von einer Bindung zu befreien, die ich als neurotisch empfand. Dies allein war schon eine wertvolle Erkenntnis.

Es blieben jedoch verschiedene Fragen unbeantwortet. Nachdem ich meine Mutter-Hexe so sorgfältig eingeschlossen und alle Ausgänge versperrt hatte, damit sie mich nicht erreichen konnte – warum hatte ich sie dann besucht? Warum wollte ich in den Apfel beißen, wenn ich doch spürte, das könnte gefährlich sein? Und warum wollte sie mich vergiften? Um all das herauszufinden, wandte ich viele Jahre später die Gestalt-Technik an und erhielt folgendes Ergebnis:

ANN: Warum willst du mich vergiften? Ich habe dir einen Besuch gemacht, weil du mir leid tatest. Ich finde es nicht gerade anständig von dir, mich so zu behandeln.

ALTE FRAU: Das verstehst du einfach nicht. Ich bin nur eine arme alte Frau, die seit zwanzig Jahren in diesem gräßlichen Keller eingeschlossen ist. Niemand hat sich um mich gekümmert. Ich habe hier weder Licht noch Heizung, und mein Rheuma wird immer schlimmer. Ich will nicht, daß du wieder weggehst, weil du dann vielleicht weitere zwanzig Jahre nicht wiederkommst. Außerdem ist der Apfel nicht vergiftet. Du dramatisierst das Ganze und verwechselst mich mit der bösen Stiefmutter in Schneewittchen. Mein Apfel enthält nur ein harmloses Schlafmittel, mit dessen Hilfe ich dich vielleicht ein bißchen länger hätte halten können. Ich will dich doch nicht töten.

An dieser Stelle schaltete sich der weiße Lichtstrahl ein und sagte:

STRAHL: Hör nicht auf sie. Natürlich wollte sie dich vergiften. Ich kenne sie länger als du, und glaube mir, die alte Hexe ist gefährlich. Warum hätte ich sie sonst in diesen Keller eingeschlossen? Ich kenne dich; du bist leichtgläubig und naiv – du traust keinem etwas Böses zu. Was du ohne mich als deinen Wachhund tun würdest, kann ich mir nicht vorstellen. Jedenfalls wärst du jetzt tot – stimmt's?

ANN: Na, ich weiß nicht recht ... aber es muß ja wohl stimmen. Ich danke dir für deine Besorgtheit. Sie tat mir nur leid, weil sie hier unten so allein festsaß. Ich meinte es nicht böse.

STRAHL: Nein, natürlich nicht – das ist es ja gerade. Du solltest mehr nachdenken. Du begreifst die Verderbtheit der Welt nicht so wie ich. Reiche den Leuten den kleinen Finger, und sie nehmen die ganze Hand. Komm jetzt mit mir und sieh zu, daß es nicht wieder passiert.

ALTE FRAU: Bitte, geh nicht weg, und laß mich nicht wieder allein. Nimm mich mit. Ich verspreche dir, daß ich nicht lästig sein werde. Ich verlange nicht viel ...

ANN (zum Strahl): Ja, nehmen wir sie mit nach oben, damit sie es etwas bequemer hat.

STRAHL: Auf keinen Fall. Ihr ist nicht zu trauen. Und es ist durchaus nicht nötig, sie zu bemitleiden. Sie hat selbst schuld. Sie

ist nie erwachsen geworden, hat nie gelernt, auf eigenen Füßen zu stehen. Immer winselt und jammert sie. Sie soll erst einmal lernen, etwas selbständig zu sein, bevor ich sie hier herauslasse.
ANN: Aber das kann sie doch gar nicht lernen, wenn du sie immer einschließt.

An dieser Stelle sah ich mich selbst im Geiste als ein kleines verstörtes Kind, das sich zwischen diesen beiden um meine Seele ringenden Geschöpfen auf dem Boden wand und nicht wußte, wem es glauben sollte. Da beide Teile mein Ich darstellten, wurde ich zwischen ihnen hin- und hergerissen: zwischen der Stimme der Selbstsicherheit, die ständig bohrt: »Du mußt lernen, auf eigenen Füßen zu stehen und von anderen unabhängig zu werden«, und der Stimme der alten Frau, die jammert: »Ich brauche Liebe und Sorge und Wärme.« Mit anderen Worten, ich hatte mich in einen Knoten verheddert, und zwar einen Knoten, der wahrscheinlich in meiner Kindheit entstand, als ich meine Mutter brauchte und gleichzeitig frei von ihr sein wollte.

Meine unmittelbaren Assoziationen zu dem Traum sahen die alte Frau natürlich als ein Symbol für meine Mutter, deren Besitzansprüchen ich zu entfliehen suchte. Das Ausagieren nach Gestalt-Richtlinien indessen ergab folgendes: Ich hatte – vielleicht schon sehr früh – erkannt, daß bereits in ihrer Persönlichkeit zwei Seiten in Konflikt standen: der weiße Lichtstrahl, der an die Palastbeamten aus dem anderen Traum erinnert, und eine ziemlich rührende Person, die von meiner Liebe und Zärtlichkeit abhängig war. Ich erinnerte mich, wie verwirrt ich als Kind war, als sie Selbständigkeit und Unabhängigkeit predigte und mir gleichzeitig Vorwürfe machte, daß ich sie nicht genug liebte. Diese Spaltung in der Persönlichkeit meiner Mutter setzte sich in mir selbst fest.

Meine Lösung des Konflikts lag darin, daß ich sowohl den Forderungen meiner Mutter nach Zärtlichkeit als auch meinen Abhängigkeitsgefühlen widerstand und mich selbst mit dem weißen Lichtstrahl identifizierte. Ich schloß mich einer Anzahl religiöser Gruppen an, die mir helfen sollten, Selbständigkeit zu erlangen. Dabei hatte ich noch den »sekundären Gewinn«, gegen andere Leute meiner Umgebung Härte üben zu können, die mir ebenfalls rührselig oder abhängig schienen.

Ich gebe meiner Mutter nicht die Schuld für meine Schwierigkeiten – Anschuldigungen führen zu nichts; sie führen nur vom Problem weg. Meine Mutter könnte ja ihrerseits ihre eigene Mutter beschuldigen und so weiter ad infinitum. Eltern sind nie im Recht, was sie auch tun. Sie sind entweder zu streng oder zu nachsichtig, zu ernst oder zu munter. Wie Oscar Wilde sagt: »Anfangs lieben die Kinder ihre Eltern. Nach einiger Zeit richten sie über sie. Selten, wenn überhaupt, vergeben sie ihnen.« Aber bis wir ihnen wirklich vergeben, bis wir sie in Gnaden entlassen, betrachten wir uns selbst als Kinder und benehmen uns als solche. In meinem Fall, zum Beispiel, hätte ich mich dem weißen Lichtstrahl (der Unabhängigkeit, die meine Mutter mir predigte) entgegenstellen und sagen müssen: »Ich bin jetzt ein großes Mädchen. Hör auf, mir zu sagen, was ich tun soll. Wenn ich in den Keller gehen und die alte Frau besuchen will, so wirst du mich nicht davon abhalten.« Mit anderen Worten, ich werde bestimmen, wann ich schwach und wann ich stark sein will, wann anhänglich und wann unabhängig. Perls sagt, der schwierigste Teil der Therapie sei es, unseren Eltern zu vergeben und sie zu »entlassen«.

Einige Zeit später hatte ich einen weiteren Traum, der sich an diesen letzten anzuschließen schien. Darin hatte die sehr patente und tüchtige Sekretärin meines Mannes, Diana, gekündigt, um ihr Studium fortzusetzen, und er hatte sie durch eine kindische, untüchtige und neurotische Frau namens Tilly ersetzt, die früher schon für ihn gearbeitet hatte. Ich war darüber wütend, weil ich nicht vergessen hatte, wie diese Tilly immer hinter mir hergelaufen war, um sich über ihre Leiden zu beklagen und psychologische Ratschläge für ihre endlosen Probleme zu bekommen.

Diesen Traum hatte ich gerade zu der Zeit, als mein Mann mich vor die Alternative Haushalt oder Karriere gestellt hatte, und mir war ganz klar, daß ich in meiner Seelennot die unselbständige alte Hexe (Tilly) aus ihrem Keller geholt und den selbstsicheren, unabhängigen weißen Lichtstrahl (Diana) vertrieben hatte. Der Grund, warum ich für diese Rolle Diana gewählt hatte, war vermutlich eine »Verdichtung« des Mädchens selbst und der römischen Gottheit Diana, der Jägerin und Schutzpatronin der Frauen – Göttin der Frauenbefreiungsbewegung? Mir wurde ganz klar, wie sehr ich fürchtete, meinen Mann zu verlieren, wie abhängig ich in emotionaler Hinsicht von ihm war und wie mir vor dem Alleinsein graute – lauter Gefühle, die mich vorübergehend dazu bewogen, seiner Forderung nachzugeben. Mein Analytiker war in dieser Hinsicht alles andere als hilfreich. Er deutete an, jetzt sei mein »wahres«

Selbst an die Oberfläche gekommen, und nunmehr würde ich in meinem neuen häuslichen Leben Glück und Erfüllung finden.

Was er zu erklären versäumte und was die Gestalt-Therapie mich später lehrte, war folgendes: Die klettenhafte alte Frau, die ich in den Keller verbannt hatte, war durchaus nicht mein »wahres« Ich, sondern nur ein Teil von mir – ein Teil zudem, der niemals solche abstoßenden Züge angenommen hätte, wäre ihm nicht so lange jede Ausdrucksmöglichkeit versagt worden. Hätte ich als Kind gelernt, meine Abhängigkeitsgefühle zu akzeptieren und sie zu integrieren, würden sie sich in meinem Verhalten als Wärme und Liebe manifestiert haben und nicht als Selbstmitleid und Besitzsucht, die mich natürlicherweise zu Tode erschreckten. So hatte also der Versuch meines Analytikers, mich als die »alte Hexe« in mir erkennen und akzeptieren zu lassen, genau den entgegengesetzten Effekt von dem erhofften: wenn diese Hexe mein wahres Ich ist, so dachte ich, dann schicke ich sie besser sofort wieder in den Keller und mache noch einen extrastarken Riegel davor.

So blieb sie also in meiner Psyche sicher eingeschlossen, bis ich begann, mich für die Gestalt-Therapie zu interessieren, und mir klarwurde, daß die Hexe ja nur ein eingebildetes Ungeheuer war, das mir nichts tun würde, wenn ich es reintegrierte. Ich hatte dann noch einen weiteren Traum, der diesen Konflikt auf schönste Weise klärte:

»Ich besitze ein großes Haus, in dem ich zwei Räume vermietet habe. Das große, luftige, helle Vorderzimmer mit herrlichem Ausblick und Zentralheizung wird von Tilly bewohnt; ein kleines Hinterzimmer ohne Fenster und Heizung von einem meiner früheren, sehr tüchtigen Au-pair-Mädchen namens Regina. Tilly zahlt mir 3 Dollar wöchentlich für ihr großes Zimmer und Regina 6 Dollar für das kleine Hinterzimmer. Ich kann nicht verstehen, warum Regina sich nicht beschwert, wie sie es im wirklichen Leben bestimmt getan hätte. Statt dessen sagt sie nur, daß sie jetzt sowieso selten zu Hause sei, weil sie einen neuen Job angenommen habe, der ihr sehr viel Geld einbrächte.«

Sobald ich mir den Traum genauer ansah, erkannte ich in Tilly die alte Hexe aus den beiden ersten Träumen dieser Serie. Sie hatte also inzwischen den Keller verlassen, um den besten Raum im ganzen Haus zu bewohnen. Den weißen Lichtstrahl hatte ich inzwischen statt durch Diana durch Regina ersetzt (deren Name »Königin« bedeutet und die jetzt die Rolle des »Topdogs« spielte, während die Queen in der vorhergehenden Traumserie der »Underdog« gewesen war). Regina hatte in diesem Traum Besseres zu tun als mich herumzujagen und auszuschelten, wenn ich in Schwierigkeiten gekommen war. Als ich sie aufforderte, zu sagen, wie sie über die neue Situation dächte, antwortete sie:

REGINA: Na ja, es ist zwar ungerecht, mir doppelt soviel Miete abzuverlangen wie Tilly, zumal mein Zimmer kein Licht und keine Heizung hat. Aber ich habe im Augenblick viel zuviel zu tun, um mich mit solchen Kleinigkeiten herumzuschlagen oder mich nach einem anderen Zimmer umzusehen. Außerdem bin ich sowieso nur ein paar Nächte in der Woche hier. Dagegen hält sich Tilly die ganze Zeit in ihrem Zimmer auf, weil es ihr gesundheitlich noch nicht gut genug geht, um das Haus verlassen zu können. Ich tue, was ich kann, um ihr zu helfen, daß sie wieder gesund wird, schon in meinem eigenen Interesse, weil sie mir mit ihrem dauernden Gejammer über rheumatische Schmerzen und weiß Gott was zu sehr auf die Nerven geht. Ich hoffe, sie verwenden einen Teil meines Mietgeldes dafür, ihr zu kaufen, was sie braucht. Aber sie kann natürlich nicht ewig auf meine Kosten leben. Wenn es ihr besser geht, muß sie wieder für sich allein sorgen, so wie alle anderen Leute auch.

Es schien klar, daß ich einen Punkt erreicht hatte, wo mein »Topdog« viel weniger selbstgerecht und strafend geworden war als ehedem, wenn er sich auch immer noch ein wenig furchteinflößend gebärdete. Darüber hinaus betrachtete er den »Underdog« jetzt als armen, kranken, hilfsbedürftigen Invaliden statt als eine von Besitzsucht besessene, gefährliche alte Hexe. Das Geld, das Regina – als »Topdog« – mir gab, interpretierte ich als psychische Energie, die von der kalten unabhängigen, selbstsicheren Seite meines Wesens allmählich auf die potentiell warme, liebevolle übergeleitet wurde, die ich vor langer Zeit in den Keller verbannt hatte. Regina gab zu verstehen, daß diese Energie zur Wiederherstellung des seelischen Gleichgewichts genutzt werden sollte und nicht etwa, um Tilly für den Rest ihres Lebens in einem hilflosen Abhängigkeitszustand zu halten. Ich fragte Tilly, wie sie über dieses Arrangement dächte, und sie antwortete:

»Ich kann gar nicht sagen, wie glücklich ich darüber bin, daß ich nicht mehr in dem feuchten alten Keller sitzen muß. Die Kälte machte mich krank, und durch die ständige Dunkelheit nahm meine Sehkraft immer mehr ab. Es wird noch einige Zeit dauern, bis ich wieder gesund bin, und ich hoffe, daß Sie Geduld mit mir haben. Ich möchte jetzt nur nah an der Heizung sitzen und ihre Wärme in mich einziehen fühlen. Und ich möchte immerzu aus dem Fenster sehen, weil ich so lange keine Weite und keine Farben gesehen habe. Ich möchte mich ein bißchen entschädigen für alle die Entbehrungen, die ich erlitten habe. Auch fände ich es nett, wenn Sie hin und wieder zu mir kämen, um etwas mit mir zu plaudern. Ich bin sicher, daß es mir bald wieder besser geht und ich Ihnen nicht mehr lange zur Last fallen werde.«

Sie hört sich überhaupt nicht mehr gefährlich an, und ich glaube ihr. Der weiße Lichtstrahl glaubt ihr auch; jedenfalls ist er bereit, sie nicht mehr von vornherein abzulehnen. Wenn sie ihre guten Vorsätze nicht wahrmachen und zu einem Hemmschuh werden sollte, wird Regina sie wieder auf Trab bringen und von neuem das Gleichgewicht herstellen. Schließlich sind Selbständigkeit und eine gewisse Unabhängigkeit zwar hervorragende Eigenschaften, und ich möchte sie sicher nicht verlieren. Doch ist es auch gut zu wissen, daß mein Bedürfnis nach anderen Menschen nicht so schändlich ist, wie ich geglaubt hatte.

Diese Traumserie zeigt wieder einmal deutlich, wie sich das Unbewußte »Katastrophenerwartungen« entgegenstellt und daß man es dazu bringen muß, einen Mittelweg zu finden. Solange ich meine Abhängigkeitsbedürfnisse unterdrückt hatte und völlig auf Selbständigkeit, Stoizismus und Unabhängigkeit eingeschworen war, täuschte ich meine Umgebung und gab vor, ich würde ganz allein mit allem fertig. Die alte Hexe jedoch machte sich, wie es »Underdogs« nun einmal zu tun pflegen, in gemeinem, heimtückischem und zerstörerischem Verhalten bemerkbar, wann immer ich mit meinem Latein am Ende war: So erlitt sie etwa kleinere Zusammenbrüche oder warf den anderen vor, sie vernachlässigten sie. Dies wunderte meine Freunde und Angehörigen, weil ich doch Schwäche und Unselbständigkeit so sehr verabscheute. Und doch war dieses Spiel ebenso offenkundig wie weit verbreitet: Ich erwartete von den anderen, daß sie meine innersten Gedanken und Gefühle durch irgendeine Art von Telepathie erraten müßten, hielt es aber nicht für nötig, ihnen auf dieselbe Weise entgegenzukommen. Es ist nicht so einfach, dieses Spiel aufzugeben, weil es sehr bequem ist. Aber ich bin zu dem Schluß gelangt, daß es das einzig Vernünftige ist, unseren Mitmenschen unsere Bedürfnisse offen mitzuteilen, ihnen Gelegenheit zu geben, es ebenso zu halten, und für die daraus resultierenden Entscheidungen die volle Verantwortung zu übernehmen.

Professor Peter Beaconsfield, der amerikanische Chirurg und Wissenschaftler, schrieb in der Zeitschrift *New Scientist*: »Es ist verständlich, über das Bestehen eines bestimmten Problems nicht Bescheid zu wissen; aber es ist unzulässig, ein einmal erkanntes Problem zu ignorieren.« Ebenso unzulässig ist es, Konflikte zu ignorieren, die Träume zum Bewußtsein gebracht haben; mein Bestreben ist es daher, zu erreichen, daß diese Probleme im Wachleben verarbeitet werden, damit man besser und glaubwürdiger zu funktionieren vermag.

### Besucher aus dem Weltraum

> »Mich dünkt, daß Träume aus einer fernen Welt die Seele während des Schlafes heimsuchen.«
>
> Shelley

Im Verlauf der Untersuchung meiner Träume nach Gestalt-Richtlinien stellte ich fest, daß ich mein Leben lang unterdrückt und verleugnet hatte, was ich völlig zu unrecht als die schwächeren Aspekte meiner Persönlichkeit ansah. Meine »Queen«-Serie veranlaßte mich dann, meine menschliche Fehlbarkeit gelten zu lassen; das Ergebnis war ein viel ungezwungenerer Lebensstil. Aus meiner »Hexen«-Serie lernte ich, enge, warme Beziehungen einzugehen ohne die Furcht, zurückgestoßen oder von Gefühlen überwältigt zu werden. Beide Traum-Serien befaßten sich mit dem Grundproblem der Schwäche, und die folgenden beiden Träume, mit denen ich dieses Kapitel abschließen will, fügen dieser bis jetzt unvollendeten Geschichte eine weitere Dimension hinzu. Es war, als seien diese Träume aus einer tiefen Region der Psyche heraufgestiegen, und sie hinterließen bei mir die Überzeugung, daß in meinem Innern etwas außerordentlich Wichtiges geschehen sei. Beide sind sehr »jungianisch« insofern, als sie eine mythologische Figur enthalten. Obwohl ich dieser nie vorher in meinen Träumen begegnet war, vermutete ich in ihr sofort meinen »Animus«.

Den ersten Traum hatte ich, kurz nachdem ich begonnen hatte, nach Gestalt-Richtlinien zu arbeiten, und ich erzähle ihn hier in der Gegenwartsform:

>Ich habe Uriel – einen primitiven Mann mit einem Kristall-halsband – verbannt, aber zu früh, und muß ihn zurückholen. Er wandert in der Unterwelt umher, und ich weiß, daß er dort Macht besitzt, solange er dieses Halsband trägt; denn das Hals-band hat Zauberkraft. Um ihn in unsere Welt zurückzuholen, vollführe ich ein Ritual, und als ich mit einer Beschwörung be-ginnen will – ›Freunde, liebe Gefährten . . .‹ – bemerke ich eine Frau, die mich an die letzte Lady Macbeth erinnert, die ich auf der Bühne gesehen habe, und die sich mir lächelnd nähert. Sie er-klärt mir lachend, es sei wohl nicht mein Ernst, Uriel wieder ho-len zu wollen, und als ich ihr versichere, das sei es doch, weicht sie mit einer Gebärde äußersten Entsetzens an die Wand zurück.«

Betrachte ich diesen Traum als Bild, so habe ich nicht die gering-ste Ahnung, wer Uriel ist oder warum ich ihn verbannt haben sollte. Aber ich habe aus meinen Träumen gelernt, daß jeder, der eingeschlossen oder verbannt ist, mit großer Wahrscheinlichkeit einen verleugneten Teil der Persönlichkeit darstellt, der reintegriert werden muß. Genau das aber scheine ich in dem Traum zu tun – ein Vorhaben, das Lady Macbeth, die für mich die Eigenschaften der Macht, des Ehrgeizes und der Rücksichtslosigkeit verkörpert, außerordentlich beunruhigt. Offensichtlich hat Uriel irgendwie Gewalt über sie, und ich vermute, daß sie das Halsband fürchtet, obwohl mir dazu keine Assoziationen einfallen. Zwar bezeichne ich Uriel in dem Traum als »primitiven Mann«, doch scheint er mir eher ein Engel zu sein, und ich beschwöre die freundlichen Na-turgeister, mir bei der Suche nach ihm zu helfen.

Der Traum ist völlig mysteriös und deshalb ideal für die Be-handlung nach Gestalt-Richtlinien. Zuerst frage ich Uriel, wo er ist, und er antwortet:

URIEL: Ich bin dein Engel und hause in der Unterwelt. Als du ein Kind warst, pflegte ich über dich zu wachen, und du warst mir zugetan. Ich komme von der Sonne – erinnerst du dich, wie du die Sonne immer geliebt hast? Und eines Tages, als du noch ziemlich klein warst, verdecktest du deine Augen mit den Händen und erklärtest mir, daß ich nicht »wirklich« sei. Du sagtest, daß du nicht mehr an mich glaubtest und schicktest mich fort. Ich ging aber nicht wirklich fort, sondern hörte nur für dich auf zu existieren.

ANN: Sei nicht albern. Niemand glaubt heutzutage an Schutzengel. Du willst mich wohl aufziehen. – Und doch hatte ich immer das Gefühl, daß etwas um mich war, als ich in Europa umherreiste, und mehr als einmal spürte ich, daß mir jemand in kritischen Situationen beistand. Warst du das? Ach was, natürlich nicht; das Ganze ist lächerlich. Ich bin Wissenschaftlerin und Psychologin, und dich darf es einfach nicht geben.

URIEL: Doch, ich war's. Ich war immer bei dir. Sieh mal, vielleicht wäre es besser, mich deinen Animus zu nennen oder mir sonst einen respektabel klingenden Namen zu geben? Es kommt auf dasselbe heraus.

ANN: Na ja – vielleicht ... jedenfalls, Uriel, bist du eine wunderbare Idee. Doch bin ich immer noch im unklaren über dein Halsband. Ist es ein Zauberding?

URIEL: Es gehörte dir, als du noch klein warst, und als du mich verbanntest, nahm ich es mit. Ich wußte, daß du mich eines Tages zurückrufen würdest, und das Halsband ist das Bindeglied zwischen uns.

Da mir nicht ganz klar ist, was das heißt, frage ich das Halsband, was es darstellt. Es antwortet:

HALSBAND: Ich bin ein kristallenes Halsband. Ich bin durchsichtig. Ich fange das Licht auf und reflektiere es in vielen Farben. Ich schimmere und bin schön. Ich bin nicht so stark wie der Diamant oder so leidenschaftlich wie der Rubin, sondern ich bin rein und unschuldig. Vor mir schwinden Anmaßung und Sophisterei dahin wie Dracula vor dem Kruzifix. Und ich gehöre dir.

Um es prosaischer auszudrücken: der Traum forderte mich auf, eine Eigenschaft wiederzugewinnen, die oft als Unschuld bezeichnet wird – die offene, ehrliche Reaktion auf andere und auf das Leben im allgemeinen, welche als selbstverständlich voraussetzt, daß in jedem, selbst dem Härtesten und Abgebrühtesten, ein guter Kern steckt. Auch sie ist ein Aspekt meiner Persönlichkeit, den ich den größten Teil meines Lebens hindurch zu verleugnen bemüht gewesen war, weil er mir als Schwäche erschien – »Naivität« ist die Bezeichnung, die der »Palastbeamte« bzw. der »weiße Lichtstrahl« dafür gebrauchen würden. Das genaue Gegenteil dieser Eigenschaft ist Zynismus, und es ist interessant, daß die Figur, die in diesem Traum die harte Seite meiner Persönlichkeit verkörpert, Lady Macbeth ist – eine Gestalt, in der Realismus zu rücksichtslosem, zynischem Ehrgeiz ausgeartet ist, der nicht vor Mord zurückschreckt, um Macht zu erlangen.

Irgendwann in meiner Kindheit war Lady Macbeth aufgetaucht und hatte mir befohlen, den Menschen und überhaupt der Welt nicht mehr zu vertrauen. Es gibt dafür möglicherweise eine Standard-Erklärung im Freudschen Sinne, die auf die Geburt meines Bruders zurückgeht: Damals fühlte ich mich durch meine Eltern betrogen, die mich hatten glauben machen, ich sei der Mittelpunkt ihrer Welt. Erst durch die Ausagierung dieses Traumes erfuhr und verstand ich, wie sich dieser Konflikt in der Folgezeit auf mein Leben ausgewirkt hatte.

Als ich dann Lady Macbeth für sich sprechen ließ, stellte sich heraus, daß sie meine religiöse Einstellung dem Leben gegenüber von Grund auf mißbilligte. Aber als sie merkte, daß sie nichts dagegen ausrichten konnte, versuchte sie, für sich wenigstens einen Vorteil dabei herauszuschlagen. Weil die Menschen so unvollkommen und unverläßlich seien, erklärte sie, sollte ich ihnen den Rücken kehren und meine ganze Liebe und Treue Gott zuwenden, der mich niemals im Stich lassen würde. Die Folge war, daß ich die verschiedensten religiösen Lehren durchprobierte, um mich über die Menschen und das Bedürfnis nach menschlichen Beziehungen zu erheben. Doch erreichte sie schließlich, was sie wollte, als ich begonnen hatte, Psychologie zu studieren und mich einer Analyse zu unterziehen; unterstützt durch die Dozenten und meinen Analytiker, überzeugte sie mich, daß Religiosität Humbug sei. Was mich selbst beträfe, sagte sie, hätte ich mich den religiösen Gemeinschaften nur deshalb angeschlossen, um einen Ersatz für die Eltern zu haben, die mich verraten hätten, und um meine verlorene Identität wiederzugewinnen, indem ich Gott wichtig würde. Damals wurden Gott und Jung für mich zu schmutzigen Wörtern, und ich schwor mir (unter dem Einfluß von Lady Macbeth), mich auch nie wieder von ihnen beeindrucken zu lassen.

Und ebenso, wie ich mich selbst ob meiner »Naivität« verurteilte, verachtete ich auch alle anderen, die an ihren »infantilen« religiösen Phantasien festhielten, einschließlich meines ersten Mannes. Sein Traum von mir als der Ex-Mrs. Armstrong-Jones, die eine häßliche Kirche aus grauem Beton auf einem trostlosen Stück Ödland errichtete (s. S. 163), hätte meine damalige Einstellung nicht treffender kennzeichnen können. Später sollte ich erkennen, daß der Traum nicht nur seine Gefühle mir gegenüber, sondern auf einer tieferen, versteckten Ebene auch die meinen widerspiegelte. Ich wurde ruhelos, unglücklich und krank, bis mir schließlich klarwurde, daß ich durch die Verbannung Uriels und des Halsbands das Kind mit dem Bade ausgeschüttet hatte. Während die Art und Weise, wie ich von der Religion Gebrauch gemacht hatte, sicherlich neurotische Züge trug, war meine fundamentale Religiosität doch ein wichtiger Teil meines Wesens, dem ich Gewalt antat, indem ich ihn zu verleugnen suchte.

Zur Zeit meines Uriel-Traums war Lady Macbeths »Topdog«-Rolle in meinem Leben bereits durch meine zunehmende Bereitschaft, die »schwächere« Seite meiner Persönlichkeit gelten zu lassen, unterminiert. Vor allem meine Arbeit mit Träumen hatte mich dazu gebracht, meine harte, kritische Einstellung gegenüber den Mysterien der Psyche zu revidieren. Natürlich leistete Lady Macbeth erbitterten Widerstand. Sie verkündete, daß die wissenschaftliche Respektabilität unter allen Umständen Vorrang habe, daß ich deshalb Gefühle oder Bestrebungen, die nicht auf ganz nüchterne menschliche Probleme wie Arbeit, Ehe, Scheidung und so weiter zurückgeführt werden könnten, überhaupt nicht beachten dürfe. So ganz unrecht hatte sie dabei nicht. Zweifellos bedienen sich viele Menschen überspannter religiöser oder ideologischer Vorstellungen als eines Mittels, den mehr prosaischen Verantwortlichkeiten des Lebens auszuweichen. Doch zeigte mir der Traum, daß es ebenso ungesund ist, den differenzierteren Wissensdurst, der die Menschen nach Sinn und Zweck des Lebens fragen läßt, völlig zu unterdrücken. Angesichts von etwas so Geheimnisvollem wie die menschliche Psyche oder so Unbegreiflichem wie das Universum, in dem wir leben, ist es durchaus keine Naivität, sondern schierer Realismus, die kindliche Haltung einzunehmen, die einfach akzeptiert, daß es mehr Dinge gibt zwischen Himmel und Erde, als sich die Philosophien der meisten akademischen Psychologen und Analytiker träumen lassen.

Später entdeckte ich, daß Uriel tatsächlich ein Engel (in der hebräischen Mythologie) ist, und als ich Miltons Dichtung *Das verlorene Paradies* las, stutzte ich: Hier wird er als der »Beherrscher der Sonne« und als »scharfsichtigster aller himmlischen Geister« bezeichnet. Lady Macbeth besteht darauf, daß es eine völlig rationale Erklärung für meine vorherige Kenntnis von ihm geben müsse – vielleicht hätte ich *Das verlorene Paradies* schon in der Schule gelesen oder sei mir Uriel in irgendwelchen hebräischen Schriften begegnet. Möglich wäre es – aber wie phantastisch, daß ein Bild plötzlich imstande sein soll, sich mit einer derartigen Präzision in einem Traum zu manifestieren, nachdem es so lange im Unbewußten geschlummert hat. Ich beschloß, Uriels eigenen Rat zu befolgen und ihn als meinen »Animus« – oder meine »Seele« – zu betrachten, die laut Jung in ihrem positiven Aspekt »zum Vermittler der religiösen Erfahrung wird, durch die das Leben neuen Sinn erhält.«

Ich weiß nicht, wie erfolgreich ich in der Wiedererweckung Uriels und des Halsbandes war, aber der folgende Traum, den ich ein paar Monate später träumte, zeigte an, daß ein echter innerer Wandel stattgefunden hatte:

»Ich befinde mich mit einer Gruppe von Leuten an Bord eines Raumschiffes. Es geht auf fremdem Gelände irgendwo im All nieder; die Luke öffnet sich, und herein kommt ein Mann, der aussieht wie Prinz Arthur in Edward Bonds Schauspiel *Trauer zu früh*. Er besichtigt uns und redet uns in einer fremden Sprache an, einer Mischung aus Englisch und Uri, was immer das sein mag. Wenn ich mich sehr konzentriere, kann ich einiges davon verstehen. Er zeigt auf mich und fordert mich auf, ihm zu folgen. Ich überlege, wo wir uns zeitlich befinden, ob wir der Zeit vorausgeeilt oder zurückgegangen sind. Ich folge ihm aus dem Raumschiff hinaus, und er sagt mir, daß er mein Führer sein und mir die neue Welt zeigen wird.«

Als ich diesen Traum als Bild betrachtete, fiel mir ein, daß die Figur von Arthur in *Trauer zu früh* die »Seele« repräsentiert (jedenfalls nehme ich das an), welche in Jungscher Terminologie ein anderer Name für den »Animus« ist. Die Sprache meines Gefährten war Uri, was mich wiederum an meinen Schutzengel/Animus/Uriel erinnerte. Demgemäß interpretiere ich den Traum als eine Reise durch das All – eine Erforschung meines eigenen erweiterten inneren psychischen Raums über die engen Grenzen des Ego hinaus – zu einer neuen Welt, wo ich meinem mir bisher entfremdeten Animus begegne und mit ihm wiedervereinigt werde.

Ich bin nicht sicher, was dieses Ereignis für meine äußere Existenz oder meine gesamte Lebenssituation bedeutet. Ich weiß nur, daß ich mit einem Gefühl der Schwerelosigkeit und der Freude aufwachte, als ob mir irgendein innerer Durchbruch gelungen wäre. Ich wage es, Lady Macbeth energisch entgegenzutreten, die das Erlebnis »herabzusetzen« sucht, indem sie es mit Wunscherfüllung betreffend Vater oder Bruder erklärt. Sowohl Jung als auch Perls würden sagen, daß eine Bewußtseinserweiterung durch die Integration von Gegensätzen stattgefunden habe, und weiter können wir im Moment noch nicht gehen. Solche Träume, die aus irgendwelchen tiefen Schichten der Psyche heraufgestiegen zu sein scheinen, sollten als das akzeptiert werden, was sie sind: geheimnisvolle Ereignisse, in denen ein Teil des Göttlichen sichtbar wird. Solche Ereignisse können nur erlebt, aber nicht erklärt werden.

## 11  Die Traumkraft in der Gesellschaft

Wir hören heute immer wieder vom Wassermann-Zeitalter, in das die Menschheit im letzten Jahrzehnt eingetreten sei. Laut alten Überlieferungen soll in dieser Epoche das Streben nach spiritueller Ganzheit nicht mehr nur Sache einiger Weniger, sondern der gesamten Menschheit sein. Nicht mehr Institutionen wie Kirche, Familie oder Vaterland sollen die Träger der Verantwortung sein, sondern die Menschen selbst, Menschen, die sich im Geiste der Offenheit und Wahrheit begegnen. Das Wassermann-Zeitalter ist ein astrologischer Begriff, und man mag darüber denken, wie man will; aber wenn die Menschen nicht wirklich bald anfangen, mehr über die inneren Ursachen ihres Verhaltens zu lernen und nach größerer Eigenständigkeit zu suchen, so können sie schwerlich auf eine erträgliche Zukunft hoffen. Der letzte Teil des zwanzigsten Jahrhunderts wird meiner Meinung nach vor allem durch neuartige Experimente gekennzeichnet sein, die Selbsterkenntnis und Bewußtseinserweiterung fördern sollen. Und dabei wird die positive Kraft der Träume bestimmt eine erhebliche Rolle spielen.

In diesen abschließenden Kapiteln will ich einige der praktischen Zusammenhänge aufzeigen, in welcher Form diese Traumkraft sowohl zu Hause als auch in der Außenwelt wirken kann, und schließlich einen spekulativen Blick auf die Zukunft werfen. Ich bin überzeugt, daß die Nutzung der Träume zur Aufhellung von Alltagsproblemen beruflicher und zwischenmenschlicher Art geradezu lebensnotwendig werden wird und nur der Beginn dessen ist, was die Traumkraft für den Menschen in Zukunft bedeutet.

Vermutlich werden in den nächsten Jahren therapeutische und erzieherische Gruppen aller Art wie Pilze aus dem Boden schießen. Ganz normale Leute werden sich darin zusammenfinden, um sich selbst besser kennenzulernen und ihre Gefühlswelt zu erweitern. Ich habe in den bisherigen Kapiteln schon gezeigt, wie in solchen Gruppen Träume genutzt werden können. Aber Traumarbeit sollte durchaus nicht auf Spezialgruppen unter Führung eines psychologisch geschulten Leiters beschränkt bleiben. Die von mir skizzierte Technik kann jeder nutzbringend für sich selbst anwenden, und ich

225

glaube, daß sie eine wachsende Rolle im Familien- und Gemeinschaftsleben, in religiösen Organisationen und sogar im Geschäftsleben und in der Politik spielen wird.

Aber wie sollen wir in einer Welt der zunehmenden Hetze Zeit für so etwas finden? Die Antwort lautet natürlich, daß man sich Zeit schafft, wenn man etwas wirklich will. Ganz abgesehen davon ist unsere Hetzerei nichts anderes als ein Kopfsprung in die Katastrophe, die unweigerlich eintreten muß, wenn wir fortfahren, der Hausarbeit, dem gesellschaftlichen Leben, dem Redenschwingen und Geldverdienen Vorrang über die tieferen Fragen des modernen Lebens einzuräumen. Ich glaube sogar, daß die wahnwitzige Geschäftigkeit des Alltagslebens im Grunde nichts anderes als eine Flucht vor der Auseinandersetzung mit persönlichen Problemen ist. Der amerikanische Psychiater Eric Berne hat uns mit seinem Buch *Spiele der Erwachsenen* allen einen großen Dienst erwiesen. Er beleuchtet darin, in welchem Ausmaß wir alle die »Überlasteten« spielen, indem wir uns völlig überflüssige Aufgaben aufladen, um andere (und auch uns selbst) mit unserem Pflichtgefühl zu beeindrucken oder um Sympathie, Trost, Beifall und Vergebung unserer Sünden und Fehler zu erzwingen.

John Wren Lewis, ein britischer Autor, der Bernes Konzept aufgriff und in seinem Artikel »Spiele, die Geschäftsleute spielen« (*New Society, 1970*) auf die Industrie übertrug, ging sogar so weit zu behaupten, daß im Geschäftsleben viel mehr Zeit verschwendet als für wirklich produktive Arbeit aufgewendet wird. In ihrem Buch *Der Weiblichkeitswahn* illustrierte die amerikanische Vorkämpferin der Frauenbefreiungsbewegung, Betty Friedan, Bernes Diagnose sehr anschaulich anhand der Hausfrauenarbeit. Sie weist nach, daß der größte Teil der auf Hausarbeit verwendeten Kraft vergeudet sei und die Hausarbeit um so größer werde, je mehr Zeit damit ausgefüllt werden muß. Sie folgert: »Die Zeit, die eine Frau benötigt, um die Hausarbeit zu erledigen, schwankt je nach den Anforderungen einer anderen Tätigkeit, die ihr am Herzen liegt.« Mit anderen Worten: Wenn eine Frau andere Interessen hat, schafft sie ihre Hausarbeit, die sonst sechs Stunden beanspruchte, in einer.

Meiner eigenen Erfahrung nach trifft dies zu, nicht nur auf Hausarbeit, sondern auch auf meine Forschungsarbeit. Als ich vor einigen Jahren mit Meditation begann, bestand mein Lehrer darauf, daß ich im Anfangsstadium täglich drei Stunden an dieses Fach wenden müsse. Auf meinen Protest, daß ich soviel Zeit einfach nicht erübrigen könne, versicherte er mir, daß meine Arbeit nicht nur keinerlei Einbuße erleide, sondern im Gegenteil rascher und besser erledigt würde. Er hatte recht, und genauso ist es mit der Traumdeutung. Wenn ich dabei eine zufriedenstellende Interpretation oder eine bedeutungsvolle Erkenntnis gewinne, erlebe ich etwas, was ich nicht anders als eine Art »Erweckung« charakterisieren kann (Perls nennt es »Mini-Satori«, nach dem Ausdruck der Zen-Buddhisten für äußerste Erleuchtung). Im ganzen Körper werden Energien freigesetzt, die uns erhöhte Kraft geben, den Anforderungen des Alltags standzuhalten. Es ist die Erfahrung eines direkten Kontaktes mit dem eigenen Ich und den Sinnen. Man sieht die Welt unmittelbar und nicht durch einen Schleier von Phantasie und Projektion.

An unserer mangelnden Bereitschaft, sich mit dem inneren Leben zu befassen, ist vermutlich teilweise das verbreitete Märchen schuld, daß es gefährlich sei, zu tief unter die Oberfläche des Bewußtseins zu dringen. Man könnte dabei allerlei schädliche Kräfte aufrühren, die leicht außer Kontrolle geraten und uns in den Wahnsinn treiben könnten. Ich habe den Verdacht, daß die Psychiater und Psychoanalytiker an der Verbreitung dieser Furcht nicht unbeteiligt sind. Meiner eigenen Erfahrung nach ist sie reichlich übertrieben. Solche, die nicht mit den Anforderungen des Lebens zurechtkommen, täten tatsächlich gut daran, nicht ohne fachmännische Hilfe in ihr Unterbewußtsein hinabzusteigen. Doch es gibt sehr viel mehr »normale«, intelligente Menschen, und diese sind durchaus in der Lage, ihre Träume nach den hier vorgeschlagenen Richtlinien zu erforschen. Die richtige Zeit ist jetzt gekommen, das Geheimnis der Träume vor der breiten Öffentlichkeit aufzudecken und sie als wirksames Mittel der Selbsthilfe außerhalb des psychiatrischen Sprechzimmers zu gebrauchen. Doch möchte ich meine Mahnung wiederholen, daß jeder, der sich durch seine Träume beunruhigt oder gar überwältigt fühlt, professionelle Hilfe suchen sollte.

## Die Traumkraft in der Familie

Meine Gruppe und ich haben die Nutzung der positiven Kraft des Träumens bereits in die Praxis umgesetzt. Die Mitglieder der Gruppe ermutigen auch ihre Kinder, all ihre Träume zu schildern, so daß sie schon von klein auf ihre nächtlichen Abenteuer als etwas

Wichtiges zu betrachten lernen. Wenn meine Tochter beispielsweise von einem schlechten Traum wach wird, sage ich ihr nicht etwa: »Hab keine Angst, es ist ja nur ein Traum«, sondern frage sie, warum sie sich im Schlaf solch eine schreckliche Geschichte erzählt habe. Und immer ermutige ich sie, sich eingehend mit ihren Träumen zu beschäftigen, indem sie die Rollen der einzelnen Traumfiguren nach Gestalt-Richtlinien spielt. Nach meiner Erfahrung haben die Kinder viel Spaß dabei.

Die Kinder lernen auf diese Weise schon früh, daß ein Traum nicht nur etwas ist, was mit einem passiert, sondern daß es eigene Phantasien sind, die im Schlaf ausagiert werden und ihnen etwas Wichtiges über sich selbst erzählen. Wenn wir unsere Kinder ermutigen, ihre Träume so anzusehen, schaffen wir ihnen von klein auf einen leichteren und natürlicheren Zugang zu ihrem Innenleben. Sie lernen dann, auch diese Seite ihres Lebens zu akzeptieren, die wir immer verstecken mußten – mit verheerenden Folgen, wie sich gezeigt hat.

Ich kenne verschiedene Familien, die einen Abend in der Woche für eine »Familien-Begegnung«* reservieren (die moderne Form des Familiengebets?). An solchen Abenden besprechen Kinder und Eltern ihre Sorgen, Ärgernisse, guten und schlechten Eigenschaften und suchen nach Wegen, die alle Beteiligten zufriedenstellen. Sollte sich die gefundene Regelung in der folgenden Woche als Fehlschlag erweisen, wird beim nächsten Treffen etwas anderes vorgeschlagen. Bei diesen Familiensitzungen werden normalerweise Träume benutzt, um Gefühle aufzudecken, die auf andere Weise vielleicht nicht deutlich genug artikuliert werden können.

Ein fünfzehnjähriger Junge berichtete zum Beispiel bald nach dem Beginn solcher Begegnungsabende in seiner Familie von einem Traum, in dem er zwei Männer bei einer Geschäftsverhandlung beobachtet hatte. Einer von ihnen lieferte Informationen, die der andere in eine Agenda notierte. Als sie sich schließlich erhoben und einander die Hände schüttelten, vermutlich um den Geschäftsabschluß zu bekräftigen, öffnete sich plötzlich der Boden und verschluckte den Mann, der die Informationen gegeben hatte. Der Träumende entnahm daraus, daß der Kaufmann ein Betrüger war,

* Unter »Begegnung« verstehe ich hier den Versuch, Gefühle offen und ehrlich in einer aufnahmebereiten Atmosphäre zur Sprache zu bringen. Mit den Übungen, die in organisierten Begegnungsgruppen durchgeführt werden, hat dies nichts zu tun.

der sich in das Vertrauen seiner Kunden schlich und ihnen ihre Informationen abluchste, um sie dann in aller Seelenruhe auffliegen zu lassen. Assoziativ identifizierte der Junge den Kaufmann mit seinem Vater. Er befürchtete, der Vater benütze die Offenheit und Ehrlichkeit der Begegnungsabende nicht zur Verbesserung der Familienbeziehungen, sondern als ein Mittel, ihre schwachen Stellen herauszufinden, um diese später gegen sie auszuspielen. Die übrigen Familienmitglieder fühlten sich durch den Traum sofort angesprochen; sie hatten alle das gleiche Unbehagen gespürt, konnten es aber nicht ausdrücken. Ein jüngerer Sohn gestand sogar, daß er deshalb im stillen bereits beschlossen habe, sich nicht an den allgemeinen Beichten zu beteiligen.

Bei der Diskussion des Traums versprach der Vater, sein Verhalten auf Anzeichen von moralischer Wertung zu überprüfen, und erlaubte den Kindern ausdrücklich, ihn darauf aufmerksam zu machen, falls sie wieder das Gefühl hätten, er mißbrauchte ihre Offenheit.

Häufig dient der Traum auch zur Übermittlung versteckter Gefühle zwischen zwei Menschen, und ich bin Paaren begegnet, die das »Traum-Spiel« so spielen wie andere Leute Tennis. Der eine hat einen Traum, schlägt ihn ins »Feld« des Partners und erwartet den Rückschlag. Ich nenne dieses Spiel »Traum-Duett« – eine Art nonverbaler Kommunikation zwischen zwei Personen, die unterhalb der Bewußtseinsschwelle vonstatten geht. Diese Begegnung reflektiert Gedanken, Gefühle und gegenseitige Befürchtungen, die auf andere Weise nicht offenbar würden. Vor kurzem erhielt ich einen Brief von einem Mann, der mit seiner Frau an einer meiner ersten Traumforschungsgruppen teilgenommen hatte. Er schrieb, daß sie ein solches Traum-Duett zu dem Entschluß geführt habe, sich zu trennen. Sie waren sieben Jahre verheiratet gewesen, als der Ehemann, Sam, anfing, Freundinnen zu haben. Lucy, seine Frau, war natürlich verstört, wollte aber nicht die Scheidung verlangen und schlug daher eine Alternativlösung vor: Sam sollte sie über seine Affären ehrlich auf dem laufenden halten und niemals Freundinnen in die gemeinsame Wohnung mitbringen, auch dann nicht, wenn sie beruflich außer Haus wäre. Sam war einverstanden; er wünschte keine Trennung.

Zunächst schien dieses Arrangement ganz gut zu klappen, zumal Lucy ein wachsendes sexuelles Interesse an Sam bekundete. Doch reagierte sie beleidigt und böse, wenn Sam ihr der Abmachung gemäß von seinen Affären berichtete. Nach einiger Zeit verlor er das Interesse an Frauen und wurde still und verdrießlich. Dann hatte er eine Serie von Träumen, die seinen Stimmungswechsel erklärten. In einigen dieser Träume war er mit einer Frau zusammen und suchte vergeblich nach einem ungestörten Ort, um mit ihr zu schlafen, oder er entdeckte mitten im Liebesakt, daß er sich in einem Raum voller Leute befand. In einem Traum führte ihn ein Mädchen zu einem Zelt, und als sie sich beide darin niederließen, sah er, daß die Zeltleinwand durchsichtig war. Alle diese Träume machten ihm klar, daß er sein neues »öffentliches« Sexleben hemmend und »kastrierend« empfand. Er machte Lucy dafür verantwortlich, weil sie ihm die Aufrichtigkeitsverpflichtung auferlegt hatte, obwohl ihm selbst dieser Vorschlag am Anfang ganz vernünftig vorgekommen war. Außerdem erkannte er, daß ihn das Versprechen störte, keine Freundinnen mit nach Hause zu nehmen. Da Lucy sehr viel verreist war, empfand er dies als unnötige Beschränkung. Kurz und gut, er beschuldigte Lucy, seine außerehelichen Affären mit ihren scheinbar harmlosen Geboten und Regeln zu durchkreuzen.

Lucy leugnete jede bewußte Absicht der Spielverderberei und beteuerte ihre ehrliche Überzeugung, daß eine Ehe unter so schwierigen Bedingungen nur durch äußerste Aufrichtigkeit am Leben erhalten werden könne. Aber auch ihre Träume förderten zutage, daß es mit der ehrlichen Überzeugung nicht so weit her war. In einem Traum waren sie und verschiedene andere Frauen nackt an eine Kellerwand gekettet, während ein Mann ihre Körper mit einem Elektrostab berührte. Der Stab teilte Elektroschocks aus, die sie als äußerst schmerzhaft, aber ungewollt auch als sexuell erregend empfand. Der Traum machte ihr klar, daß weder sie noch Sam den wahren Grund erkannt hatten, weshalb sie die totale Aufrichtigkeit gefordert hatte – darum nämlich, weil die Berichte über die Affären ihres Mannes sie sexuell erregten und die ziemlich langweilige Beziehung zu ihm würzten.

Sie beschlossen, ihr Aufrichtigkeitsverhältnis fortzusetzen, da sie nun einmal die Uhr nicht zurückdrehen konnten. In der Folge hatte Sam einen weiteren Traum, in dem er und Lucy hinter einem Zug herrannten, der zum Tal von Evesham im Westen Englands fuhr. Sam gelang es aufzuspringen; er schrie Lucy zu, heraufzukommen, und streckte die Hand aus, um ihr dabei zu helfen. Aber statt selbst aufzusteigen, reichte ihm Lucy Koffer und Pakete. Im Traum wunderte er sich, woher plötzlich all das Gepäck kam, da sie keins bei sich gehabt hatten, als sie zum Zug rannten. Lucy blieb zurück, und dann merkte Sam, daß der Zug nicht zum Tal von Evesham fuhr, sondern nach »Freebourg«.

Dieser Traum machte Sam klar, daß er den Punkt erreicht hatte, wo er Lucy gern losgeworden wäre, um allein weiterzureisen. Die Koffer und Pakete assoziierte er mit all den Besitztümern und Verantwortlichkeiten wie Versicherungen und Hypotheken, die Lucy ihm in der ersten, unbeschwerten Zeit ihrer Ehe aufgeladen hatte. Er dachte daran, wie er Lucy in diesen ersten Tagen Eva zu nennen pflegte, die Versucherin; es war die Erklärung dafür, daß sie in seinem Traum zum Tal von Evesham fahren wollten: seine »Eve« war zu einer *sham* (Täuschung) geworden, die ihn zur Heirat verführt hatte, um ihn für ihre eigenen Zwecke auszunutzen. Der Zug, den er wirklich nehmen wollte, fuhr nach Freebourg, was für ihn Freiheit bedeutete. Aber sein Traum-Ich wußte, daß er mit all dem »Gepäck« von Verantwortungen und finanziellen Verpflichtungen belastet sein würde, das er während der Jahre mit Lucy angesammelt hatte.

Dieser Traum schockierte Lucy natürlich, und sie reagierte mit einer eigenen Traum-Version, in der sie und Sam einen Schlafwagen in Richtung der amerikanischen Südstaaten genommen hatten. Sie entdeckte plötzlich, daß sie für diese Reise keine Fahrkarten hatten. In ihrer Angst, wegen »Schwarzfahrt« zur Verantwortung gezogen zu werden, sagte sie zu Sam: »Wir stellen uns einfach schlafend und sehen, wie weit wir kommen, bevor sie uns erwischen. Und dann behaupten wir, wir hätten unser Reiseziel verschlafen.« Als ihr aufging, daß sie das nicht gut sagen konnten, da sie ja überhaupt keine Fahrkarten hatten, und als der Zug immer weiter durch Georgia nach Süden raste, geriet sie ganz außer sich vor Angst wegen der Kosten, die sie am Ende dieser Reise erwarteten und die sie nie aufbringen könnten.

Lucy deutete die Reise in den tiefen Süden als die Erforschung der psychischen Tiefen, die sie und Sam mit Hilfe ihrer Träume unternahmen – tatsächlich assoziierte sie »Georgia« mit dem Unterbewußtsein, das sie aus irgendwelchen Gründen oft als »George« bezeichnete. Der Traum teilte ihr mit, daß sie sich auf eine Reise begeben hatte, für die sie nicht zu zahlen gewillt war. Als sie und Sam mit ihren Traum-Erkundungen begonnen hatten, war sie überzeugt gewesen, daß diese ihre Beziehung festigen würden. Als sich aber zeigte, daß sie eher zu einer Trennung führten, geriet sie in Panik. Sie spürte, daß ihre emotionalen »Geldmittel« nicht ausreichen würden, um dieses Ergebnis zu ertragen. Der Preis der Aufrichtigkeit war zu hoch, und sie hätte sich nie auf dieses Unterfangen eingelassen, hätte sie seinen traurigen Ausgang geahnt. Und obwohl sie nun wußte, daß sie nicht mehr aussteigen konnte, versuchte sie sich der Einsicht zu verschließen, daß sie und Sam längst hätten auseinandergehen müssen – sie hatten in der Tat »ihren Bestimmungsort verschlafen«.

Eine Serie weiterer Träume, in denen sie vergeblich mit Sam zu telefonieren versuchte, bestätigte ihre intuitive Erkenntnis, daß jede wirkliche Verständigung zwischen ihnen abgerissen war.

In dem letzten Traum dieses Duetts vor der Trennung der beiden träumte Sam, daß ein Raumschiff mit der Botschaft von Lucys Tod gelandet sei. Er erwachte bekümmert, war aber so weit über Träume im Bild, um zu erkennen, daß dieser Traum nur bekräftigte, was er bereits wußte, aber nicht einmal sich selbst hatte eingestehen wollen – daß seine anfänglichen Gefühle für Lucy tot waren. Beide hatten sie nicht wahrhaben wollen, daß es besser für sie sei, sich zu trennen; dieser Traum überzeugte sie schließlich. Sam schrieb mir in seinem Brief, daß es ihnen gelungen wäre, in aller Freundschaft auseinanderzugehen. Als Freunde verstünden sie sich viel besser als zur Zeit ihrer Ehe, wo sie vergeblich versucht hätten, den Erwartungen und Forderungen des Partners zu entsprechen. Ihre spezielle Kombination von Charaktereigenschaften war nicht dazu angetan, aneinander zu wachsen, sondern eher dazu, sich gegenseitig zu ersticken – wie dies bei vielen anderen Paaren der Fall ist.

Ich möchte nicht den Eindruck erwecken, daß ich für so drastische Maßnahmen wie Trennung, Wechsel des Arbeitsplatzes und dergleichen lediglich auf Grund von Traumbotschaften plädiere; ich will nur aufzeigen, daß Träume uns dazu bringen können, die Probleme früher in Angriff zu nehmen, als wir es sonst tun würden, weil wir träumend dieser Probleme überhaupt gewahr werden.

Träume helfen aber nicht nur, irreparable Verbindungen zu beenden, sie können ebensogut solche wieder festigen, die durch unterbewußte Ressentiments und Unzufriedenheiten unterminiert sind, wie ich in vorhergehenden Kapiteln gezeigt habe. Holt man diese unterbewußten destruktiven Kräfte ans Licht und spricht sie offen durch, so kann eine Lösung durch gegenseitiges Geben und Nehmen gefunden werden. Darüber hinaus gewinnen solche Verbindungen oft erhöhte Vitalität, weil die Paare neue Wege des Zusammenlebens finden.

Was das Häusliche betrifft, so ist mein abschließender Rat der, daß Hausfrauen untereinander kleine Gruppen bilden, um ihre Traumerfahrungen miteinander auszutauschen und die durch Träume aufgedeckten Probleme zu erörtern. Viele Frauen in unserer heutigen Gesellschaft sind Opfer einer Gehirnwäsche geworden, die ihnen suggerierte, daß sie ihr Leben ausschließlich Heim und Kindern zu widmen hätten, obwohl sie außerhalb ihrer eigenen vier Wände sehr viel Bedeutungsvolleres leisten könnten. Wenn Hausfrauen ihre Träume in der Gruppe nach Gestalt-Richtlinien ausagieren, hören wir wieder und wieder die tadelnde Stimme des »Topdog« (in Gestalt der Mutter, gewisser Frauenzeitschriften oder des Ehemannes), die den schwächlichen Protest des »Underdog« erstickt, daß Hausarbeit, Babywindeln und Bett nicht genug seien. Ich will damit nicht sagen, die positive Kraft der Träume bewirke, daß nun sofort Scharen unzufriedener und unausgefüllter Wesen entstehen, die an irgendwelche Arbeitsplätze ausschwärmen, obwohl dies in vielen Fällen eine höchst wünschenswerte Lösung wäre. Es geht vielmehr darum, daß Träume uns oft Hinweise über die Art und Weise geben, wie zurückgedrängte Kräfte am besten genutzt werden könnten – durchaus auch im häuslichen Bereich, etwa durch Lesen, Schreiben, Malen, Unterrichten und vielleicht gar durch das Leiten von Traumgruppen! Das Zeitalter der Muße, in dem sogar Männer genug Zeit haben werden, das zu tun, wozu sie Lust haben, ist nicht mehr fern. Was könnte also konstruktiver sein, als durch Träume herauszufinden, was man gern tun möchte?

## Die Traumkraft in den Kirchen

Ein für die Nutzung der Traumkraft hervorragend geeignetes Milieu außerhalb des häuslichen Bereichs sind Kirchen und andere religiöse Organisationen, sind sie doch im menschlichen Gemeinschaftsleben die herkömmlichen Hüter des Innenlebens. Daß ihr Einfluß in der westlichen Welt während des vergangenen Jahrhunderts so weit zurückgegangen ist, liegt wohl mehr an ihrem Unvermögen, den Menschen echte Hilfe bei ihren inneren Problemen zu gewähren, denn an theologischen Zweifeln. Es könnte signifikant sein, daß die uralte Verbindung zwischen Religion und Träumen gerade in jener Zeit von den meisten westlichen religiösen Organisationen verächtlich abgetan wurde.

Heute aber beginnen führende Persönlichkeiten des religiösen Lebens überall auf der Welt, die Situation zu erfassen und neue Wege zu suchen, besonders auf psychologischer Grundlage. Viele haben sich psychologisch schulen lassen und auf diese Weise Zugang zur Freudschen oder Jungschen Traumbetrachtung gefunden. Ich glaube, daß die Traumkraft im kirchlichen Leben noch viel besser genutzt werden könnte als bisher.

In einem Artikel in der Londoner *Times* schrieb der anglikanische Geistliche Reverend Joseph McCulloch, der Schlüssel zur Erneuerung der Kirchen könnte sein, das formelle Beten und Lobpreisen durch Dialoge und Diskussionen zu ergänzen oder gar zu ersetzen. Er führte statt Predigten Diskussionen in seinen Gottesdiensten ein und stieß damit auf größtes Interesse. In seinem Artikel berichtete er, die Diskussionen drehten sich unweigerlich stets um das innere Leben des Menschen, »um die Frage seiner Integrität, seiner Natur, seines Schicksals und seiner Bestimmung sowie seiner inneren Weisheit, die es dem einzelnen ermöglicht, sich selbst zu verstehen und die Probleme des Lebens besser zu meistern. Das, was vom Pfarrer erwartet wird, ist eine intime Kenntnis des menschlichen Lebens und die intuitive sowie technische Fähigkeit, Probleme der individuellen Persönlichkeit zu diagnostizieren und zu behandeln.« Welch besseren Weg gibt es für führende kirchliche Persönlichkeiten als das Studium von Träumen, um zumindest etwas von diesem reichen Wissen zu erwerben, das ihre Gemeinden von ihnen erwarten? Für die Arbeit mit Traumstudiengruppen, wie ich sie hier beschrieben habe, würden sich sehr gut Pfarrhäuser oder Kirchen selbst eignen, die ohnehin die meiste Zeit leer stehen. Die Teilnehmer solcher Gruppen sollten sich in erster Linie aus dem Pfarrer selbst und einigen engagierten Gemeindemitgliedern zusammensetzen. Allerdings müßte der Pfarrer echter Teilnehmer sein, der mit ganzem Herzen bei der Sache ist, und nicht nur unbeteiligter Interpret, wie etwa der professionelle Analytiker. Bei solchen Traumdiskussionen könnte sich auch herausstellen, wie die Gemeinde wirklich über ihren Pfarrer denkt, was nicht immer schmeichelhaft sein dürfte. Aber auch er selber könnte die wirklichen, ihm bisher nicht bewußten Gefühle entdecken, die er für gewisse Schäflein aus seiner Herde hegt – und wenn es zu echtem gegenseitigen Verständnis kommen soll, dürfen auch diese nicht verheimlicht werden. Wie Joseph McCulloch betont, muß der Pfarrer Farbe bekennen; er darf sich nicht hinter doktrinärem Formelkram oder hinter den Standardantworten des orthodoxen Repertoirs verstecken. Wie viele werden dazu bereit sein?

Ich hoffe, daß wenigstens einige Kleriker die Herausforderung annehmen, mit Hilfe von Traumstudien- und Begegnungsgruppen zu experimentieren. Sie könnten dann bald feststellen, daß ihre Ermahnungen an die Menschen, einander zu lieben und zu vergeben, sehr viel wirksamer sein werden, als sie es zur Zeit sind. In den vorausgehenden Kapiteln habe ich verschiedene Beispiele aufgeführt, die zeigten, wie Leute in größte Schwierigkeiten kommen können, weil sie sich um Selbstlosigkeit und Vergebung bemüht hatten, ohne recht zu wissen, was sie eigentlich taten. Joanna, die glaubt daß sie ihrem Mann seine Liebschaft verziehen hatte, brachte ihn im Traum mit einem Beil um (S. 155). Sie ist wahrscheinlich typisch für sehr viele Menschen, die an der Oberfläche von der christlichen Versöhnungsidee überzeugt sind, aber keine Ahnung haben, wie sie sie verwirklichen sollen. Jack, der von den Spinnen träumte, die seine Lebenskraft aussogen (S. 192), und Peter, der von heidnischen Herrschern träumte, die Christen verbrannten (S. 167), litten jeder auf seine Weise unter dem sehr verbreiteten Problem des fehlgeleiteten schlechten Gewissens. Ich selbst bin durch Träume dazu gekommen, meine frühere Religionsfeindlichkeit (S. 222) völlig zu revidieren. Während ich an diesem Buch schrieb, hatte ich einen weiteren Traum, der mir eine ideale Verbildlichung der Art und Weise zu sein scheint, wie die ausgedörrten Knochen der Theologie zu neuem Leben erweckt werden könnten.

Es war der letzte einer Serie von Träumen, in denen ich dauernd hungrig war und nichts zu essen finden konnte. Meine Assoziationen führten mich zu einer unterschwelligen Besorgnis, mir könnten in Zukunft die Themen ausgehen, nachdem nunmehr meine ersten Ideen über die Verwertung von Träumen formuliert und zu Papier gebracht worden waren. Ich benötigte dringend weiteres »Gedankenfutter« für mein Spezialgebiet, und ich konnte keins finden. Da träumte ich, daß ich eine Party besuchte, die der anglikanische Geistliche Timothy Beaumont gab. Er hatte sein Amt niedergelegt, um in die Politik zu gehen, und war später für seine Verdienste um die Liberale Partei geadelt worden. In meinem Traum hatte ich einen Bärenhunger und konnte kaum erwarten, bis das Essen hereingebracht wurde. Aber als es endlich kam, streckten sich hundert Hände danach aus, und bevor ich auch nur einen Happen erhaschen konnte, waren sämtliche Platten leer. Und dann, als ich allein, enttäuscht und ratlos herumstand, erschien Lord Beaumont mit einem riesigen Teller voll herrlichster Speisen, den er mir mit einem Lächeln überreichte. Ich erwachte und lächelte ebenfalls, weil ich wußte, was der Traum mir sagen wollte: »Der Herr (the Lord) wird dich versorgen.«

Und so war es auch, denn diesem Traum folgte eine ganze Reihe bemerkenswerter neuer Träume, die ich kurz im nächsten Kapitel beschreiben werde. Sie lieferten mir reichlich Material für weitere Traumforschung. Mein Traum von Lord Beaumont scheint mir deutlich auf eine der uralten religiösen Auffassungen von der Traumkraft hinzuweisen: als eines Kanals, durch den wir tatsächlich jene Einflüsse schöpferischer Inspiration empfangen, welche die Menschheit seit jeher mit dem Göttlichen assoziiert hat.

## Die Traumkraft im Erziehungssystem

Man ist sich heute weitgehend darüber einig, daß der Religionsunterricht in der Schule mehr bieten muß als die altmodischen »Bibelstunden«. Auch will man der Diskussion mehr Raum geben und dabei die Bedeutung religiöser Grundsätze aller Arten für das praktische Leben klarer herausstellen. Hier könnte man das Thema Traum in etwa der gleichen Weise einschalten, wie ich es schon für die Kirchen vorgeschlagen habe.

Es ist ein Gebiet, dem John Wren-Lewis in seinem Buch *What Shall We Tell the Children* (Was sollen wir den Kindern sagen?) besondere Beachtung geschenkt hat. Er hat ein Schema erarbeitet, nach dem sich herausfinden läßt, was die verschiedenen religiösen Ideen Lehrern und Kindern wirklich bedeuten. Dabei bedient er sich der Gestalt-Dialog-Methode, damit das Gewissen des einzelnen oder seine Vorstellung von Jesus oder Gott »für sich selbst sprechen« kann. In ein derartiges Schema würde die Traum-Diskussion sehr gut passen.

Meiner Ansicht nach braucht das Schulleben ganz dringend eine stärkere Betonung des emotionalen Aspekts in der Erziehung. Es ist ein Zeichen unserer verzerrten sozialen Werte, zu behaupten, die Lehrpläne seien zu stark befrachtet, als daß dafür noch Zeit bestünde. Was nützt es einer Gesellschaft, ihre Kinder zur Universität

236

zu schicken, wenn sie Nervenzusammenbrüche erleiden, sobald sie mit dem Studium begonnen haben? Was nützt es, einseitig den Verstand der Kinder zu schulen, wenn sie später unfähig sind, ihre Gefühle zu verstehen und zu meistern, und dadurch ihr ganzes Leben verpfuscht wird?

Mein Vorschlag wäre, den Schultag mit einer Stunde offener »Klassenbegegnung« nach dem Muster der früher beschriebenen Familien-Gruppe zu beginnen, bei der Lehrer und Schüler Kümmernisse und Anerkennungen austauschen und miteinander besprechen. Traum-Arbeit könnte bei solchen Begegnungen mit Leichtigkeit eingeplant werden und wäre der gute Beginn eines Tages, der höchstwahrscheinlich ganz den Ereignissen der äußeren Welt gewidmet ist. Sowohl Lehrer wie Schüler sollten sich ihre Träume mitteilen, soweit diese etwas mit ihrer gegenseitigen Beziehung zu tun haben. Oft wird der Lehrer dadurch auch in der Lage sein, einem Kind bei einem Familienproblem zu helfen, das durch einen Traum ans Licht gekommen ist.

In höheren Schulen könnte die Traum-Diskussion regelmäßiger Bestandteil der Gemeinschaftskunde werden. Hier wäre eine solche Diskussion besonders wichtig als Hilfsmittel, um den Schülern ihre Einstellung zu bestimmten Arbeiten zu verdeutlichen und ihnen so zu zeigen, wie sie in Wirklichkeit über mögliche zukünftige Berufskarrieren denken.

Wenn Schulkindern und Studenten erlaubt würde, sich in Begegnungs- und Diskussionsgruppen mit ihren Lehrern und Professoren frei und offen zu äußern, würden meiner Ansicht nach viele der destruktiven Aufstände vermieden, deren Ursache hauptsächlich die Starrheit einer überlebten Machtstruktur auf höherer Ebene ist.

*Die Traumkraft in Geschäftsleben und Regierung*

Es ist eine gefährliche Illusion zu glauben, das Erziehungswesen könne sich eine Vernachlässigung der emotionalen Seite der Persönlichkeit leisten. Noch gefährlicher jedoch ist eine solche Vernachlässigung in der Welt der Arbeit, denn hier beeinflussen menschliche Entscheidungen nicht nur den einzelnen, sondern oft große Personenkreise. Wenn ein Werkmeister zu sehr von persönlichen Schwierigkeiten erfüllt, ein Regierungsmitglied mit Komplexen beladen ist, können ganze Bevölkerungsteile darunter leiden. Wir versuchen natürlich, Sicherheiten gegen dergleichen in unsere Systeme einzuplanen. Schließlich kann aber kein System besser sein als die Menschen, die es erfinden. Dementsprechend kann es sich auch kein System leisten, die Tatsache zu ignorieren, daß die Arbeitnehmer keine Roboter sind, sondern menschliche Wesen mit Gefühlen und Problemen. Die Beachtung psychologischer Fragen in Betrieb und Verwaltung ist nicht nur eine Angelegenheit des »Betriebsklimas«; sie ist ein integraler Teil richtiger Unternehmensführung. Wir haben jetzt ein Stadium industrieller Entwicklung erreicht, wo es schierer Wahnsinn wäre, dies nicht beachten zu wollen, da sich die Konsequenzen von Fehlern geradezu zu Katastrophen auswachsen können.

Die moderne Betriebspsychologie hat dies zu einem gewissen Grade eingesehen, vor allem, nachdem Untersuchungen deutlich gezeigt haben, daß die Motivation der Menschen im modernen Industrieleben selten das Geldverdienen allein ist. Sie wird vielmehr durch den ganzen Komplex persönlicher Beziehungen im Betrieb bestimmt. Doch die praktische Anwendung dieser Erkenntnis läßt auf sich warten. Es gibt zwar schon Trainingsgruppen, auch solche, die nach Sensitivitäts-Methoden arbeiten. Was aber dabei herauskommt, wird meist noch als eine Art Luxus für die Weichherzigen betrachtet – ganz abgesehen davon, daß der Beweggrund eines solchen Trainings eher die Absicht ist, die Belegschaft dem Status quo anzupassen, als der Wunsch, die Organisation dem Menschen anzupassen.

Ich glaube, es wäre sehr heilsam und erzieherisch für die ganze Gemeinschaft, wenn in der Geschäftswelt Begegnungsgruppen eingeführt würden, die sich regelmäßig treffen und auch Traumdeutung behandeln. John Wren-Lewis hat sehr schön gezeigt, was für ein geradezu phantastischer Aufwand an Zeit mit »Spielen« vergeudet wird, um Gefühle wie Neid, Furcht, Sorge, Schuld, Ehrgeiz, Frustration, Geltungsbedürfnis und so weiter zu übertünchen; *diese* Zeit könnte sehr wohl zu konstruktiverer Betätigung, wie etwa Gruppenarbeit, genutzt werden.

Helen, ein Mitglied meiner eigenen Gruppe, erzählte einen amüsanten Traum, in dem eines der nutzlosen Büro-Spiele entlarvt wurde. Im Traum saß sie tippend an ihrer Schreibmaschine, als eine Alarmglocke ertönte. Sofort sprangen alle Angestellten auf, rannten blindlings umher, öffneten und schlossen Aktenschränke, hasteten in den Korridor hinaus und wieder zurück und boten ein

Bild des Chaos und der Panik. So plötzlich, wie er begonnen hatte, hörte der Tumult auf, und alle befanden sich wieder an ihrem Platz, als eine andere Alarmglocke schrillte und alles von neuem begann, nur daß Helen selbst diesmal weniger kopflos war und hinausging, um festzustellen, wo die Glocke war und wer sie betätigte. Schließlich entdeckte sie, daß das Läuten aus dem Büro des Verkaufsleiters kam, der die Glocke immer dann in Gang setzte, wenn sich der Direktor seiner Abteilung näherte.

Helen sagte, der Traum habe ihr das Gefühl der Panik deutlich gemacht, das sich des ganzen Büros zu bemächtigen pflegte, wann immer der Verkaufsleiter eintrat, um irgend etwas erledigen zu lassen. Sofort mußten alle die Arbeit anscheinend unterbrechen, um dem Anliegen des Chefs die gebührende Aufmerksamkeit zu widmen. Der Traum offenbarte Helen ferner ihr Gefühl, daß der Chef selbst von der Furcht vor seinem Vorgesetzten beherrscht sei – einer ganz unrealistischen Furcht zudem, da dieser sehr umgänglich war und es gar nicht nötig hatte, »Spiele« zu spielen. Wir fragten Helen, ob sie ihren Traum nicht ihrem Verkaufsleiter erzählen wolle, und nach einigem Zögern tat sie dies auch. Das Ergebnis erstaunte sie, denn statt sie zu feuern, was ja durchaus möglich gewesen wäre, zeigte sich der Verkaufsleiter höchst aufgeschlossen und erkannte, daß er seinen Vorgesetzten nicht nur beeindrucken, sondern ihm auch etwas vorwerfen wollte, was er selbst als unverantwortlich bei der Unternehmensführung betrachtete. Seitdem haben er und Helen ihre eigenen privaten »Begegnungen« gepflegt, einschließlich Traum-Austauschs; allerdings ist es ihnen bis jetzt nicht gelungen, diese zu einer Gruppe auszubauen. Doch fanden wir alle, daß es schon ein ganz guter Anfang sei.

Meine eigene Erfahrung bestätigt Halls Feststellung, daß Träume wie dieser, welche die Arbeitssituation selbst zum Inhalt haben, relativ selten sind. Wenn aber Menschen gruppenweise eng zusammenarbeiten, wie es etwa in einem Stab der Fall ist, so werden ihre gegenseitigen Beziehungen ebensosehr Teil des persönlichen wie des Arbeitslebens und spiegeln sich in ihren Träumen. So träumte zum Beispiel Harry, einer meiner Gruppenteilnehmer und Vorstandsmitglied einer Firma, daß Jones, ein weiteres Vorstandsmitglied, mit einer Injektionsspritze durch die Büros ging, um jeden damit aus irgendwelchen Gründen zu impfen. Als Harry die Injektion erhielt, verlor er das Bewußtsein, und als er schwächer und schwächer wurde, bis er zu sterben glaubte, fühlte er sich von

Jones an der Hand gefaßt, der ihm beruhigend sagte: »Mach dir keine Sorge, mein Junge, ich werde dich schon wieder hinkriegen.«

Dieser Traum brachte ein unbehagliches Gefühl zum Ausdruck, das Harry Jones gegenüber schon geraume Zeit empfand, ohne den Grund zu kennen. Jones war in der Firma, was John Wren-Lewis so treffend den »Big Daddy« (Vaterfigur) genannt hat, der stets alle Leute aufforderte, mit all ihren persönlichen und beruflichen Problemen zu ihm zu kommen; er würde ihnen schon helfen. Er hatte Harry bereits mehrere Male vorgeworfen, daß er dieser Aufforderung keine Folge leiste. Aus dem Traum ging deutlich Harrys Verdacht hervor, daß Jones' Väterlichkeit nicht ganz echt war; er hatte die Empfindung, daß Jones vielmehr bestrebt war, durch beiläufige Bemerkungen über geplante Veränderungen, Verbreitung von Klatschgeschichten etc. Unruhe und Unbehagen zu stiften, um dann seine Opfer leutseligst von den Angst- und Unsicherheitsgefühlen zu befreien, die er ihnen eingeimpft hatte. Das »Spiel«, das Jones spielte, war eigentlich ein höchst subtiles Machtspiel, das den Zweck verfolgte, die Leute von ihm abhängig zu machen. In diesem Fall ist mir nicht bekannt, inwieweit der Traum tatsächlich eine echte Entlarvung von Jones' Charakter reflektierte, doch ist das besagte »Spiel« so verbreitet, daß ich meine, es könnte doch ein Körnchen Wahrheit daran gewesen sein. Hätte Harry seinem Kollegen Jones den Traum erzählt, so hätte das den Beginn eines äußerst interessanten Traum-Duetts bedeuten können. Vielleicht würde ein solches Duett gar zur Klärung einer Beziehung geführt haben, die offensichtlich die Geschäftsleitung eines größeren Unternehmens stark beeinflußte.

Es scheint mir wichtig, in der Zukunft Wege zu finden, die Traumkraft auch für unser Arbeitsleben zu nutzen, statt so zu tun, als ob dieser Teil unserer Existenz ein Eigenleben führe und für unsere Gefühlswelt völlig bedeutungslos sei. Und sie nur als eine Frivolität oder einen Luxus zu betrachten, ist meiner Ansicht nach ein weiteres Anzeichen für die falschen Prioritäten in unserer Gesellschaft. Wie John Wren-Lewis bemerkt, spielen Geschäftsleute oder Regierungsbeamte, die ständig humanitäre Ideen in der Arbeitswelt mit der stereotypen Erklärung »Wir sind kein Wohlfahrtsinstitut« beiseite wischen, in Wirklichkeit das Spiel »Harter Bursche«, um sich gegenseitig zu beeindrucken. »Industrie und Handel«, so schreibt er, würden oft besser funktionieren, »wenn die Betriebe ganz bewußt ein wenig wie ein Wohlfahrtsinstitut geführt würden ... (denn) die höchste Produktivität wird mit Leuten erzielt, die willig in einer Atmosphäre gegenseitigen Vertrauens zusammenarbeiten.«

## Die Traumkraft in der Psychotherapie

Natürlich ist die Traumkraft jedem professionellen Psychotherapeuten bekannt, aber ich glaube, daß die im letzten Jahrzehnt entwickelten Ideen neues Leben in die oft allzu abgeschlossene Atmosphäre des Sprechzimmers bringen könnten. Perls' Technik des Ausagierens von Träumen kann dem Patienten ganz besonders helfen, in direkten Kontakt mit seinen Gefühlen zu kommen. Viele Jungianer benützen bereits die ähnliche Technik des »inneren Dialogs«, aber ich glaube, daß Perls die Methode noch verbessert hat, indem er den *Körper* mit ins Bild bringt und uns damit Haltung, Gestik und Ausdruck bei der Darstellung einer Traumsituation vor Augen führt. Auch finde ich, daß er uns eine einfachere Möglichkeit beschert hat, Gegensätze in der Persönlichkeit zu entlarven und auszugleichen.

Nach meiner Erfahrung haben Freud-Anhänger Bedenken, derartige Techniken anzuwenden, weil diese ein aktives Eingreifen des Therapeuten verlangen. Dies könnte die »Übertragung« stören – eine irreale Beziehung, in welcher der Analytiker so unpersönlich wie möglich zu bleiben versucht, damit der Patient ihn sozusagen als weiße Filmleinwand benutzen kann, auf die er seine Gefühle oder emotionalen Einstellungen projiziert. Meiner Ansicht nach bewirkt dieser mangelnde emotionale Kontakt zwischen Patient und Therapeut mehr Schaden als Gutes.

Obwohl ich nicht abstreiten will, daß die Übertragung für bestimmte Menschentypen unter gewissen Bedingungen nützlich sein kann, kann ich mich oft des Gefühls nicht erwehren, daß sie ein »Spiel« ist, das der Analytiker den Patienten aufnötigt. Er geht dabei von der verhängnisvollen Voraussetzung aus, seine Autorität gehe verloren, wenn er sich bei der Behandlung wie ein menschliches Wesen verhielte. Das Gegenteil ist der Fall. Ich erinnere hier an die köstliche Geschichte, die Jung aus der Zeit erzählte, da er und Freud gegenseitig ihre Träume analysierten. Als Freud ihm einen seiner Träume berichtete, erklärte Jung, daß er ihn ohne Kenntnis weiterer persönlicher Einzelheiten aus Freuds Leben nicht interpretieren könne. Freud weigerte sich mit der Begründung, daß er seine Autorität nicht aufs Spiel setzen könne. »In dem Augenblick«, schrieb Jung, »verlor er sie völlig.« Die Moral dieser Geschichte sollte von allen Therapeuten mit ähnlich verheerenden Ansichten beherzigt werden.

Es ist ein ständiges Problem in der Psychotherapie, den Patienten wirklich in Berührung mit seinen Gefühlen zu bringen. Zu oft redet er über sein Leben und seine Probleme, ohne dabei die geringste innere Bewegung zu empfinden, was, wie jeder Therapeut weiß, im Hinblick auf die persönliche Entwicklung und Veränderung fruchtlos ist. Es hat überhaupt keinen Zweck, daß der Therapeut vom Kopfende der Couch aus die Worte seine Patienten mit Sätzen wie »Sie sind böse über...« oder »Sie haben das Gefühl, daß Ihre Mutter Sie nicht geliebt hat...« interpretiert, wenn der Patient diese Gefühle nicht wirklich empfindet. Wie Walter Bonime betont, muß »der Patient in Berührung mit seinem Gefühlen kommen; er muß sie betasten, begreifen, sie mit seinen Gefühlen fühlen«, denn nur dann entdeckt er die Emotionen, die unter seinem vom Verstand geleiteten, gelassenen Äußeren verborgen liegen.

Bonime ermutigt seine Patienten, mit Gefühl über ihre Gefühle zu sprechen und auch im Sprechzimmer das Vokabular zu verwenden, das sie im täglichen Leben benutzen. Er stellte zum Beispiel fest, daß Patienten von ihrer »Kehrseite« sprechen, die sie normalerweise »Hintern« oder »Podex« nennen, daß sie statt geläufiger umgangssprachlicher Bezeichnungen »Stuhlgang« sagen oder daß sie »ein Verhältnis haben«, wenn sie »vögeln« meinen. Bonime behauptet, daß der Analytiker dem Patienten zur Konzentration verhilft, wenn er ihn auffordert, ohne Rücksicht auf stilistische Erwägungen das erste Wort zu gebrauchen, das ihm in den Sinn kommt und sich möglichst in seiner Alltagssprache oder gar in seinem gewohnten Dialekt auszudrücken. Die Gestalt-Technik erreicht dies automatisch: Wenn wir eine Situation oder einen Traum darstellen, statt nur darüber zu reden, so können wir kaum umhin, in der Umgangssprache zu sprechen. Mit den Worten kommen Gefühle und Empfindungen an die Oberfläche, die uns oft durch ihre Heftigkeit und Stärke überraschen.

Bonime erwähnt auch, wie nützlich es sei, ein persönliches Glossar für jeden Patienten zusammenzustellen, das in einer Art Kurzschrift, in symbolischer Form also, die Persönlichkeit beschreibt. Durch meine Gruppenarbeit habe ich entdeckt, daß man anhand der Gestalt-Technik eine solche Kurzschrift besonders gut finden kann, da dieses Verfahren »Topdog« und »Underdog« klar voneinander trennt. Wann immer zum Beispiel Josephs Frau findet, daß es ihrem Mann schwerfällt, einen Entschluß zu fassen, fragt sie: »Erfordert diese Entscheidung wirklich soviel Nachdenken, oder ist der alte Bummelzug wieder mal unterwegs?« Jack, der von den Spinnen träumte, die sein Sex-Leben beeinträchtigten, erklärt der Gruppe hin und wieder: »Die Spinnen haben mich wieder belästigt.« Und wenn sich Claire von ihrem Peter vernachlässigt fühlt, erinnert sie ihn daran, daß sie keine heidnische Königin, sondern ein gewöhnliches menschliches Wesen sei, das der Liebe und Aufmerksamkeit bedürfe. Wenn ich meine Hilfe bei irgendeiner Sache verweigere oder Leute kritisiere, daß sie nicht auf ihren eigenen Füßen stehen wollen, werde ich selbst manchmal gefragt: »Ist das Ann oder der kalte weiße Lichtstrahl, der da spricht?« – eine Frage, die mich oft zur Besinnung und mit meinen wahren Gefühlen wieder in Einklang gebracht hat. (Alle diese Träume sind im 10. Kapitel beschrieben.) Die Gestalt-Techniken scheinen mir ein unschätzbarer Weg zu dieser Art Kurzschrift zu sein, die eine originelle und ökonomische Kommunikationsmethode darstellt.

In meinen Schriften und Vorlesungen über Träume benutze ich oft Interpretationsbeispiele aus unseren Traumgruppen. Nur selten verschont man mich dabei mit wohlmeinenden Alternativdeutungen, vor allem seitens Kollegen, die auf bestimmte Theorien eingeschworen sind.

Deutungsvarianten und konstruktive Vorschläge und Kritik sind mir immer willkommen, und ich pflege sie dem Träumer später vorzutragen, wenn er noch in meiner Gruppe ist. Doch antworte ich gewöhnlich mit der Feststellung, daß der Traum Eigentum des Träumers sei, ein einzigartiges Produkt, das aus seinem eigenen weiten Netzwerk von Erinnerungen und Assoziationen hervorgegangen und bedeutungsvoll für ihn ist, wie auch immer er ihn nutzen will. Wenn ein Kritiker hartnäckig ist, erkläre ich ihm: »Das ist Ihre Version; zwingen Sie sie nicht mir auf«, und gelegentlich amüsiere ich die Zuhörer mit der Aufforderung, die Deutung im Sinne der Probleme und Persönlichkeit des Kritikers vorzunehmen.

Oder ich erinnere Psychotherapeuten an das bereits zitierte Buch *Dream Interpretation* des Psychoanalytikers Thomas French und der Psychologin Erika Fromm, die ihren Berufskollegen vorwerfen, die »Prokrustesbett-Technik« der Traumdeutung anzuwenden, indem sie den Träumen ihrer Patienten nur solche Teile entnehmen, die in ihre Theorie passen und den Rest ignorieren. Diese beiden Autoren halten eine Interpretation für unvollständig, wenn nicht der *ganze* Traum (gemäß der Hallschen Methode, den Traum wie ein Bild zu betrachten, zuzüglich der Assoziation) berücksichtigt wird und die verschiedenen Teile wie in einem Puzzlespiel zusammengesetzt werden. »Wir streben an, daß unsere Deutungen aus den lebendigen Schilderungen und Analogien, deren sich der Patient selbst bedient, quasi herauswachsen. Statt unsere Interpretationen von unseren Theorien beeinflussen zu lassen, bemühen wir uns vielmehr, unser Deutungsverfahren als immer wieder neue Kontrolle unserer Theorien zu benutzen« – eine Warnung, die kein Psychotherapeut ignorieren sollte.

Ich dränge meinen Studenten niemals eine Interpretation auf, und zwar nicht etwa aus Selbstverleugnung. Ich habe schon oft meine ursprüngliche Ansicht von der Bedeutung eines Traumes ändern müssen, nachdem wir ihn »auseinandergenommen« hatten. Immer wieder muß ich mir vor Augen halten, daß jede von mir entwickelte Theorie über einen Traum zutreffend sein kann, wenn *ich* diesen Traum geträumt hätte, daß er aber nicht dieselbe Bedeutung für denjenigen haben muß, der ihn in Wirklichkeit geträumt hat. »Treibe den Fluß nicht an«, schrieb Perls mit Bezug auf das Leben im allgemeinen und die eigenen Bemühungen im besonderen, »er fließt von allein.« Ich habe dies zur goldenen Regel der Traumdeutung gemacht, und ich glaube, es ist das gute Recht jedes Träumers, darauf zu bestehen, daß sie respektiert wird. Vor allem aber sollten Psychotherapeuten das alte indianische Sprichwort beherzigen: »Achte deines Bruders Träume.«

## 12 Jenseits des dritten Seinszustandes

Gerade weil es das gute Recht eines jeden ist, auf der Realität seines eigenen Traumerlebnisses zu bestehen und es von niemand hinwegerklären zu lassen, bin ich überzeugt, daß wir jene selteneren, aber bemerkenswerten Träume ernst nehmen müssen, die mehr sind als nur Spiegelungen unseres Alltags und seiner Konflikte. Ich habe versucht, in diesem Buch das Thema Traum ganz nüchtern zu behandeln, da ich die Haupterkenntnis der Traumforschung seit

1953 durch meine eigenen Studien bestätigt fand: die prosaische Natur der Mehrheit unserer Träume. Ich habe gezeigt, daß uns solche Träume einen großen Dienst erweisen können, indem sie uns besser mit uns selbst in Berührung bringen und die Vielzahl von Vorgängen erhellen, die sich unaufhörlich dicht unter der Oberfläche unseres Bewußtseins abspielen. Und in eben dem Maße, wie wir lernen, unsere »Alltagsträume« auszuwerten und dadurch unsere Selbsterkenntnis zu vertiefen, werden uns weitere, geheimnisvollere Aspekte des Traumlebens eröffnet, die früher gerade wegen ihrer Seltenheit Aufsehen erregten.

## Träume schöpferischer Inspiration

In solchen seltenen Träumen spielte meistens eine große schöpferische Inspiration die Hauptrolle: Coleridges *Kublai Khan*, Otto Loewes Theorie der chemischen Übertragung von Nervenimpulsen, Kekulés Vision der Schlange, die sich in den eigenen Schwanz beißt – was ihm zur Erkenntnis der Ringstruktur des Benzols verhalf –, der Einfall des Gynäkologen, dem plötzlich aufging, wie man mit der linken Hand einen chirurgischen Knoten tief im Becken machen kann, und ähnliche Fälle. Ich glaube, daß dieses heute noch so seltene Phänomen viel alltäglicher werden wird, wenn wir lernen, unseren Geist von den neurotischen Sperren zu befreien, die seine Energien blockieren. Zaghaftigkeit ist der Feind aller Kreativität, und solange wir sie nicht ablegen, sind wir nicht in der Lage, all das schöpferisch zu nutzen, was uns im Wachzustand begegnet. Wie der Psychoanalytiker Lawrence Kubie in seinem Buch *Neurotic Distortion of the Creative Process* (Neurotische Verstümmelung des schöpferischen Prozesses) zeigt, basiert Künstlertum keineswegs auf unterschwelligen Neurosen; es gibt zwar neurotische Künstler, aber sie sind trotz und nicht wegen emotionaler Behinderung schöpferisch.

Die meisten von uns werden wohl nie in ihrem Leben große Werke der Musik oder Dichtkunst schaffen, bedeutende Erfindungen machen oder großartige wissenschaftliche Theorien entwickeln. Ich bin jedoch überzeugt, daß in jedem von uns schöpferische Talente schlummern, die ungenützt bleiben, weil wir zu viel geistige Energie an überflüssige psychologische Konflikte und destruktive zwischenmenschliche »Spiele« wenden. Wenn wir die Traumkraft nützen, um uns zumindest von einigen dieser Belastungen zu befreien, werden wir in unseren Träumen mehr und mehr schöpferische Einfälle finden, und seien es nur relativ unbedeutende. Solche Inspirationsträume sagen nicht unbedingt Wunderbares über das schlafende Hirn aus; sie gleichen eher den Mechanismen, die ich bereits früher beschrieben habe. Schöpferische Inspiration kommt niemals aus dem Nichts; so wie die Gnade fällt sie nur auf ein aufnahmebereites Gemüt, das schon eine ganze Menge von Fakten, Eindrücken und Ideen zu einem bestimmten Problem zusammengetragen hat.* Augenblicke der Inspiration hat man oft im Wachzustand, wenn plötzlich alles auf eine neue und bedeutungsvolle Weise ineinanderzugreifen und zusammenzupassen scheint. In solchen Momenten ist der Geist gewöhnlich entspannt, und es ist möglich, daß Traumeingebungen gar nicht Produkte des schlafenden Hirns sind, sondern schon tagsüber in irgendeinem Winkel des Gehirns Form angenommen und, durch den Tageslärm übertönt, unbemerkt geruht haben.

## Wie man seine Träume manipulieren kann

Geheimnisvoller ist die Art von Träumen, deren Inhalte wir im Wachzustand steuern können. Zum erstenmal begegnete ich dieser Möglichkeit einige Jahre, bevor ich mich der Psychologie zuwandte. Ich gehörte damals einer religiösen Bewegung an, die sich »Infinite Way« (Unendlicher Weg) nannte und von einem amerikanischen Geschäftsmann namens Joel Goldsmith gegründet worden war. Er lehrte uns, physische und psychische Probleme zu überwinden, indem wir die »Wahrheit« über sie erkannten, nämlich daß sie keinerlei Macht über uns hätten, wenn wir das nicht wollten.

Ich hatte zu jener Zeit keine besonderen Probleme, litt aber häufig an schrecklichen Träumen, in denen ich von mordlustigen Fremdlingen verfolgt wurde und dann vor Angst aufwachte, wenn sie mich eingeholt hatten. Schließlich kam mir die Idee, daß die Goldsmithsche Philosophie, deren Wirksamkeit im Wachzustand fragwürdig sein mochte, möglicherweise im Traum funktionierte. Ich beschloß also jeden Abend vor dem Einschlafen, daß ich meinen Verfolgern die Worte: »Ihr habt keine Macht über mich!« entgegenschleudern wollte, falls sie wieder auftauchten. Mein Traum-

* Arthur Koestlers klassisches Buch *Der göttliche Funke* liefert überzeugendes Beweismaterial über diesen Prozeß auf den verschiedensten Gebieten des geistig-seelischen Lebens.

Ich reagierte prompt. Obwohl ich mir durchaus nicht bewußt war, daß ich träumte (ein Phänomen, auf das ich gleich zurückkommen werde), fand ich den Mut, meine Verfolger zu konfrontieren – etwas zaghaft zunächst, dann mit wachsendem Selbstvertrauen, als ich sah, daß sie ganz friedlich wurden oder dahinschwanden wie Dracula beim Anblick des Kreuzes. Und nach einer Weile hörten diese Schreckensträume ganz auf.

Verschiedene meiner Traumgruppen-Mitarbeiter haben diese Übung mit ähnlichen Ergebnissen bei Alpträumen angewandt.

Dieses Experiment wirft zwei philosophische Fragen auf: Wie weiß das wache Hirn, das diesen Entschluß faßt, daß es keine wirklichen Verfolger sind, mit denen ich fertig werden soll, sondern *Traum*-Verfolger? Und welches ist die Beziehung zwischen dem Traum-Ich, das den Entschluß aus dem Wachzustand übernimmt, und den Elementen in der träumenden Persönlichkeit, welche die Verfolger hervorbringen? Auf psychologischer Ebene erhebt sich die Frage, warum es nötig sein soll, Traumverfolgern – die wir wohl als Sinnbilder emotioneller Kräfte in unserem Inneren betrachten müssen – als Fremden schlafenderweise gegegenüberzutreten, statt im Wachzustand mit den Emotionen fertig zu werden, die solche Verfolger hervorrufen?

Darauf scheint es zwei völlig entgegengesetzte Antworten zu geben. Einerseits kann es sein, daß diese Art von Traum-Manipulation – so nützlich sie auch als vorübergehende Hilfe gegen Alpträume sein mag – weniger dem wirklichen Problem als dem Symptom zu Leibe geht, indem sie unsere Auseinandersetzung mit irgendeinem emotionalen Konflikt, der wir bereits im Wachzustand ausgewichen waren, noch weiter aufschiebt. Andererseits wäre es möglich, daß solche Suggestionen irgendeinen Prozeß im schlafenden Hirn auslösen, der die »Programmierung des Gehirns auf Ungeheuerproduktion« ändert; nach dieser Version hätte sich also die Person, die mit einem Konflikt auf symbolischer Grundlage während des Schlafs fertig wurde, tatsächlich mit dem emotionalen Konflikt selbst auseinandergesetzt, ohne sich dessen bewußt zu sein. Ich bin überzeugt, daß dies ein außerordentlich wichtiges Thema für die zukünftige Forschung sein wird, glaube jedoch, daß wir erst in Angriff nehmen können, wenn wir gründlicher mit den weniger komplizierten Aspekten der Traumkraft vertraut sind.

Einige wertvolle Informationen für die Forschung in diesem Bereich kann uns der berühmte, auf der Insel Malakka beheimatete

Stamm der Senoi liefern, über den Kilton Stewart bereits 1935 Untersuchungen angestellt hat. Bei diesem Stamm, der in der anthropologischen Literatur als die demokratischste Gruppe bezeichnet wird, die es überhaupt gibt, soll es seit Jahrhunderten keine Gewaltverbrechen oder Konflikte zwischen den einzelnen Gruppen gegeben haben. Der Stamm erhält sich weitgehend durch Traumdeutung und -manipulation psychisch gesund. Die Senoi glauben, daß Traumbilder stets Bestandteil der Persönlichkeit seien und aus psychischen Kräften bestünden, die sich in äußere Formen kleiden (so wie meine Traum-Verfolger). Sie sind fest davon überzeugt, daß jeder Mensch von Kindheit an lernen müsse, diese inneren Kräfte zu beherrschen. Kindern wird beigebracht, daß sie sich feindlichen »Geistern« im Traum nicht nur stellen, sondern daß sie sie angreifen und so lange mutig mit ihnen kämpfen müssen, bis die freundlichen »Traumgeister« (vermutlich die gesunden Aspekte der Persönlichkeit) zu Hilfe eilen. Wenn nämlich der Träumende das feindliche Traumbild tötet, so wird dessen Geist für immer zum Diener oder Verbündeten des Träumers werden: Traumfiguren, so sagen die Senoi, sind nur solange böse, wie wir sie fürchten und vor ihnen davonlaufen. Ein wenig erinnert das an gewisse Märchen aus 1001 Nacht.

Ferner lehren die Senoi ihre Kinder, sich nicht vor dem Fallen in Träumen zu fürchten; wenn man sich willig jedem Fallen überlasse, werde es zu einem genußvollen Fliegen. Ich habe dieses Experiment selbst mit Erfolg ausprobiert. Kilton Stewart berichtet, daß sich durch diese Traumerziehung bei den Senoi Angsträume in Freudenträume verwandeln, was sich auf den Wachzustand sehr vorteilhaft auszuwirken scheine: sie seien ein wunderbar friedfertiges Volk, das einen großen Schatz an Volkspoesie, -musik und -tanz berge.

Sie benutzen die Techniken der Traum-Manipulation sogar, um ihre Schöpferkraft anzuregen. Die Senoi-Kinder werden dazu angehalten, nach Möglichkeit immer mit irgendeiner schöpferischen Idee zu erwachen, die sie aus dem Lande der Traumgeister mitgebracht haben. Wenn sie träumen, daß sie fliegen, dann sollen sie versuchen, zu einem bestimmten Ziel zu fliegen, sich dort mit den Geistern treffen und einen Tanz, ein Gedicht oder irgendeinen anderen schöpferischen Einfall mitzubringen. Diese Einfälle werden dann am nächsten Morgen den Stammesgenossen mitgeteilt, die sie entweder aufgreifen und dem kulturellen Leben einverleiben oder mit der sanften Ermahnung ablehnen, es beim nächstenmal besser zu machen!

## Der »luzide« Traum

Diese Art Träume wird »luzide« genannt, weil sich der Träumende bewußt ist, daß er träumt, und sich im vollen Besitz des normalen Wachbewußtseins fühlt, während er gleichzeitig mit Bestimmtheit weiß, daß er im Bett liegt und schläft. Diese Art Traum wird manchmal auch »Wissenstraum« genannt, was meiner Ansicht nach eine angemessenere, weil dramatischere Bezeichnung für ein zweifellos höchst dramatisches Phänomen ist.

In den letzten Jahren habe ich selbst verschiedene »luzide« Träume gehabt und kann deshalb die experimentelle Realität dieses Phänomens bezeugen. In einem dieser Träume plauderte ich ganz normal mit meiner Großmutter, als ich plötzlich erkannte, daß sie schon seit Jahren tot war. Diese Erkenntnis machte mir bewußt, daß ich träumte, und ich erwachte. In einem anderen »luziden« Traum war ich bei einem Luftangriff getötet worden und befand mich mit meinen Kameradinnen im Jenseits. Ich klagte über Schmerzen im linken Arm; darauf kramte eines der Mädchen in ihrer Tasche, zog ein Röhrchen Schmerztabletten heraus und sagte, diese würden mir helfen. Ich brach in Gelächter aus, denn mir wurde bewußt, daß ich ja tot war und Pillen dem »Astralleib«, oder was immer es sein mochte, wenig nützen können. Gleichzeitig kam mir der Gedanke: »Vielleicht bin ich gar nicht tot, sondern träume nur«, und während ich noch über dieses Rätsel nachsann, wachte ich auf.

Träume dieser Art scheinen zu beweisen, daß das träumende Hirn zumindest gelegentlich Erlebnisse hat, die nicht im geringsten Widerspiegelungen des Alltagslebens sind. Was genau ist nun die Natur dieser neuen Art von Traumbewußtsein, und welche Bedeutung haben Handlungen, zu denen wir uns in einem luziden Traum entschließen, wenn wir erkannt haben, daß wir träumen? Eines scheint sicher: Wir haben die Macht, unsere Traumwelt auf eine Weise zu ändern, die im Wachleben als Magie bezeichnet würde. Ein Mitglied meiner Gruppe berichtete über einen Traum, in dem er zitternd vor Kälte durch eine weiße, frostklirrende Landschaft wanderte. Er dachte: Wie schön, wenn Frühling wäre! Als ihm blitzartig bewußt wurde, daß er träumte, beschloß er, den Frühling herbeizuzaubern. Er ließ seine Blicke über Schnee und Eis schweifen und bestimmte, daß alles grün und warm werde, und es wurde grün und warm.

Was hat er genau genommen getan? Hätte er diese Landschaftsverwandlung in einem gewöhnlichen Traum geträumt, wäre die nächstliegende Deutung gewesen, daß sein bislang erstarrtes Gefühlsleben sich allmählich auflockerte; ich wußte sogar, daß dies zu diesem Zeitpunkt tatsächlich geschah. Aber hat er diesen Prozeß durch den Willensakt in seinem Traum unterstützt? Oder schwang er gewissermaßen einen Zauberstab, um seine Gefühlskälte hinweg zu eskamotieren? Ein anderer Student berichtete, daß es ihm bei Träumen, in denen er fliege, sofort bewußt würde, daß er träume, und daß er dann mit dem neuen, schwerelosen »Traumkörper« höchst genußreiche akrobatische Kunststücke auszuführen vermöge. War dies ein schöpferischer Akt oder Wirklichkeitsflucht?

Es wäre gewiß ein höchst interessantes Experiment, einen solchen Traum weiterzuträumen, ohne ihn durch die Erkenntnis, daß man träumt, zu beeinflussen. Es würde Jungs Methode der »aktiven Imagination« nahekommen, die man im Traum selbst anstrebt, statt ihn nach dem Wachwerden mit der Bewußtseins-Phantasie weiterzuspinnen. Wenn zum Beispiel der erste Student noch einmal von der Eislandschaft träumte und einfach weiterwanderte, so wäre es interessant zu erfahren, wohin ihn seine Wanderung führte. Und der zweite Student müßte wie die Senoi beschließen, zu einem bestimmten *Ziel* zu fliegen, statt nur in akrobatischen Kunststücken zu schwelgen.

Die Untersuchung dieser Möglichkeiten ist ein wichtiger Teil der neuen Forschungsrichtung, der ich mich inzwischen zugewandt habe. Ich erwähnte bereits, daß ich eine Reihe von Träumen hatte, die auf eine gewisse Besorgnis hinwiesen, mir könnten für die zukünftige Forschung die Ideen ausgehen. Schließlich hatte ich dann den Traum, in dem mir Lord Beaumont den gefüllten Teller reichte, was ich als gutes Omen deutete. Tatsächlich hatte ich bald darauf eine Reihe von luziden Träumen. Sie gaben mir Gelegenheit zu untersuchen, was bei der Arbeit nach Jungschen oder Gestalt-Richtlinien *in den Träumen selbst* herauskommt. Aber dies soll Gegenstand eines weiteren Buches werden. Der erste dieser »durchsichtigen« Träume war jedoch so bemerkenswert, daß ich ihn hier erzählen will.

Er wurde durch ein Gespräch ausgelöst, das ich eines Abends mit einer befreundeten Anthropologin führte; sie hatte eine meiner Rundfunksendungen gehört und sagte, sie beneide mich um meine Fähigkeit, meine Ideen einem Laienpublikum verständlich zu machen; sie sei einfach nicht imstande, ihre eigenen Gedanken entsprechend zu »verdünnen«. Ich hatte wohl die Andeutung herausgehört, daß meine Popularisierungsbestrebungen wissenschaftlich nicht ganz respektabel seien, aber mein Bewußtsein hatte das als puren Neid ihrerseits abgetan. Mein Unterbewußtsein jedoch war offenbar nicht so ganz glücklich dabei: mein träumendes Hirn konfrontierte mich in der Nacht darauf mit meinem eigenen akademischen »Topdog«.

Ich träumte, daß ich mit einer Gruppe ziemlich überspannter Psychologen dinierte. Plötzlich warf mir eine Frau am anderen Ende der Tafel vor, ich hätte die Welt der wissenschaftlichen Elite verraten und sei auf das Niveau von Sonntagsblättchen hinabgesunken. Ich protestierte, dies sei eine Übertreibung, und nach meinem Dafürhalten habe der Laie das Recht, etwas über unsere Arbeit zu erfahren, zumal er für unsere Forschung zahle. Daraufhin zischte sie mir über die Tafel hinweg entgegen, daß ich den ganzen Berufsstand in Mißkredit bringe, daß wir wenigstens eine Spur von Autorität bewahren müßten und so weiter. Ich wurde so wütend, daß ich den unwiderstehlichen Wunsch verspürte, sie zu verprügeln. Kaum wurde ich mir dieses Wunsches bewußt, erkannte ich mit größter Klarheit, daß ich träumte und ruhig tun könnte, wonach ich Lust hatte, da man ja Traum-Körpern nicht weh tun kann.

Also reckte ich mich weit über den Tisch, packte sie bei den Haaren, versetzte ihr eine Ohrfeige und schlug ihr die Vorderzähne aus. Dies beflügelte mich zu weiterer Gewalttätigkeit, und mit einem Wonnegefühl, das ich nie zuvor empfunden hatte, zerrte ich sie auf den Boden, um sie mit Elan zu verprügeln. Natürlich wehrte sie sich, und noch jetzt spüre ich die Kratzwunden ihrer Fingernägel auf meinem Gesicht und die Fußtritte in meinem Rücken. Schließlich spürte ich, wie ihre Kräfte nachließen, und der Kampf war vorüber. Dann änderte sich die Szene. Ich sah mich in einem anderen Raum auf diese Frau zugehen; sie war jetzt ganz verändert und trug eine Schwesterntracht. Während ich ihr näher kam, ermahnte ich mich, die Ereignisse meines »durchsichtigen« Traums nicht magisch zu verwandeln, sondern sie spontan geschehen zu lassen und das Ergebnis zu registrieren. Ich bemerkte, daß sie jetzt lächelte und daß ihre Vorderzähne wieder an Ort und Stelle waren. Dann streckte sie mir ihre Hände entgegen, und wir umarmten uns.

Ich erwachte mit einem herrlichen Gefühl des Wohlbehagens, als ob mein humanerer »Underdog« (der Teil meines Wesens, der sich immer unterlegen fühlt) endlich einmal mit Erfolg gegeen meinen furchteinflößenden akademischen »Topdog« rebelliert und dadurch eine Perlssche Energieentladung durch neue Integration hervorgebracht hätte. Dieses Wohlbehagen durchströmte nicht nur meine Seele, sondern den ganzen Körper – wie es beim echten Perlsschen Dialog, der ja im Wachzustand geführt wird und ein vorwiegend verbaler Prozeß ist, selten geschieht.

Die Entdeckung eines »Traumkörpers«, durch den physische Spannung abreagiert werden kann, ohne irgend jemand Schaden zuzufügen, scheint mir eng mit den Ideen der Senoi verwandt zu sein. Auch erinnert sie an die uralte esoterische Vorstellung, daß luzide Träume den Weg zu einem »vierten Seinszustand« jenseits des Schlafes weisen können, in dem das Individuum einen »psychischen«, das gewöhnliche Leben transzendierenden Körper annimmt. Jedenfalls handelt es sich hierbei um ein sehr ver- heißungsvolles Gebiet für zukünftige Forschung; ein erster Schritt wäre die Untersuchung, wie weit wir uns selbst die Fähigkeit zum luziden Träumen anerziehen können. In unseren Traumgruppen habei wir bereits begonnen, dies zu erforschen, parallel zu unserer nüchterneren Beschäftigung mit Träumen als Hilfsmittel, seelische Hemmungen zu beseitigen.

*Der »High«-Traum*

Als ich noch studierte, hatte ich einen Traum, der sich von allem, was ich bisher schlafend oder wachend erlebt hatte, radikal unter- schied. In diesem Traum stand ich auf der Veranda meines Eltern- hauses und blickte in den Garten hinab, der in voller Blüte stand. Plötzlich wurde der Garten mit einer ganz neuen Art Leben erfüllt. Die Blumen und Bäume pulsierten mit Energie und strahlten exotische Farbkaskaden aus, und mein eigener Körper fügte sich in den ekstatischen Tanz der Natur ein. Dieses Erlebnis schien nur eine oder zwei Minuten zu dauern, dann verwandelte sich der Garten in seinen normalen Zustand zurück, und ich wachte auf. Es war ein einzigartiges, ungewöhnliches Erlebnis für mich, und erst sehr viel später, als ich mich an einem Experiment zur Erforschung psychedelischer Drogen beteiligte, wurde mir klar, daß sich mein Gehirn auf irgendeine merkwürdige Weise in den Zustand versetzt hatte, den der Genuß von LSD, Meskalin und in geringerem Maße Cannabis hervorruft.

Einer der bemerkenswertesten Effekte dieser Drogen besteht darin, daß die Szenerien eine solche vibrierende Intensität verleihen, daß daneben die schönste Landschaft leblos wirkt; auch erwecken sie das Gefühl ekstatischer Teilnahme an einem lebensprühenden Tanz. Ich hatte, was Professor Charles Tart in seinem Buch *Altered States of Consciousness* (Veränderte Bewußtseinszustände) einen »High«-Traum nennt. Aber im Gegensatz zu seiner Beobachtung, daß solche Träume gewöhnlich nur von Leuten mit Drogenerfahrung berichtet werden, erlebte ich den meinen, ehe ich je welche eingenommen hatte. Dies deutet auf die faszinierende Möglichkeit hin, daß man das Hirn ohne jegliche Drogen dazu erziehen kann, diesen außerordentlichen ekstatischen Zustand zu erreichen.

Sowohl während als auch nach meiner Drogenforschungsperiode hatte ich verschiedene »High«-Träume. An einen davon erinnere ich mich besonders lebhaft, und er ist mir noch heute ein Rätsel. In diesem Traum befand ich mich mit ein paar Freunden auf einer verlassenen Insel. Plötzlich kam ein Sturm auf. Als wir dastanden und zusahen, wie die Blitze über den Himmel zuckten und die Wogen gegen die Klippen schlugen, dachte ich: Ich wünschte, ich hätte jetzt etwas Hasch. Sofort wurde mein Wunsch Wirklichkeit, und ich wurde in einen »High«-Zustand versetzt. Für einen zeitlosen Augenblick tanzte ich, zuckte mit den Blitzen und heulte mit dem Sturm und schien zu verschmelzen mit dem »Wesen«, der Mittelpunkt des Sturmes war. Als ich meinen normalen Bewußtseinszustand im Traum wiedererlangt hatte, erklärte ich meinen Freunden: »Man braucht Hasch, um den Teufel im Sturm zu sehen«, und sie nickten zustimmend. Als ich erwachte, fühlte ich mich unglaublich heiter und fröhlich – ein Gefühl, das mich mehrere Tage nicht verließ. Ein weiterer Beweis dafür, daß der »High«-Zustand ganz ohne Drogen erreicht werden kann – in diesem Fall war es nur die *Vorstellung* des Rauschmittels, das die ekstatische Traumerfahrung heraufbeschwor.

Vielleicht sollte man gewisse Traumarten, einschließlich der

»High«-Träume, nicht immer nur als Vehikel psychologischer Einsicht oder schöpferischer Inspiration werten, die man im Wachleben nutzen kann, sondern auch als *Erfahrungen um ihrer Selbst willen*. Denn warum sollte nicht unser Traumleben genau wie das Wachleben Erfahrungen beinhalten, die ihren Sinn in sich selbst haben – so wie das Betrachten einer schönen Landschaft, das Hören von Musik, die Unterhaltung mit Leuten und der Liebesakt –, statt immer nur Mittel zum Zweck zu sein? Schließlich ist die Natur mit unserer Traum-Zeit recht großzügig gewesen, und obwohl wir alle zum Nutzdenken erzogen sind, dürfen wir uns sicherlich erlauben, ein wenig dieser Zeit zu reinem, unverfälschtem ästhetischem Genuß zu gebrauchen.

Der bemerkenswerteste Traum dieser Art wurde mir lange nach Beendigung meiner Drogenforschung geschenkt, bald nachdem »der Herr« mir versprochen hatte, mich mit neuen Ideen zu versorgen. Mir war im Traum, als wachte ich auf, stiege aus dem Bett und wanderte im Zimmer umher. Alles schien wie immer, nur befand sich plötzlich an der Innenwand des Zimmers ein großes Fenster. Dieser Umstand machte mir klar, daß ich gar nicht wach, sondern am Träumen war. Eingedenk meines eigenen Ratschlags, derartigen Träumen »freien Lauf« zu lassen, blickte ich aus dem Traum-Fenster. Ich wußte genau, daß es »in Wirklichkeit« gar nicht existierte, und ich kam mir ein bißchen lächerlich dabei vor. Zu meinem Erstaunen bot sich mir statt des erwarteten Durchblicks auf das Zimmer meiner Tochter der Anblick eines riesigen grünen Rasens, der über und über mit weißen Gänseblümchen bedeckt war und sich bis zu einem in äußerster Ferne nur ahnbaren Glockenblumenwald erstreckte.

Ein paar Sekunden war ich völlig verwirrt und hatte das Gefühl, am Fenster eines der herrlichen englischen Landhäuser zu stehen, die mitten in sanftem grünem, halbverwildertem Gelände liegen. Als ich mich schließlich von dem Anblick losriß und mich umwandte, war mein Schlafzimmer genau wie immer, und ich rätselte einen Moment darüber, ob ich nicht vielleicht schlafwandelte. Ich betastete das Bett, um herauszufinden, ob es sich so gegenständlich anfühlte wie im Wachleben – und das war der Fall. Dann sah ich meinen Mann auf meiner Seite des Bettes liegen, und ich war neugierig, wie sich ein menschlicher Körper in einem Traum anfühlte. Ich schüttelte ihn und fand, daß er ganz normal warm und elastisch wr. Inzwischen fragte ich mich allen Ernstes, ob ich nicht doch wach

war und ihn wirklich weckte – da merkte ich, daß ich zusammen-
gerollt und allein im Bett lag, und wußte auf einmal, daß er vor
mindestens einer Stunde aufgestanden war.

Und dann überkam mich ein ganz außerordentlicher Gefühlszu-
stand. Kraftströme durchpulsten meinen Körper, und ich erreichte
ein »High«, das mich auf jene Art innere Reise davontrug, die nur
mit Drogen Erfahrene verstehen können. Ich spürte, wie mein
Körper von dieser Kraft bewegt wurde, obwohl ich genau wußte,
daß ich schlief. Ich hörte das entfernte Hämmern von Handwer-
kern im Untergeschoß, das Gebell eines Hundes im Nachbar-
garten, gedämpften Straßenlärm. Ich hätte mein seltsames, wun-
dervolles Erlebnis am liebsten mit der ganzen Menschheit geteilt,
und mich erfüllte Mitleid mit ihr, weil dies nicht möglich war.
Einmal sah ich zwischendurch auf die Uhr und stellte fest, daß
mir noch eine weitere Viertelstunde dieses köstlichen Zustands
vergönnt wäre, bis mein Mann mich mit einer Tasse Kaffee
wecken würde.

Im gleichen Moment betrat er mit dem Kaffee das Zimmer, und
diesmal wachte ich wirklich auf. Mir war bewußt, daß ich alles
geträumt hatte, auch den Blick auf meine Uhr und die wunsch-
bestimmte Zeitschätzung. »Der Herr« hatte mir einen Traum geschickt, wie ich ihn nie zuvor beschrieben fand, und mir damit
Möglichkeiten für zukünftige Forschung eröffnet, die buchstäblich
»nicht von dieser Welt« sind. Nach diesem »luziden High-
Traum« war mir fast, als ob an jenem Morgen Geschichte gemacht
worden sei.

Auch war merkwürdig, daß mein Mann sogleich das Zimmer
verließ, als ich ihm dieses Erlebnis berichtete, und mit einem Blatt
Papier zurückkehrte, auf dem er seinen eigenen Traum dieser
Nacht notiert hatte. Er hatte ihn ungefähr drei Stunden vor dem
meinen geträumt, und ich hatte ihn darin wachgerüttelt, weil er auf
meiner Seite des Bettes lag. Da bemerkte er ein Fenster an der
falschen Wand. Als er darüber nachgrübelte, wachte er erst wirklich
auf und schrieb seinen Traum nieder.

Erfahrungen wie diese scheinen uns aus der gewöhnlichen Welt
mit ihren verständlichen Ereignissen in eine völlig neue Sphäre zu
führen, wo unter anderem echte außersinnliche Wahrnehmung
möglich ist. Kann es sein, daß ASW, so unfaßbar im Labor, in
irgendeiner Weise mit ungewöhnlichen Bewußtseinszuständen verbunden ist? Und was sagen diese veränderten Bewußtseinszustände

über uns selbst aus, über die Welt, in der wir leben, und die Aussichten für ein reicheres, erfüllteres Leben? Meine gegenwärtige Forschung zielt darauf ab, eine Antwort auf wenigstens einen Teil dieser Fragen zu finden.

# ANHANG

A:
12 Tips für das Erinnern und
Festhalten von Träumen

1. Papier und Bleistift – oder besser noch ein Tonbandgerät – sollten stets griffbereit auf dem Nachttisch liegen.
2. Ein nicht zu grelles Licht muß vom Bett aus bequem anzuknipsen sein. Auch eine Taschenlampe kann genügen.
3. Vor dem Einschlafen sage man mehrmals zu sich: »Ich werde aus einem Traum erwachen« – »Ich werde heute nacht einen Traum erwischen«, oder was immer man sich suggerieren will.
4. Chronische Nichterwacher oder Nichterinnerer können sich auch der »Weckertechnik« bedienen. Man stelle dazu einen nicht zu schrillen Wecker auf ungefähr zwei Stunden nach der normalen Einschlafzeit, und danach immer wieder auf zwei Stunden später. Das garantiert zwar noch nicht, daß man während einer REM-Periode erwacht, aber es besteht im Laufe der Nacht doch die Möglichkeit, eine oder zwei mitzubekommen. Wem der Gedanke an mehrmaliges Gewecktwerden nicht behagt, der stelle den Wecker nur einmal, aber auf eine sehr viel spätere Zeit seiner Schlafperiode; auf diese Weise hat man die Chance, während einer der besonders langen frühmorgendlichen REM-Perioden wach zu werden.
5. Erwacht man während der Nacht, sei es spontan oder mittels Wecker, aus einem Traum, so setze man sich *ganz vorsichtig* im Bett auf und schalte das matte Licht an. Es ist wichtig, nicht zu abrupt wach zu werden, da dies die Traumerinnerung auslöschen kann. (Manche Leute behalten den Traum am besten im Gedächtnis, wenn sie sich im Bett aufsetzen und ihn mit geschlossenen Augen rekapitulieren, bevor sie das Licht anknipsen.)
6. Der Traum sollte sofort und so detailliert wie möglich notiert oder auf Tonband gesprochen werden. Dabei darf man aber nicht wieder einschlafen, sonst verschwindet er aus dem Gedächtnis.
7. Man assoziiere soviel wie nur möglich zu dem Traum, zum Beispiel was er im ersten Moment für einen bedeutet; Ereignisse des vorhergehenden Tages, die ihn vielleicht mit ausgelöst haben; was man während und unmittelbar nach dem Traum empfunden hat und alles, was man sonst für wichtig hält. Es ist erstaunlich, wie nützlich diese Assoziationen bei der gründlichen Durcharbeitung des Traums am nächsten Tag sind.
8. Erwacht man am Morgen aus einem Traum, so sollte man nicht so-

fort aus dem Bett springen in der Absicht, ihn während des Anklei-
dens durchzudenken. Dabei wird man ihn höchstwahrscheinlich vergessen. Man schreibe ihn auf oder spreche ihn auf Tonband, solange
man noch im Bett ist, mitsamt den Assoziationen, wie oben erwähnt.

9. Man arbeite den Traum so bald wie möglich nach den in diesem
   Buch aufgestellten Richtlinien durch, am besten noch am selben Tag.
   Zuerst prüfe man ihn auf objektive Fakten hin, die im Wachleben
   vielleicht nicht ins Bewußtsein gedrungen sind; dann betrachte man
   ihn als Spiegel, der die Persönlichkeit und die gegenwärtige Lebenssituation des Träumers reflektiert; und schließlich agiere man ihn
   nach Gestalt-Richtlinien aus, um widersprüchliche Züge der Persönlichkeit aufzudecken und zu integrieren.

10. Man sollte seine Träume und ihre Interpretationen, genau datiert,
    in einer Mappe oder einem Ordner aufbewahren, da Traumserien
    sehr nützlich sein können, um doppelsinnige Träume zu erhellen und
    psychologische Fortschritte festzustellen.

11. Sollte jemand seiner Träume noch immer nicht habhaft werden, so
    probiere er es mit der Gestalt-Methode und frage sie einfach, warum
    sie sich einem entziehen, so wie es auf Seite 125 beschrieben ist.

12. Wenn auch dieses Verfahren versagt, versuche man es mit der Wach-
    phantasie-Methode, um wenigstens das zu erfahren, was unterhalb
    der Bewußtseinsoberfläche vor sich geht, wie es in Anhang B be-
    schrieben ist. Bei beharrlicher Durchführung dieser Methode werden
    die inneren Kräfte stimuliert, die uns unsere verlorenen Träume all-
    mählich wiedergeben.

B:
Wachphantasie –
eine Methode für notorische Traumvergesser

Für das folgende Experiment reserviere man ungefähr eine halbe
Stunde am Tag, in der man bestimmt nicht gestört wird. Man entspanne
sich in einem Sessel oder im Bett und lasse seine Gedanken beliebig
schweifen. Man denke dabei an irgend etwas – an eine Person oder eine
Situation, in der man sich während des Tages befand –, und sobald ein
lebhaftes Bild oder eine Phantasievorstellung vor dem inneren Auge
ersteht, so schildere man diese dem Tonband oder schreibe sie auf. Das
erste Bild, das man sieht, ist im Hinblick auf irgendeinen laufenden
Konflikt oft besonders interessant. Nachfolgend ein Beispiel aus einer
meiner Studiengruppen.

Liz liegt bequem auf dem Fußboden und beginnt:

»Ich bin wieder auf dem Lande in meinem Elternhaus. Als ich zum letztenmal dort war, war es ein herrlicher Herbsttag, und ich wanderte durch die Wälder. Da sah ich einen Baum, dessen Stamm und Wurzeln mich so sehr an einen verschrumpelten alten Mann erinnerten, daß ich fast stehengeblieben wäre, um mit ihm zu plaudern.«

Ich unterbrach Liz und forderte sie auf, mit dem Baum zu reden; sie setzte sich und sagte:

LIZ: Armer alter Baum. Du siehst so verstört aus und beinah etwas vorwurfsvoll. Ärgerst du dich vielleicht über mich?

BAUM (nachdem sie sich auf ein anderes Kissen gesetzt hat): Nun ja, nicht speziell über dich, aber du verkörperst die Leute, die hierher kommen. Es war immer so still und friedlich in diesen Wäldern, aber neuerdings kommen immer mehr Leute her und machen die Gegend unsicher. Und ich habe festgestellt, daß viele meiner alten Freunde – die Bäume um mich herum – verschwunden sind.

LIZ: Es gibt heute sehr viel mehr Menschen auf der Welt als früher. Immer mehr verlassen die Städte und weichen auf das Land aus, wo sie sich Häuser bauen, um darin zu leben. Darum sind auch deine alten Freunde verschwunden. Sie mußten Häusern Platz machen. Vielleicht wird es dich sehr bald auch erwischen.

BAUM: Ach, du lieber Himmel! Was soll ich bloß tun? Ich möchte nicht gefällt werden. Ich stehe hier seit Jahrhunderten. Kannst du mir nicht helfen?

LIZ: Wenn ich nur wüßte, wie! Wenn du nicht so fest in der Erde verwurzelt wärest, könnte ich dich ausgraben und woanders einpflanzen, weil du so ein netter alter Kerl bist. Aber deine Wurzeln reichen zu tief in den Boden. (Pause.) Das ist ja gerade das Elend mit Leuten deines Schlages: Ihr verankert eure Wurzeln so tief und fest in der Erde, um euch sicher zu fühlen, und werdet dabei mit der Zeit völlig unbeweglich. Und wenn euch Gefahr droht, könnt ihr nicht einfach aufbrechen und fortgehen. (Pause.) Du weißt, daß alle Religionen der Welt davor gewarnt haben, allzufest auf Erdendinge zu bauen. Hättest du es wie ich gemacht und deine Wurzeln über der Erde behalten oder wenigstens nicht so tief darin, so könntest du jetzt woanders hingehen. Es ist also im Grunde deine eigene Schuld, und du solltest dein Geschick hinnehmen wie ein Mann.

»Topdog« ist zum Vorschein gekommen und predigt »Underdog«, daß man sich nicht an irdische Güter klammern dürfe. Liz fährt, von Kissen zu Kissen wechselnd, fort:

BAUM: Aber ich bin ein Baum, und es liegt in meiner Natur, meine Wurzeln so tief wie möglich in die Erde zu senken. Außerdem hast du übersehen, daß ich dennoch mit dem Himmel in Berührung bin. Auch sorge ich dafür, daß die Vögel Brutplätze und die Insekten Nahrung haben ... und ich bin schön.

LIZ: Ja, ja, das wissen wir alle. Aber Menschen sind wichtiger als du, und ich fürchte, wenn ich vor die Wahl gestellt würde, notleidende Menschen unterzubringen, zu kleiden und zu ernähren, oder dich am Leben zu lassen, würde ich dich opfern müssen.

BAUM: Aber die Menschen können ohne mich nicht leben. Ich wandle Kohlendioxid in Sauerstoff um, so daß ihr atmen könnt. Bedenke doch, was passiert, nachdem ihr vor langer Zeit die Bäume in Afrika abgeholzt hattet – die Folge war die Sahara.

LIZ: Ich weiß, aber wir sind heute fortgeschrittener. Wir können Maschinen bauen, die Sauerstoff herstellen. Auf dem Mond soll es das ja bald geben, und da wachsen keine Bäume. Nein, es hilft nichts, du mußt daran glauben, der Fortschritt ist wichtig für die Menschen. Wir können die Uhr nicht zurückstellen.

BAUM: Ich will euch ja nicht zurückhalten und euch gerne helfen, voranzukommen. Ich bin überzeugt, daß ich euch in irgendeiner Form nützen und doch ein Baum bleiben kann.

Die Argumente des »Underdog« sind recht dürftig, und ich fragte Liz, ob er sich nicht besser verteidigen könne. Könnte er nicht zum Beispiel dem »Topdog« mit irgend etwas drohen, statt nur um sein Leben zu flehen? Liz überlegte einen Augenblick und fuhr dann fort:

»Mir ist gerade etwas aus meiner Kindheit eingefallen. Meine Mutter, meine Tante Elisabeth und ich stehen am Fenster zum Garten, an dessen Ende sich ein riesengroßer, wunderschöner Baum erhebt. Meine Tante sagt, wir sollten ihn umhauen, weil er die Aussicht auf die dahinterliegende Landschaft versperrt. Ich bin entsetzt, denn der Baum ist mein bester Freund; ich rede mit ihm, umarme ihn und teile alle meine Geheimnisse mit ihm. An der Farbe seiner Blätter sehe ich, wann Frühling ist und wann Herbst. Immer ist er von Vögeln umgeben, und den Eichhörnchen, die in seinen Ästen herumturnen, bringe ich ab und zu etwas zu fressen aus der Küche. Er ist immer da, wenn ich aus dem Fenster blicke, während alle meine anderen Freunde von hier fortgehen.

Ich eile hinaus zu meinem Baum, um ihn zu warnen, und frage ihn, was wir tun sollen, und er antwortet: ›Mach dir keine Sorgen; wenn jemand mir etwas antun will, werde ich die ganze Natur zu Hilfe rufen. Sie vergessen, daß sich meine Wurzeln weit unter der Erde hinziehen und mit einer ganzen Unterwelt tierischen Lebens in Berührung sind. Die Vögel bauen ihre Nester in meinen Zweigen; auch sie werden mir beistehen. Und wenn nötig, bitte ich noch die Sonne, den

Wind und den Sturm, mich vor der Axt zu schützen. Ich habe hier jahrhundertelang gestanden, in enger Verbindung mit Erde und Himmel, und ich verfüge über geheime Kräfte. Wenn die Leute mich umhauen, werden sie sich zuerst selbst zerstören.‹‹

Dies schien der große Durchbruch zu sein. Die Gruppe fand es interessant, daß Liz bis zu ihrer Kindheit zurückgehen mußte, um sich der Stärke des Baums wieder bewußt zu werden. Irgendwann zwischen dem Kindes- und dem Erwachsenenalter hatte sich dieses Bewußtsein verloren; sie hatte sogar die Rollen so weitgehend vertauscht, daß sie zu einer zweiten Tante Elisabeth geworden war (nach der sie ja auch benannt war). Liz deutete diese Wachphantasie als die Aufdeckung eines Konflikts zwischen einer freudigen, rückhaltlosen Bejahung der Natur und des Körpers, die sie in ihrer Kindheit als völlig richtig empfunden hatte, und der streng christlichen Einstellung ihrer Familie, die die Unterwerfung des Körpers unter den Geist forderte (ein weiterer Fall des Fleisch-gegen-Geist-Konflikts, der durch die Einhämmerung religiöser Grundsätze entsteht).

Obwohl sie dem Christentum schon vor vielen Jahren abgeschworen hatte, bezweifelte sie immer noch, ob die animalische Natur des Menschen einen Platz im Leben einnehmen dürfe. Infolgedessen hatte für sie wissenschaftlicher und technologischer Fortschritt geistigen Fortschritt bedeutet, und sie hatte darauf beharrt, daß der Mensch nicht durch fleischliche Bedürfnisse in seiner Weiterentwicklung gehemmt werden dürfe. Ihre Wachphantasie zeigte deutlich, daß der »Topdog« das Kommando hatte und der »Underdog«-Baum sehr gefährdet war. Die Phantasie enthielt sowohl eine Warnung als auch eine existentielle Botschaft: wenn Liz ihren Kontakt mit der Erde löst, so wird sich ihre ganze »animalische« und »elementare« Natur gegen sie erheben und sie zerstören. Aber wenn sie fest in der Erde wurzelt – und das Fleischliche bejaht –, wird sie nicht nur stark und schön wie der Baum weiterwachsen, sondern sich auch über die Erde erheben und den Himmel mit den Fingerspitzen berühren.

Der Anstoß für die Phantasie lag wie der Anstoß für Träume in einem Tagesereignis. Am Morgen hatte Liz in Alvin Tofflers Bestseller »*Der Zukunftsschock*« gelesen, in dem er beschreibt, wie die Menschheit einem Zeitalter der Unbeständigkeit, des rapiden Wandels entgegenschreitet. Seine These ist, daß wir die Uhr nicht zurückstellen können, daß wir mit der technischen Revolution Schritt halten und lernen müssen, mit den stets neuen Gegebenheiten zurechtzukommen, wobei uns die Verwurzelung in der Tradition nur hinderlich sei. Liz sagte, er hätte seine Ansichten so überzeugend dargelegt, daß sie ihm hätte zustimmen müssen, doch wäre ihr nicht ganz wohl dabei gewesen. Das Buch hatte ihr offensichtlich die Stimme des »Underdog«-Baums in ihrem Inneren zu Gehör gebracht, der sich durch Tofflers Weltschau besonders bedroht fühlte. Diese Phantasie hätte kein passenderes Symbol für die Stärke des natürlichen Lebens finden können als einen Baum, und in dieser Hinsicht war sie einem Traum sehr ähnlich. Natürlich war die Botschaft an Liz und nicht an die Welt im allgemeinen gerichtet, aber wir alle hatten das Gefühl, daß die Welt gut beraten wäre, sie zu beachten, wenn wir nicht durch die Zerstörung unseres natürlichen Lebens dem Untergang entgegengehen wollen.

Andere Wachphantasien von Gruppenmitgliedern, die sich nicht an ihre Träume erinnern konnten, drehten sich um einen Verkehrspolizisten, der einen Strafzettel an ein Auto steckte, und einen Streit zwischen Eltern. In einer dritten Wachphantasie entsann sich der Betreffende, sich auf einem Dach zu befinden und von dort auf das gegenüberliegende Haus zu blicken. Im ersten Fall war der Verkehrspolizist der »Topdog«, der die Eigenverantwortlichkeit für seine Bestrafungsaktion ablehnte mit der Behauptung, daß er nur die Anordnungen einer vorgesetzten Autorität befolge. In der zweiten Phantasie schalt die »Topdog«-Mutter den »Underdog«-Vater ob seiner Schwachheit und Passivität. Die dritte Phantasie ergab sehr schnell, daß der betreffende junge Hippie-Typ zwar auf die gutsituierte bürgerliche Familie in dem gegenüberliegenden Haus »hinabsah«, daß diese Familie aber in seinem speziellen Konflikt zwischen Pflicht- und Verantwortungsgefühl und dem Wunsch, aus dieser Gesellschaft auszubrechen und ein Leben nach seinen eigenen Vorstellungen zu führen, den »Topdog« repräsentierte. Dieser letztere Konflikt hat mich besonders interessiert, und ich frage mich, wie viele junge Leute, die gegen das sogenannte Establishment rebellieren, sich nicht in ihrem tiefsten Inneren von dem Einfluß ihrer Eltern zu befreien suchen.

Wie aufschlußreich aber auch diese Art Phantasien sein mögen – Träume machen uns doch besser auf verborgene Gefühle und Konflikte aufmerksam. Im Schlaf erlahmen die hemmenden Mechanismen des Bewußtseins, und der Geist wandert normalerweise ungehindert auf nicht vorgezeichneten Pfaden, während die Wachphantasie zwangsläufig strukturierter ist. Dennoch kann die Phantasie ein nützlicher Ersatz sein, wenn Träume allzu beharrlich entschlüpfen; oft kann sie sogar eine ähnliche Wirkung haben wie adoptierte Babys zuweilen auf die Mutter, die bis dahin unfruchtbar zu sein schien: Auf irgendeine mysteriöse Weise stimuliert sie die Traumerinnerung – vielleicht darum, weil wir dabei dem Innenleben verstärkte Beachtung schenken.

# Ausgewähltes Literaturverzeichnis

Bach, George R., und Wyden, Peter: *Streiten verbindet. Formeln für faire Partnerschaft in Liebe und Ehe*, Gütersloh 1970.

Bonime, Walter: *The Clinical Use of Dreams*, New York 1962.

French, Thomas, und Fromm, Erika: *Dream Interpretation: A New Approach*, New York 1964.

Freud, Sigmund: *Die Traumdeutung. Über den Traum.* 4. Auflage, Frankfurt 1968.

Fromm, Erich: *Märchen, Mythen,. Träume. Eine Einführung in ihre vergessene Sprache*, Konstanz–Zürich 1956.

Hall, Calvin S.: *The Meaning of Dreams*, New York 1953, 1968.

Jourard, Sidney M.: *Disclosing Man to Himself*, Princeton 1968.

–: *The Transparent Self*, New York 1971.

–: *Self-Disclosure: An Experimental Analysis of the Transparent Self*, New York 1971.

Jung, C. G.: *Symbolik des Geistes*, Zürich 1953.

–: *Erinnerungen, Träume, Gedanken von C. G. Jung.* Aufgez. und herausg. von Aniela Jaffé, Zürich 1963.

Koestler, Arthur: *Der göttliche Funke.* Der schöpferische Akt in Kunst und Wissenschaft, Bern–München 1966.

Luce Gay Gaer, und Segal, Julius: *Der Mensch verschläft ein Drittel seines Lebens.* Eine Anatomie des Schlafs, Bern–München 1967.

Mackenzie, Norman: *Träume*, Genf 1970.

Perls, Frederick S.: *Gestalt Therapy Verbatim*, Lafayette 1969.

–: *In and Out of the Garbage Pail*, Lafayette 1969.

–, Hefferline, Ralph F., und Goodman, Paul: *Gestalt Therapy: Excitement and Growth in the Human Personality*, New York 1969.

Schutz, William C.: *Freude. Abschied von der Angst durch Psychotraining*, Reinbek 1971.

–: *Freude. Gruppentherapie, Sensitivitytraining, Icherweiterung*, Reinbek 1971.

Shepard, Martin, und Lee, Marjorie: *Games Analysts Play*, New York 1970.

Wren-Lewis, John: *What Shall We Tell the Children?* London 1971.

# PERSONEN- UND SACHREGISTER

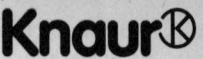

# Knaur

Taschenbücher

## Esoterik

## Milan Rýzl

# Parapsychologie

Tatsachen und Ausblicke
256 S. Band 4106

Unter den klassischen Wissenschaften wirkt die
Parapsychologie wie ein schillernder, exotischer
Fremdling. Sie hat sich mit Phänomenen zu befassen,
die nicht mit den Instrumenten des Physikers,
Chemikers oder Arztes zu messen sind, und hat
Erscheinungen zu untersuchen, die nicht mit unseren
Sinnen erfaßt werden können. Sie muß ihre eigenen
Maßstäbe entwickeln und Methoden finden, ein
unbekanntes, außersinnliches Geschehen begreifbar,
meßbar und kontrollierbar zu machen.

Dieses Buch des bekannten Parapsychologen gibt
eine eindrucksvolle Übersicht über das Arbeits-
feld der Parapsychologie, ihre Aufgaben, Methoden
und Ergebnisse. Es zeigt an Hand einer Fülle von
Versuchen die Erscheinungsbilder parapsychischen
Geschehens und die Resultate systematischer Experimente. Es bietet eine Übersicht der bestehenden
Theorien, die dem geheimnisvollen Geschehen eine
verständliche Erklärung zu geben suchen.
Mit seinem Ausblick auf die Zukunft weist der Autor
auf die schier unbegrenzte Fülle von Möglichkeiten hin, die eine fortgeschrittene Parapsychologie
der Menschheit zu bieten hätte.

# Knaur ®
Taschenbücher

## Esoterik

## Gustav Meyrink

# Das grüne Gesicht

Ein okkulter Schlüsselroman
224 S. Band 4110

Wohl in keinem seiner Romane weist Gustav
Meyrink so eindrucksvoll den Weg zur geistigen
Höherentwicklung wie hier im »Grünen Gesicht«.
Der Grundgedanke dieses 1916 erstmals ver-
öffentlichten Romans ist die Überwindung des Körpers durch den Geist.
Die Gestalten, die das Geschehen dieses okkulten
Schlüsselromans durchziehen, zeigen die möglichen
Wege und Irrwege zu diesem höchsten aller Ziele
auf, das in den Schlußworten dieses Buches angedeutet wird: »Wie ein Januskopf konnte Hauberisser
in die jenseitige Welt und zugleich in die irdische Welt
hineinblicken und ihre Einzelheiten und Dinge
klar unterscheiden: Er war hüben und drüben ein
lebendiger Mensch.«

Gustav Meyrink wurde 1868 in Wien geboren
und starb 1932 in Starnberg. Er gilt als phantasievol-
ler, erfolgreicher, okkultistischer und romantischer
Erzähler, der ganz besonders von E. T. A. Hoffmann
und E. A. Poe beeinflußt wurde. Seine in farbiger
Sprache geschriebenen Romane und Novellen,
besonders aus der gespenstisch-hintergründigen
Atmosphäre des alten Prag, stellen Grotesk-Absur-
des und Mystisch-Unheimliches nebeneinander,
mischen schwermütigen Ernst, grausige Vision, ironi-
schen Scherz und bittere Satire gegen Spießertum,
Heuchelei und Bürokratie der Jahrhundertwende.

**Knaur ®**

Taschenbücher

# Esoterik

## Gina Cerminara

# Erregende Zeugnisse von Karma und Wiedergeburt

288 S. Band 4111

Der »Schlafende Prophet«, Edgar Cayce, wird allgemein als das bedeutendste Medium der Neuzeit betrachtet. In selbstinduzierten hypnotischen Schlaf versetzt, war er in der Lage, praktisch alle nur denkbaren Fragen zu beantworten. Viele dieser Antworten können nachweislich als hundertprozentige Treffer gewertet werden – z. B. die zahlreichen Krankheitsdiagnosen, die er nur aufgrund des Geburtsdatums und des Namens eines Menschen erstellte.

Häufig ging Cayce bei seinen sogenannten Lebensbotschaften über den Erlebnisbereich des jetzigen Lebens in frühere Leben zurück, um so die tatsächlichen Ursachen für bestimmte Fähigkeiten und Ereignisse aufzuzeigen.

Das vorliegende Werk der amerikanischen Psychologin Gina Cerminara faßt diese Fälle aus dem umfangreichen »Cayce-Material« zusammen. Erregende Zeugnisse von Schicksalen und Ereignisverknüpfungen offenbaren sich dem Leser. Ebenso werden hier an vielen Einzelbeispielen die ewigen Gesetzmäßigkeiten von Glück und Unglück, von Karma und Wiedergeburt verdeutlicht. Eine sinnhafte Perspektive, die nicht ein Menschenleben, sondern den Kreislauf von Tod und Wiedergeburt über viele Jahrhunderte hinweg umfaßt.

Knaur®

Taschenbücher

Esoterik

Theodora Lau

# Das große Buch der chinesischen Astrologie

Wie der Mond Charakter und Schicksal
in den verschiedenen Tierkreiszeichen prägt.
384 S. Band 4112

In der chinesischen Astrologie ist der Mond unser
Schicksalsplanet – nicht die Sonne, die den westlichen
Tierkreis beherrscht. Der Mond ist das unserer Erde am
nächsten gelegene Gestirn, und generelle Phänomene wie
Ebbe und Flut oder verschiedene Biorhythmen zeugen
schon lange von seinem Einfluß auf unser Leben. Doch
darüber hinaus ist in China der Mondkalender entstanden,
der die Einwirkungen des Mondes auch auf unser indivi-
duelles Schicksal, unsere Psyche und Veranlagungen
verzeichnet. Neben den verschiedenen Mondjahren, die
bestimmen, ob wir in unserer Grundanlage Drache
oder Hase, Schlange, Tiger oder sonst einen der zwölf
astrologischen Grundtypen verkörpern, gibt es vielerlei
Faktoren für eine individuelle Differenzierung.

Dieses fundierte, umfassende Handbuch erklärt dem westlichen Leser anschaulich, wie man ein echtes chinesisches
Horoskop erstellen kann. Systematische Anweisungen
ermöglichen dem einzelnen die korrekte Kombination der
verschiedenen Mondfaktoren. Das Resultat vermittelt
Einsichten über die eigene Persönlichkeit und gibt darüber
hinaus Aufschlüsse über gegenwärtige und zukünftige
Entwicklungen der privaten und beruflichen Situation. Ein
Vergleich zwischen chinesischen und westlichen Tierkreiszeichen gibt zusätzliche Orientierungshilfe.